内容简介

本书为高等学校通识课程教材，主要以新闻事件和大学生发明作品为线索，发掘大学生学习、生活中的创新灵感，并通过实例和创新过程进行解剖、点评、分析，向大学生、发明爱好者及初学者介绍发明灵感的捕捉及发明方法的运用，特别是在作品的创新亮点基础上拓展再创新思路，并引导青年人学会用创新方法解决学习、生活中的实际问题。

本书共分6章，第1章，系统地介绍了发明产生的原因——发明是生存所需；第2章，系统地介绍了人为什么要发明的外因条件；第3章，系统地介绍了发明起初都是从"模仿"开始的过程，引导大学生学会发明；第4章，系统地介绍了发明创造最常用的几种基本方法，引导大学生科学发明；第5章，系统地介绍了什么是创意和创意的运用实例；第6章，系统地介绍了专利申请文件的撰写方法，引导大学生如何申请专利，阐述发明改变人生的道理。

本书选用新闻事件和大学生部分作品为解剖实例，为初学者提供模仿、修改、再创作的空间。作品中存在着较多不足，存在着许多写作缺陷，可以供初学者学习、更改、再次创作。

本书通过理论知识的传授和发明方法的运用引导大学生入门，通过发明实例解剖引导大学生学习模仿创作；通过专利实例引导大学生学会运用法律（专利法）保护好自己的发明（科研）成果，并通过知识产权武器维护自己的合法权益。

本书通过学习和训练达到"五能"人才要求。即：能说（能说出专利基本法律常识，懂得知识产权）；能写（能正确书写专利申请文件、科技论文及参赛作品简介等）；能做（在有基本加工设备和一般工具的条件下，能制作出创新作品样品）；能设计（能设计出自己的作品）；能创新（能举一反三地开发出自身潜在的创新能力）。

前　言

2012 年 7 月 8 日，中共中央总书记、国家主席、中央军委主席胡锦涛在全国科技创新大会上指出："大力实施科教兴国战略和人才强国战略，坚持自主创新、重点跨越、支撑发展、引领未来的指导方针，全面落实国家中长期科学和技术发展规划纲要，以提高自主创新能力为核心，以促进科技与经济社会发展紧密结合为重点，进一步深化科技体制改革，着力解决制约科技创新的突出问题，充分发挥科技在转变经济发展方式和调整经济结构中的支撑引领作用，加快建设国家创新体系，为全面建成小康社会进而建设世界科技强国奠定坚实基础。""要坚持把推动自主创新摆在全部科技工作的突出位置，坚持把提高科技自主创新能力作为推进经济结构调整和提高国家核心竞争力的中心环节，努力建设有中国特色的创新体系，建设创新型国家"。

同时，中共中央政治局常委、国务院总理温家宝强调：我国是制造业大国，已经具备很强的制造能力，但仍然不是制造业强国，总体上还处于国际分工和产业链的中低端，其根本原因就是企业创新能力不强。如果能在"中国制造"前面再加上"中国设计"、"中国创造"，我国的经济和产业格局就会发生根本性变化。企业的创新能力，很大程度上决定我国经济的发展前景。"自主创新是支撑一个国家崛起的筋骨，必须把增强自主创新能力作为国家战略。"

党和国家领导人十分重视我国自主创新能力的提高，把提高我国整体国际竞争力当做中华民族生存和发展的头等大事来抓，说明了其重要性。

中国知识产权保护的力度取得的进展举世公认，2009 年在世界金融危机的冲击下，许多国家的专利申请量都有所下降，而中国的专利申请量不但没有下降反而还在继续上扬，目前已经超过法国而跃居世界第二位。

据了解，截至 2011 年底，我国体现专利技术和市场价值的有效发明专利拥有量，首次超过 35 万件，首次超过国外在华发明专利拥有量，国内（不含港、澳、台）每万人口发明专利拥有量达到 2.37 件，向着国家"十二五"规划确定的"每万人口发明专利拥有量 3.3 件"的目标迈出了重要一步。2011 年我国发明专利授权量达到 17.2113 万件，同比增长 27.4%。其中，国内专利权人发明专利比 2010 年增长 6.3 个百分点，占总量的 65.3%。

如今，中国开始由中国制造逐渐向中国创造转型，而实现这一目标的基础是需要建立创新型国家，需要培养大量的创新型人才。中国革命先行者孙中山先生曾说过："青年强则国家强"。学生强则中国旺，中国的希望在青年，青年的希望在学生。

专利是一个国家用法律形式保护发明人和专利技术持有者的一种形式，也是国家维护经济秩序正常发展的一项"游戏"规则。因此，拥有专利就拥有独占的权益，专利就是所在国政府许可的一种合法"私利",是人们通过技术获得"利益"的权利。

发达国家有这样一种说法:企业的竞争体现在市场上;市场的竞争体现在商品上;商品的竞争体现在技术上;技术的竞争体现在知识产权上,而"专利战"是知识产权保护与争夺的重头戏。随着知识经济的蓬勃发展,专利作为自主科技成果,其数量规模将不断扩张,专利转化要求将日益迫切。有没有专利关系到企业的生存,有没有专利关系到个人的生存和发展。

国家倡导"自主创新能力的提高,把提高整体国际竞争力当做中华民族生存和发展的头等大事来抓"说明了建立创新型国家的重要性,并规划力争在 2020 年基本实现创新型国家。我国创新发明的环境越来越好,越来越有利于发明创造成果的产生和创新型人才的培养。

如今大学生毕业后找工作难、就业难、找一份理想中的工作更是难上加难,但"难"在哪里,各人各有自己的见解,作者认为:如今大学生毕业后找工作难、就业难、找一份理想中的工作更是难上加难的原因在于,在校大学生缺少创新能力,缺少观察事物、发现事物以及解决实际问题的能力,缺少良好的教育和科学的培养,缺少良师益友的引导、指点和帮助,缺少有利于人才生长成才的土壤。

企业需要人才,更迫切需要"能说、能写、能做、能设计、能创新(理论联系实际)的一大批创新型人才。你具备没有,想不想具备,选择在你。想成功看此书,想成才跟我来。

本书还针对钱学森同志提出的"大学为什么培养不出杰出人才"作出了最佳的回答,本书通过百例创新作品说明了大学不是培养不出杰出人才,而是缺少培养创新型人才的必要训练和正确引导。

本书通过实例对比反映出不同专业(理工科中的机械、能源、核工程、土木建筑、环境、电子、水利水电、水质、材料、测控等专业,其特点是:专业知识较强,能熟练运用 CAD 绘图,创新点多与自己所学的专业相近,发明选题多涉及机械装置、电控方法、工具、用具、小家电、报警器等,但也不乏涉及生活中的小用品、用具的发明)和非工科类(文、史、外语、农、生物、医、护、信息、城建、管理、艺术、播音、印刷等专业,其特点是:专业分类较多,专业知识面有限,不会运用 CAD 制图,创新点选题多属于非机械类的文化用具、用品及日常生活中的小用具、用品的发明或改进)的学生创新作品进行分析、解剖、点评,为大学生快速成才、为再创新和再创造提供了大量的发明素材、灵感,为就业、创业提供了机遇,为大学生成才提供了捷径和动力。

本书编写过程中的素材取自互联网、日常新闻、报刊、企业生产线等最新线索和作者的大量课件、学生作业、专利及专利申请文件稿以及作者多年来的创新实践体会。多年来,作者长期从事大学生创新实践教育的教学与科研工作,在这一工作过程以及本书的编撰过程中得到了许多老师和各相关部门领导的指教和帮助,在此谨表谢意!限于作者才疏学浅,书中错误与疏漏在所难免,恳请读者批评斧正。

王晓进
2012 年 8 月于武汉大学珞珈山

目　录

第 1 章　发明是生存所需 …………………………………………………… 1
1.1　发明有时也属无奈 ……………………………………………………… 1
1.2　从"懒"人用品看发明 …………………………………………………… 3
1.3　不满源于生活却促进了发明的产生 …………………………………… 10
复习与思考题 1 ………………………………………………………………… 20

第 2 章　人为什么要发明 …………………………………………………… 23
2.1　人为什么要发明 ………………………………………………………… 23
2.2　发明改变现状　创新完善人生 ………………………………………… 28
2.3　发明是人们谋求生存、发展，抗争不平、体现自身价值的一种行为 …… 31
2.4　发明是人的一种本能 …………………………………………………… 37
复习与思考题 2 ………………………………………………………………… 41

第 3 章　发明起初都是从"模仿"开始 …………………………………… 42
3.1　"山寨版"现象 …………………………………………………………… 42
3.2　山寨版是发明的再创造 ………………………………………………… 45
复习与思考题 3 ………………………………………………………………… 64

第 4 章　发明创造最常用的几种基本方法 ……………………………… 68
4.1　发明方法及实施例 ……………………………………………………… 68
4.2　发明的关键是拥有 ……………………………………………………… 83
4.3　发明的关键是运用 ……………………………………………………… 89
复习与思考题 4 ………………………………………………………………… 102

第 5 章　创意 ………………………………………………………………… 103
5.1　什么是创意 ……………………………………………………………… 103
5.2　创意的"学"与"用" ……………………………………………………… 109
5.3　创意就是财富 …………………………………………………………… 112
复习与思考题 5 ………………………………………………………………… 117

第6章 专利文件的撰写方法 ……………………………………………………… 119
6.1 专利的含义及人们申请专利的目的 ………………………………………… 119
6.2 创新与实践实例 ……………………………………………………………… 164
6.3 发明创造先躯与当代学子 …………………………………………………… 179
6.4 创新发明作品实例与剖析 …………………………………………………… 198
   复习与思考题6 …………………………………………………………………… 220

附录Ⅰ 《中华人民共和国专利法实施细则全文（2010 修订）》 ………………… 221
附录Ⅱ 《湖北省武汉市科学技术奖励办法》 ……………………………………… 242
附录Ⅲ 创新标兵创新项目名称一览 ………………………………………………… 244
参 考 文 献 …………………………………………………………………………… 257

第1章 发明是生存所需

1.1 发明有时也属无奈

人活一生总是在生活中挣扎,犹如大海中的一叶孤舟,困难重重;人在历史的长河中更像一个过客一晃而过一生难免有遗憾和后悔。

人活着难免受到金钱、美色和私欲的诱惑,难免为追求完美而终身奋斗而不能罢手,累,很累。

一个在生活的海洋中挣扎的过客,如果有一天,不再挣扎了,那么他也就走到了人生的尽头,当一个人走到他人生的尽头时,那么他也就不再无奈了。

链接 1.1 我们生活在山寨时代实属无奈

前不久,作者从网上看到,某人新购买了一款诺基亚手机,用了一段时间后出现了质量问题,于是拿到诺基亚的售后店维修,专业的维修工作人员通过反复检查,直到打开机盖才发现这不是一款诺基亚生产的手机,是一台仿制手机。不禁感慨万分,我们现在的仿制水平真是高啊,竟然从外观上骗过了专业的售后维修人员,而且据说这件事情震动了诺基亚公司总部的高层,因为不光是外表的做工,甚至连手机内部的软件都进行了模仿,连手机的开机画面以及操作的一、二级菜单都极其相似。模仿的不仅是硬件,甚至包括软件。如图 1-1 所示。

(a) 正品　　(b) 仿制品

图 1-1

看到这条新闻以后,又抽空在网上搜索相关内容的报道,发现了一个新名词,就是"山寨机",这些手机都是源自一些小手工作坊之手,通过它们生产出来,而且据说现在已经形成了产业化的经营,有人负责外壳、有人负责配件、有人负责软件、有人负责销售,成本几百元的"山寨机"倒手以后可以卖到上千元,一部手机数百元的利润刺激了许多人乐此不疲的参与到了其中,"山寨机"呈现出了一派欣欣向荣的局面。

我们期待着中国的制造行业能够出现像索尼、三星、诺基亚一样的伟大企业,因为这样伟大的企业才是我们民族立足于世界的根本,我们才能够真正地去影响世界。

中国创造和中国仿造是中国目前制造企业所面临的一个十字路口,仿照可以获得短期利益,但对长期来说是无益的。

我们需要越来越多的中国创造来引领世界,多一些自主创新,少一些"山寨机"式的短期盲目,我们坚信中华民族制造业的未来是很有希望的。人可以经过努力战胜自然,却很难战胜自己,因为人为了生存与同类共存就难免忍气吞声而无奈地活着。

中国仿造技术规模之大、速度之快历来是欧美国家批评中国侵犯知识产权的把柄,缺少自主创新、缺少创造动力自然只能通过模仿、复制的山寨版行为维持生存,其后果为工业化国家所诟病。中国能否成为第二个日本,由仿造大国变成一个技术创新大国还有很长的路要走。

点评: 如果说山寨版,美国其实才是世界上第一山寨版大国,美国的喷气式发动机就是仿造德国的,日本的丰田汽车也是山寨美国汽车起步,全世界没有哪一个国家的工业制造过程不是从仿造到独立制造的过程。

中国目前的轻工业已经可以山寨一切,小到手表、手机,大到摩托车、汽车,太阳能,缝纫机,挖掘机,盾构机,水泵,车床,我们什么不能造?除了中国,没有哪一个国家具有这样强大的生产能力。

山寨版行为是一种精神,是一种学习、消化、总结、提升再创造的过程,是一种超越别人、又超越自己的必然之路!中国就是要大力学习外国的先进技术,然后超越洋人!山寨版手机的生产过程也不例外,山寨版行为是我们学会创新的过程,也是一部历经发明过程的良好教材。

链接 1.2 防盗水瓶的无奈发明。大学生活很枯燥,生活也很无奈,自然养成懒惰习惯。如:每天需用开水或热水,水房相距不远,宿舍里打水的人却越来越少。

但对于勤于打水者的劳动来说,好不容易打来的开水经常被偷懒者将"成果"屡屡偷走,怎么办?终于忍无可忍,于是便激发了创新潜能来改变现状,发明了这种防盗水瓶。如图 1-2 所示。

(a)   (b)

图 1-2 防盗水瓶示意图

1.2 从"懒"人用品看发明

1. 人们懒得自己洗衣服，所以发明了洗衣机。如图1-3所示。

(a)   (b)

图1-3 洗衣机图

2. 人们懒得做饭，所以发明了方便食品。如图1-4所示。

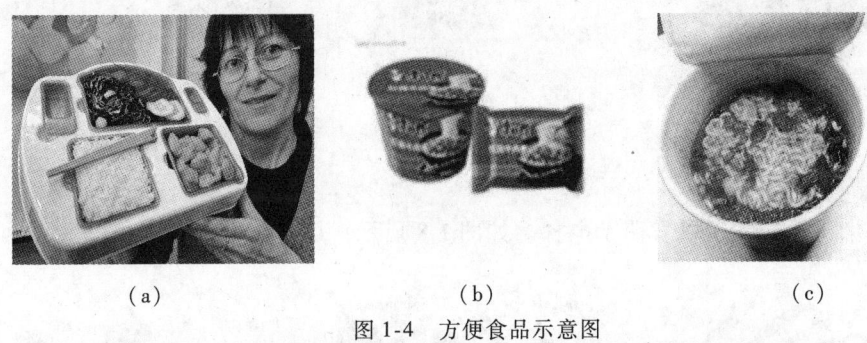

(a)   (b)   (c)

图1-4 方便食品示意图

3. 人们懒得搞卫生，所以发明了吸尘器。如图1-5所示。

(a)   (b)   (c)

图1-5 吸尘器示意图

4. 人们懒得走路，所以发明了汽车。如图 1-6 所示。

（a） （b）

图 1-6 汽车示意图

5. 人们懒得手算、笔算，所以发明了计算器和电脑。如图 1-7 所示。

（a）笔记本电脑示意图　　　（b）计算器示意图　　　（c）台式电脑示意图

图 1-7

6. 人们懒得上楼，所以发明了电梯。如图 1-8 所示。

（a）同步电梯示意图　　　（b）外挂式电梯示意图　　　（c）外挂式电梯示意图

图 1-8

7. 人们懒得带钱，所以发明了信用卡。如图 1-9 所示。

 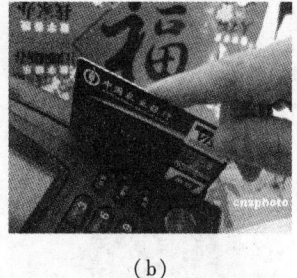 

(a) (b) (c)

图 1-9 信用卡示意图

8. 人们懒得叠被就发明了懒人床。如图 1-10 所示。

 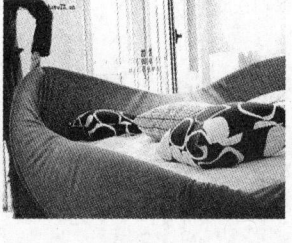 

(a) (b) (c)

图 1-10 懒人床示意图

9. 人们懒得出门便发明了"网购"。如图 1-11 所示。

(a) (b)

图 1-11 网购示意图

10. 人们懒得擦鞋就发明了自动擦鞋机。如图 1-12 所示。

（a）　　　　　　　　（b）　　　　　　　　（c）

图 1-12　自动擦鞋机示意图

11. 人们懒得洗碗就发明了全自动洗碗工具。如图 1-13 所示。

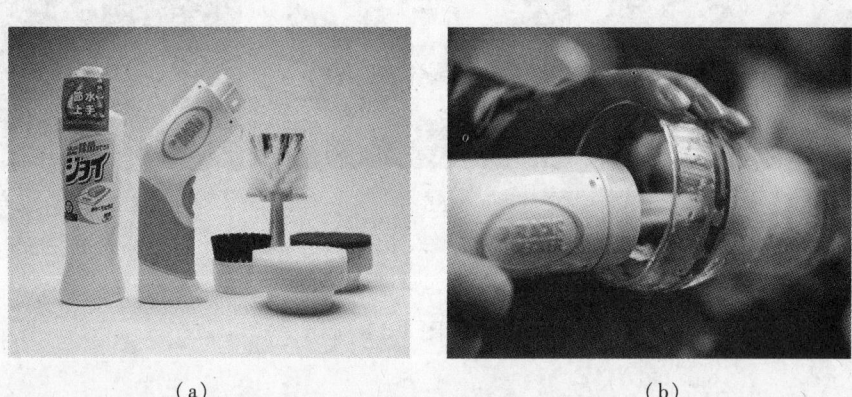

（a）　　　　　　　　　　　　　　（b）

图 1-13　全自动洗碗工具示意图

12. 人们懒得炒菜就发明了自动炒菜机。如图 1-14 所示。

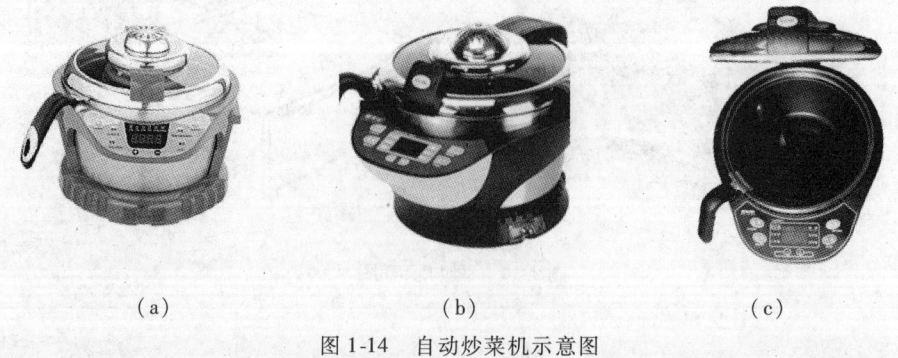

（a）　　　　　　　　（b）　　　　　　　　（c）

图 1-14　自动炒菜机示意图

13. 为美而减肥懒得野外跑步,人们发明了跳舞毯、健身器。如图 1-15 所示。

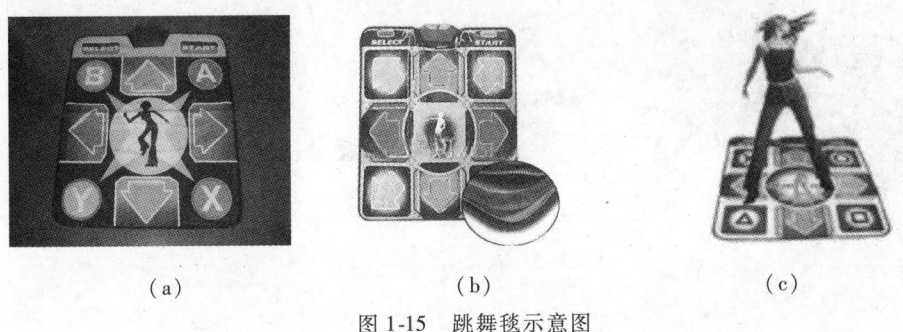

(a)   (b)   (c)

图 1-15 跳舞毯示意图

14. 为了减少洗菜的麻烦人们开办了"净菜"服务。如图 1-16 所示。

(a)   (b)   (c)

图 1-16 "净菜"服务示意图

15. 为了减少邮寄投信之苦,人们发明了电子邮件、快递公司。如图 1-17 所示。

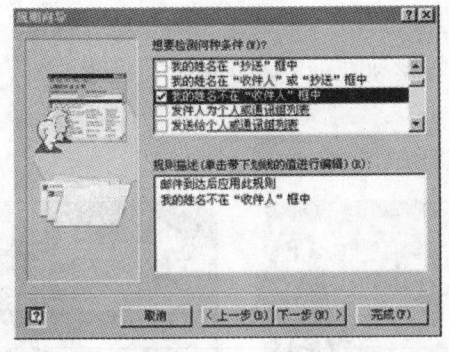 

(a) 电子邮件示意图   (b) 快递公司示意图

图 1-17

16. 人们懒得等洗过的鞋子干,就用自动电热干鞋器。如图 1-18 所示。

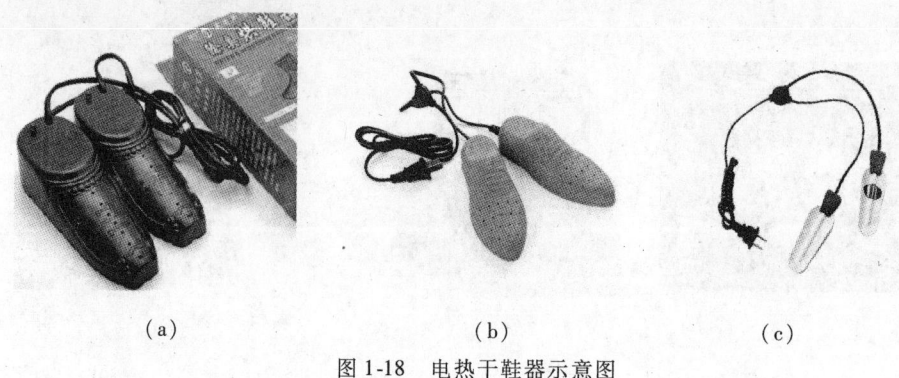

（a） （b） （c）

图 1-18 电热干鞋器示意图

17. 人们在办公室里犯懒了，靠在办公桌上午睡，便发明了午睡枕。如图 1-19 所示。

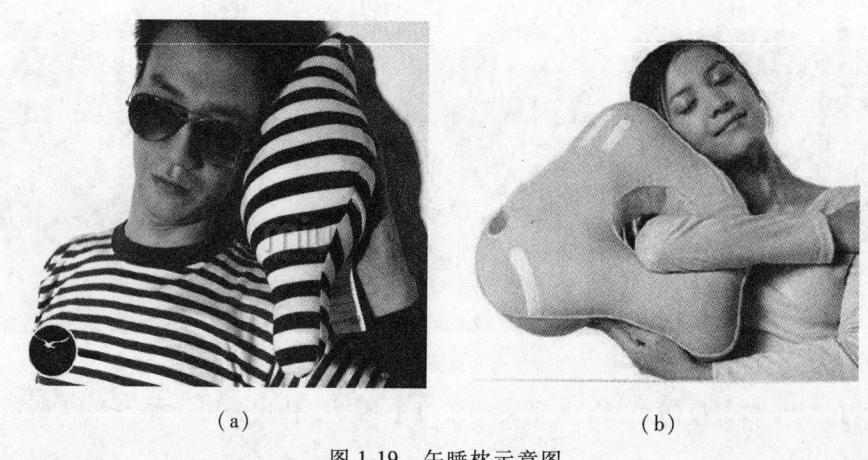

（a） （b）

图 1-19 午睡枕示意图

18. 人们为了降低厨房的工作量，发明了豆浆机、咖啡机、削皮机、榨汁机、捣蒜器、煮蛋机。如图 1-20 所示。

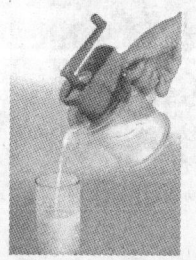  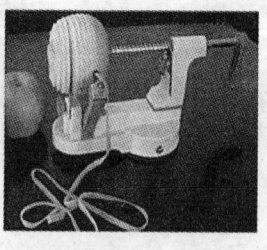 

（a）豆浆机示意图　（b）咖啡机示意图　（c）削皮机示意图　（d）捣蒜器示意图

图 1-20

第 1 章　发明是生存所需　　　　　　　　　　　　　　　　　　　　　　　　　　　9

19. 为了减少垃圾对环境的污染，人们发明了不用倒垃圾的垃圾分解机。如图 1-21 所示。

(a)　　　　　　　　　　　　　　　(b)

图 1-21　垃圾分解示意图

20. 为提高身体素质，人们发明了不用费心记忆饮食限制的营养饭盒。如图 1-22 所示。

(a)　　　　　　　　　　　　　　　(b)

图 1-22　营养饭盒示意图

懒人类有许多发明，如：懒人用品，懒人图库，懒人沙发，懒人鞋，懒人鱼，懒人桌，懒人鼠标等。

点评："懒惰"滋生了发明，"不便"产生了更新。惰性是人的本性，但是这种惰性不是懒惰，而是人类生存中固有的一种惰性。正是因为有"懒惰"，人们才易产生不足、不便，从而产生发明、改进、完善的最初动力。当然这种惰性也是建立在付出勤劳、关注生活、勇于创新的表现，而决不是懒惰人天生的无奈所为。

"懒惰"是智慧的教材，也体现了人类的文明进步，"懒惰"激励了人类的上进也促进了新的发明产生。"懒惰"是滋生不足、不便的土壤，"懒惰"孕育了生活质量的提高和生活用具、用品的便捷。我们要克服"懒惰"，更应利用"懒惰"，从"懒惰"中寻找发明创新的灵感,从"懒惰"中去滋生新的发明。

1.3 不满源于生活却促进了发明的产生

为了适应社会快节奏的发展步伐,人们由步行改为骑自行车,又由骑自行车改为开汽车,但为了开汽车需学会开汽车,必须首先取得汽车驾驶执照。随着国家对驾校毕业考核项目的要求增加,路考成了许多考生无奈取得最终驾驶资格的最难关卡。

时间不够怎么办?下雨下雪、油价高涨、驾驶练习时间变短、难以通过驾考怎么办?能不能在考前有一个模拟训练和考试的过程,不出门、不日晒雨淋地在室内进行训练呢?于是,有人便发明了"汽车驾驶模拟装置",解决了上述问题。如图 1-23 所示。

链接 1.3 北京农民首次摘得国家科学技术大奖自修高工创"赵氏塔基"。

建高楼、盖大厦,离不开高高的塔式起重机(又称塔吊、塔机);而要想让塔吊安全操作,必须先用钢筋混凝土浇筑一个结实的塔基把塔吊牢牢固定好。塔基的重量小则数十吨、大则上百吨,需要消耗大量的钢筋、水泥和砂石,浇筑好后还要先养护 20 天才能安装塔吊;施工结束后,塔基就深埋地下成为建筑垃圾。

相关记者从北京市科委获悉,北京农民工赵正义,以自己设计制造的塔基首次摘得 2011 年度国家科技进步二等奖。赵正义是农民工出身的普通建筑工人,他是北京市劳动模范、2008 年北京奥运会火炬手。他凭借着研制的"塔桅式机械设备装配式预制混凝土构件基础"摘得大奖,该成果简称"赵氏塔基"。如图 1-24 所示。

图 1-23 为汽车驾驶模拟装置示意图

图 1-24 赵氏塔基示意图

"赵氏塔基"经过 15 年的研发、9 次升级换代,破解了国内外研究了 50 多年的专业技术难题,节约了水泥、钢材、砂石料、水等资源,消除了传统整体现浇混凝土基础形成的混凝土废弃物的环境污染,消除了传统塔基造成的混凝土垃圾。该成果广泛应用于建筑、电力、石油、地矿等领域。

北京市科委消息,北京市共有 78 个项目分获国家自然科学奖、国家技术发明奖和国家科技进步奖,占全国通用项目获奖总数的 26.4%,领跑全国。其中,一等奖 4 项,占全国一等奖项目总数的 36.4%;另外,唯一的一个特等奖、2 名最高奖获奖者均出自北京。获奖成果涵盖了节能环保、生物医药、新能源、高端装备制造等战略性新兴产业。自塔吊发明、使用80多年来，塔基一直都采用混凝土整体现场浇筑技术，费时、费料。

20世纪90年代中期，"从来如此"的塔基，却成了赵正义的"眼中钉"。农民出身的赵正义当时是北京市昌平县的一家乡镇建筑企业的经理。初中毕业的他不仅勤快，而且肯钻研、好学习，不仅是"砌砖能手"，还在1982年创造了室内抹灰护角的新工具、新工艺。自此，他迷上了创新发明，每隔两三年就有一项创新成果问世。

当时北京备案的塔吊就有1万多台，每台每年保守估计要用1.5次固定基座，每年浪费的混凝土能盖140万m^2的框架楼。视浪费为犯罪的赵正义再也坐不住了。1997年，他在一个月内接连给50多个塔机厂家打电话，咨询有否变革传统塔吊基础的可能性，得到的答案都是"不可能"。

"撞破南墙不回头"的赵正义跟塔基较上了劲，经过3个月的潜心钻研，设计生产出第一代"桅杆式机械设备组合基础"（业内称为"赵氏塔基"）。这种新型塔基可谓巧夺天工：用13件混凝土预制构件装配组合的方式，代替传统塔基的整体现场浇筑，可以重复使用；通过在构件连接面设置凹凸键，做到无间隙组装，避免了构件变形或位移；以砂、石、土等材料代替部分混凝土，增强基础重力，降低了构件的体积和成本。

传统塔基的浇筑安装一般需30天左右，这套塔基只用了60小时。5个月后，用第一代赵氏塔基支撑的塔吊完成1项6500m^2的5层现浇框架结构工程——自塔机诞生以来困扰业界80多年的技术难题，得到了破解。

赵正义没有就此止步。在此后的9年中，他不断改进、完善，"赵氏塔基"9次升级换代，获得发明专利13项，形成了完整的技术体系，实现了构件总重量最轻、占地面积最小、拆装时间最短、使用成本最低，一座塔基可反复使用100次，平均使用2~3次就可收回成本。

2001年，为更好地研制、推广"赵氏塔基"，赵正义辞去待遇优厚的职务，自己创办了北京九鼎同方技术发展有限公司。截至2011年，赵氏塔基已在北京、哈尔滨、南京、西安等21个省市的43个城市推广，与9万多台不同型号的塔机配套使用，累计节约水泥、钢材220多万吨，节约砂石料820多万吨，直接经济效益16亿多元，减少混凝土垃圾475万m^3。专家认为，"赵氏塔基"开塔机基础重复使用之先河，是中国人在塔机技术领域的开创性贡献。

两院院士罗沛霖指出，赵正义正是用再普通不过的传统材料，通过空间结构的重新组合，使这些材料在新的结构形式下具有新的性能，从而彻底破解了困扰业界数十年的一道技术难题，成为一项节资节能减排的标志性新技术和新发明。

点评：俗话说得好："马善被人骑，人善被人欺"，人生活在人群之中难免受挤压、受欺负，然而，自然法则就是这样，你不满可以，拿出战胜别人、信服别人的办法后自然就能减困、减压而出人头地。发明是一个平台，公平竞争，只要你不满，它就是动力，它就是你走出困境登上高坡的阶梯。

链接1.4 伊朗工程师披露俘获美国无人机细节。

伊朗曾经宣布俘获了一架美国RQ—170"哨兵"无人机，随即美国总统奥巴马索要无人机未果，反而在美伊两国之间引发了"口水战"。美国《基督教科学箴言报》曾经对一名参与俘获这架无人机的伊朗团队的工程师进行了专访,这名工程师透露,伊朗是通过利用美军导航系统长久以来存在缺陷,将这架无人机"指引"至伊朗领土。如图1-25所示。

(a)   (b)

图1-25 伊朗所俘美国隐形无人机示意图

伊朗专家当时重构了这架"哨兵"无人机的GPS坐标,使其降落在了伊朗境内,这架无人机误认为是自己在阿富汗基地的地方着陆时机腹受损伤。这名伊朗工程师在接受专访时说,这架无人机的GPS导航系统是最薄弱点。

落入伊朗人手中的RQ—170"哨兵"隐形无人侦察机,绰号"坎大哈野兽",是美国最神秘的无人机,美国空军甚至都没有向外界公布其照片。据伊朗国家电视台网站报道,苏鲁里说:"我们下一步将复制这架飞机。""在不远的将来,我们将能大批量生产这种飞机,伊朗工程师很快将利用逆向工程制造出比美国(无人机)更先进的飞机。"

链接1.5 日本竟称没有日本的机床中国的经济建设将寸步难行。

互联网上曾有人称,日本国际经济学家长谷川庆太郎,最近在日本《呼声》月刊5月号上发表题为《中国的未来取决于日本》的文章说,"只要仔细分析中国的实态,我还是认为,中国的未来掌握在日本和美国手中"。文章说,如今在中国空前的建筑热潮中,建筑机械的年均使用时间高达3000小时,只有日本造的机械才能经得起如此消耗。

中国生产汽车部件的机床年均工作时间也高达3500小时,只有日本生产的机床能保证连续5年性能不变。"没有日本的机床,中国的汽车产业将寸步难行"。如图1-26所示。

文章还以钢材为例说明中国对日本的依赖。日本生产的汽车用钢板质量世界第一,不用这种钢板的汽车就根本没有销路;"没有日本钢铁的支持,中国的汽车厂家就没法生存";建筑用H钢的对华出口价比日本国内高20%,但中方却不得不买,"因为没有这种钢,中国的建筑公司就无法保障高层建筑骨架的安全"。

文章指出,据2001年统计,日本每年的专利出口1.1万亿日元。"那些没有这些技术的国家,不购买日本的技术,就无法实现经济增长"。

文章值得国人警觉反省,文章没有用太多的笔墨来分析中国经济对美国的依赖,只提到一点,即:占中国对美国出口80%的商品,都是打入中国的美国企业制造的;只要美国切断中国对美国的消费品出口渠道,那么中国就难以维持其经济增长。

(a)　　　　　　　　　　(b)　　　　　　　　　　(c)

图 1-26　日产数控机床示意图

"中国对日本的依赖只会越来越加强而不会越来越削弱"。这就意味着"日本越来越有能力控制中国"。

今天的中国，已不是 50 年前的中国，也不是 20 年前的中国。我们已经有了相当不错的物质、技术和财力基础，只要再有自力自强的精神，拿出当年研制"两弹一星"和前不久"神舟飞船"上天的劲头，相信许多难题都可以攻克。人们希望今后不要总听到诸如"人家只愿意卖给我们设备，不愿意提供技术"、"某某国家对我们实行技术封锁"、"某某组织没有批准对华技术转让条款"、"某某国家在技术上对我们留一手"等怨天尤人的话。人家有，你没有，人家当然要拿你一把，有什么好抱怨的呢？再说，抱怨又有什么用呢？

中国是一个社会主义的大国。过多的对外依赖，现代化的基础是不牢靠的，经济安全和国防安全也是不牢靠的。对外开放和自力更生，是可以并行不悖的。要让日本人、美国人在中国人面前少"牛"一点，关键还是靠我们中国人自己，靠发明、靠自主创新。

点评：国家"弱"弱在"首脑"，首脑"弱"弱在"决策"；决策"错"错在心底"空虚"，而心虚则虚在"实力"；实力"虚"虚在"科技"，科技"虚"则虚在"创新"能力。

中国改革开放 30 年说明：开则"活"，放则"鸣"，闭门造车则不行；技术提升靠学习，国家进步靠创新！"三天不出门不认自家门，三年不出门不认哪国人"。

因此，同学们要多学习，多关注新技术、新材料和新事物的产生，并从中寻找有利于自己生存发展壮大的营养和土壤。

本 章 小 结

本章教学旨在认识"发明是生存所需"的道理，结合生活实际剖析自己存在的不足，体会"人活一生总是在生活中挣扎，犹如大海中的一叶孤舟，困难重重；人在历史的长河中更像一个过客一晃而过，一生难免有遗憾和后悔"的艰辛，青年人应发奋图强。

链接 1.6　发明背景材料 1：日本发明利用太阳能电池的卡车空调系统。

日本 ICL、三菱化学及日本福禄好富（FRUEHAUF）共同开发出了利用太阳能电池的卡车怠速（Idling Stop）空调系统"i-Cool Solar"。今后将进行验证试验及改善，预定2012年春上市。如图1-27所示。

链接1.7 发明背景材料2：连城青年发明太阳能灭虫灯，获得国家专利。

连城县四堡乡马屋村青年马华昌，自主开发出太阳能灭虫灯，研制出专用光源，利用紫外光辐射对害虫产生的趋光兴奋效应，引诱害虫扑向灯的光源，从而达到消灭害虫的目的。如图1-28所示。

图1-27　太阳能电池的卡车图

图1-28　太阳能灭虫灯图

链接1.8 发明背景材料3：日本牙医发明太阳能牙刷，二氧化钛材质无需牙膏。

加拿大萨斯克彻温大学牙科学专业的牙科医师小宫司邦雄设计出了一种新型的"太阳能牙刷"，这种牙刷不需要牙膏就能清洁口腔。如图1-29所示。

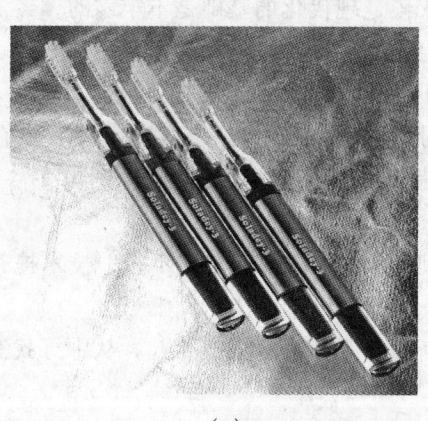

（a）

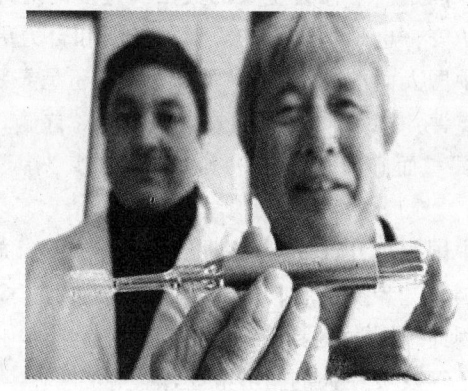

（b）

图1-29　太阳能牙刷图

链接1.9 发明背景材料4：南昌残疾市民发明太阳能环保电动车。

南昌下岗工人、残疾人周耀龙继2008年发明了电动车遮雨篷后，经过一年多时间的潜心构思、设计、论证，成功发明了一款太阳能环保电动车。如图1-30所示。

链接1.10 发明背景材料5：江西教师发明太阳能三轮车，最高时速35公里。

大家可能见过太阳能汽车，但不一定看见过太阳能三轮车。江西省上饶市横峰县一名

图 1-30 太阳能环保电动车图

中学教师耗时 4 个多月,发明了以太阳能为动力的三轮车,该车最高时速可达 35 公里,整车造价近万元。如图 1-31 所示。

（a）　　　　　　　　　　　　　（b）

图 1-31 太阳能为动力的三轮车图

链接 1.11　发明背景材料 6:大学生发明太阳能机动车,雨天可当自行车用。

没气没油,再好的车也只能瘫痪,西南大学十几位大学生发明了这样一辆不需加气、不需喝油的太阳能机动车。大学生们自豪地告诉记者:"我们的车很低调,给点阳光就能开走,遇到下雨天,还可当自行车用。"如图 1-32 所示。

链接 1.12　发明背景材料 7:市民发明"低碳电灯",靠太阳能每天能省 10 度电。

现今,低碳减排这个话题已经越来越受到岛城市民的关注。不少岛城市民从自家用电开始着手,许多市民总结出了省电窍门,还有的自己搞起了发明,市民赵先生就发明了一套家用太阳能照明系统,制作出了低碳电灯,用太阳能发电,现在赵先生家里已经全部使用自己发明的低碳电灯,如图 1-33 所示。

链接 1.13　发明背景材料 8:西藏大学学生发明造价低廉的太阳能照明灯。

太阳能的系列产品是西藏自治区农牧区群众生活中不可缺少的一部分。西藏大学几名学子去了几次那曲地区,对当地农牧民群众的生活进行了实地考察后,便发明了农牧区太阳能照明灯。这种照明灯不但功能齐全而且造价低廉,只要将太阳能照明灯放在阳光下"沐浴"一会儿,就能亮一夜,真是够省电的。如图 1-34 所示。

图 1-32　太阳能机动车示意图　　　　图 1-33　低碳电灯照明示意图

链接 1.14　发明背景材料 8：兰州一下岗工人发明壁挂式太阳能热水器。

兰州市下岗工人曾俊玉发明了一种壁挂式太阳能热水器，这项已获得专利的热水器是目前唯一能够像空调一样挂在室外墙壁上的一体式太阳能热水器。如图 1-35 所示。

图 1-34　太阳能照明灯示意图　　　　图 1-35　太阳能热水器示意图

链接 1.15　发明背景材料 8：河北科技大学一教授发明轻便式太阳能充电电源。

出门在外，却发现手机没电了，存在手机里的电话号码也无法查询，相信不少经常出门的手机用户都遭遇过这样的尴尬。如果你随身携带着一台轻便式太阳能充电电源，难题便可迎刃而解，河北科技大学一教授发明了一款轻便式太阳能充电电源，可以利用阳光为蓄电池充电；手机没电时，这种装置也可以随时随地充电。如图 1-36 所示。

链接 1.16　发明背景材料 9：岳阳男子发明太阳能新产品。

如图 1-37 所示是岳阳市民唐江涛先生发明的太阳能上下水集成块，其优点是将原来零散的配件集合在一起，成为一个上下水的集成块，而且电磁阀和手动阀上部分是可以拆卸的，遇到故障只需拆下进行维修即可，不仅安装简化，成本大大降低了，性能也非常稳定，可消除接头多漏水的故障隐患。

链接 1.17　发明背景材料 10：职业装为绿色能源掀热潮　　日本发明太阳能工装裤。

绿色能源正在全球掀起一股热潮，其中的佼佼者——太阳能已经成为许多人日常生活中的

图 1-36　太阳能充电电源示意图

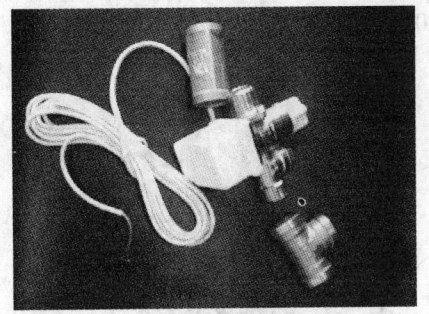
图 1-37　太阳能上下水集成块示意图

一部分，日本科学家研发了一款太阳能裤子。这款太阳能裤产生的电量虽不像发电厂那样多，但是产生的 5V 电压足够为随身携带的 MP3 和手机充电。这款裤子在太阳底下连续直晒数小时后，太阳能就会储蓄到衣服上的蓄电池中，通过口袋里的 USB 接口，可以给手机、MP3 等供电。如图 1-38 所示。

图 1-38　太阳能工装裤示意图

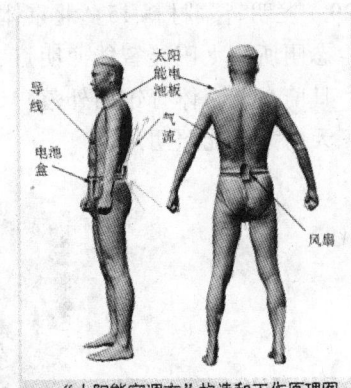
图 1-39　太阳能空调衣示意图

链接 1.18　发明背景材料 12：上海交通大学师生发明"太阳能空调衣"，军训显神奇。

上海交通大学 4000 多名 2009 级学生开始在军训训练场上挥汗如雨，若有伤病，就可穿上一种新奇的"太阳能空调衣"。由连指导员乐金伟带领 6 名学生设计出的这种"太阳能空调衣"，只要在腰上别上一个"黑匣子"，军训服就会变得通风排汗。目前，"太阳能空调衣"主要为伤病学生参与户外军训时服务。如图 1-39 所示。

链接 1.19　发明背景材料 14：太阳能手电筒。

太阳能手电筒采用内置可充电池为蓄电源，利用太阳能充电，无需频繁更换电池，既经济又符合环保要求。采用超光 LED 作照明光源，具有光线自然，使用寿命长的特点，设置二档开关方式。顺应着照明替代产品的时尚趋势。附带的微型指南针，美观实用。外壳选用塑胶材料为原料，重量轻便，85g左右，体积为125mm×38mm×26mm，操作方便。如图1-40所示。

（a）太阳能手电筒示意图-1

（b）太阳能手电筒示意图-2

图1-40

链接1.20　发明背景材料15：北京体育场馆新增环保设施：太阳能照明灯。

太阳能生态厕所、太阳能智能照明灯、纳米材料空气净化器、纳米塑钢门窗等高新科技环保设施，日前在北京体育馆内外落户，图1-41为北京工人体育场内新建的经一天采光就可照明三天的太阳能照明灯。

图1-41　太阳能照明灯示意图

链接1.21　发明背景材料16：美国科学家发明人工树叶太阳能电池。

美国北卡罗来纳州大学的一组研究人员日前公布了一种基于水凝胶技术的太阳能发电装置——人工叶。研究人员称，这种水基太阳能电池不但能够和硅基太阳能电池一样产生电力，而且在成本和环境友好性上更具优势，使模拟自然产生电能的设想离现实又近了一步。如图1-42所示。

链接1.22　发明背景材料17：美国太阳能二号电站。

美国"太阳能二号"是一个太阳能电站，位于美国加利福尼亚州莫哈韦沙漠中。曾

（a）太阳能充电板示意图　　　　　（b）树叶太阳能电池示意图

图 1-42

经是世界上技术最先进的太阳能设施之一，"太阳能二号"以跟踪和聚焦太阳光线，可以存储热量实现一天 24 小时提供电能。美国能源部于 20 世纪 90 年代后期关闭了这一电力设施。如图 1-43 所示。

图 1-43　太阳能二号电站示意图

关于利用太阳能发电的一些常识。人们满怀希望的寻找新能源，似乎看到了太阳能发电会大有作为，而事实上，小规模的太阳能发电会产出令人可怜的净能源，也就是说太阳能发电所产出的能量比生产太阳能发电设施所投入的能量多一些，但多得可怜，由于小规模太阳能发电所净产出的能量小，没有可观的利用价值。大规模的太阳能发电是不可能有净能源产出的，只会产出负能源，就是说生产太阳能发电设施所投入的能量多，而这些太阳能发电设施所发出的能量少。大规模的太阳能发电所遇到的麻烦事太多，这些麻烦事会导致大规模的太阳能发电不具有可行性。

单块太阳能发电电池的发电量十分小，电压很低，电流很弱，不具有实用性。要想大功率的利用太阳能发电，就要提高太阳能发电的电压，增大太阳能发电的电流，这就要把成千上万块能发电的单块太阳能电池，靠层层串联和层层并联的方法组合起来，在层层串联和层层并联过程中，有个转换效率问题，许多发出的电量会在转换效率中损失，损失的最终结果就排斥大规模太阳能发电的可行性。

作为远距离输电而言，为了节省电线杆数量，节省电线长度，节省变压器的数量，必须是电流强大到一定程度才能输送，最起码一条电线的输电功率要达到1000kW，1000kW 就是满负荷输电时，一小时能输出 1000kW·h 电，一条输电功率是 1000kW 的导线，从经济规模上讲，它有些小，1000kW 只能让一部大型机械启动，如果按经济规模输电，一条电线的输电功率还应该大于 1000kW，在大于 1000kW 的情况下，单个太阳能电池发电的损失量会更大。

大规模的太阳能发电要克服太阳能发电的随机性和间歇性，以免破坏电网的稳定性，最好的方法是采用抽水蓄能再发电的方法，在抽水蓄能再发电的过程中，又存在一个转换效率，又要损失一部分发电量，这就更加排斥了大规模发电的可行性。

地球表面存在着昼夜问题，春夏秋冬四季问题，下雨阴天多云问题，晴天中的光照概率问题，这些问题会导致要搞大规模的太阳能发电，还存在不可以掌握的变化性和随机性，必须克服太阳能发电的间歇性，变化性和随机性，克服这些特性就存在转化效率的问题，要损失太阳能发电的一部分电能，这是大规模太阳能发电具有不可行性的原因之一。

从发明的角度看，开发清洁能源是人们在能源缺少情况下的一种期待，太阳能清洁但电能太弱。你有什么办法解决上述问题？除太阳能之外你认为还能有其他能源吗？如：1. 可燃冰发电；2. 雷鸣闪电蓄电；3. 潮浪发电；4. 岩热发电；5. 垃圾发电；6. 尸能发电；7. 水（氢）发电等。

复习与思考题 1

1. 为什么说"创新是一个民族生存的基础"，"创新是一个民族发展的灵魂"？作为华夏子孙的你该做什么？试制定自己的创新计划。

2. 看了"懒人"的发明后能否有自己的发明？

3. "汽车驾驶模拟装置"有无可改进的地方？

4. 创作练习（发明背景）

（1）漂浮垃圾怎样处理？

我国城镇生活垃圾年产生量过亿吨，历年的垃圾堆存量达 60 亿吨；城镇垃圾年产生总量每八九年就翻一番；全国 660 多座城市中，有 200 余座城市处于垃圾的包围之中。如图 1-44 所示。

中国城市环境卫生协会副理事长陶华在全国城乡环境卫生整洁行动媒体沟通会上透露，目前我国每年产生近 10 亿吨垃圾，从全国总体来看，垃圾无害化处理设施还有很大缺口。

随着三峡建库以来最大洪峰经过，大量漂浮物被洪水裹挟而下积聚在大坝上游近坝水域。三峡出动亚洲最大清漂船"三峡清漂 1 号"及 15 艘机驳船清理漂浮物，确保水库坝区水质以及三峡枢纽运行安全。如图 1-45 所示。

（2）如图 1-46 所示，塑料垃圾怎样处理？

（3）如图 1-47 所示，植物垃圾污染，怎么办？

第1章 发明是生存所需

(a)   (b)   (c)

图 1-44 垃圾包围城市示意图

(a)   (b)   (c)

图 1-45 三峡库区漂浮物示意图

(a)   (b)   (c)

图 1-46 塑料垃圾污染示意图

(a)   (b)   (c)

图 1-47 植物垃圾污染示意图

(4) 如图1-48所示，建筑垃圾越来越多，怎样处理？

(a) (b) (c)

图1-48 建筑垃圾污染示意图

作业提示：

1. 在别人成熟方案的基础上提出完善措施。
2. 克服现有缺陷和不足。
3. 用A4纸提交，也可用电子文稿提交。（wangxiaojin3292@sina.com）

注意：

1. 应注明：学校，学院，专业，年级，学号，姓名，本人照片，联系电话，电子邮箱。
2. 作业必须交。
3. 不许抄袭，重在自"创"。
4. 看图创作。

第 2 章 人为什么要发明

2.1 人为什么要发明

每一个人生活在不同的工作岗位，其社会地位不同、收入不同，苦甜酸辣的感受也就不同，但生活压力却是一样的，高物价，低收入使一些人生活质量下降、收入减少，怎么办？如何改变自己的现状，每一个人都在与命运抗争，与"不公平"抗争。

因此，每一个人都在不同的工作岗位上采用不同的方法去证实自己与别人不同，希望比别人强。发明来自于不满，发明来自于生活，发明改变人生，发明体现价值。

链接 2.1 抓斗大王——包起帆。

包起帆，是全国劳动模范、"五一"劳动奖章获得者、享受国家特殊津贴、有突出贡献的优秀科技专家、高级工程师，致力于港口装卸工具的发明创造 20 余年，开发了新型抓斗系列共 140 余种，广泛应用于港口、铁路、化工、军工、河道等行业，多次在日内瓦、布鲁塞尔等国际发明展览会上获得金奖和银奖，"防漏散货抓斗"等 9 项成果获国家专利，被誉为"抓斗大王"，并被英、美两国国际传记中心分别列入《国际知识分子名人录》及 21 世纪金质成就奖。

从工人发明家"抓斗大王"到集装箱电子标签系统国际标准的编制者，包起帆立足岗位，勇于创新，从一名码头工人走上了世界工程技术的最高领奖台。

2006 年 5 月，包起帆的发明项目在巴黎国际发明展览会上获得 4 项金奖，成为该展会举办 105 年来一次获得金奖最多的人。巴黎国际发明展览会评委会主席在参观了包起帆的发明——"集装箱电子标签系统"后赞叹道："这将是一场改变人们运输方式的革命！"

有技术创新还不够，掌控标准才能掌握行业话语权，包起帆实现了"零"的突破。2009 年，国际标准化组织（ISO）任命由包起帆领导的工作组编写集装箱电子标签国际标准，这标志着中国物流和物联网领域在获准制定国际标准方面担任主角。

包起帆 1968 年参加工作，1978 年因工伤被调到上海南浦港务公司机修车间工作，专门负责修理码头上的起重机。而这个与众不同的机修工却在平凡的岗位上播下了创新的种子。

30 余年来，包起帆与同事们共同完成了 130 多项技术创新项目，其中 3 项获得国家发明奖，3 项获得国家科技进步奖，18 项获得省部级科技进步奖，30 项获得日内瓦、巴黎、匹兹堡、布鲁塞尔、北京等国际发明展览会金奖。包起帆在创新的道路上从未止步。

由于包起帆在平凡的工作岗位上干出了不平凡的事，后被选为中国发明协会的会长。如图 2-1 所示。

(a) (b) (c)

图 2-1 包起帆

链接 2.2 电器专家——许振超。

许振超出生于 1950 年,是"文革"时期毕业的"老三届",1974 年进入青岛港工作。这个年龄层次的群体,受教育少,年龄偏大,相当一部分人成为下岗再就业的"特困户",但许振超却成为世界一流的"技术专家"。他在日记中写道:"悟性在脚下,路由自己走","要自己教育自己。"正是凭着这种韧劲,许振超学得真功,从工人迈进了技术主管的行列,并创造了世界纪录。

许振超所在的青岛港前湾集装箱码头是目前世界上最大的集装箱码头之一。许振超以"干就干一流,争就争第一"的精神,自学成才,练就了"一钩准"、"一钩净"、"无声响操作"等绝活,并模范地带出了"王啸飞燕"、"显新穿针"、"刘洋神绳"等一大批具有社会影响的工作品牌。他带领团队按照"泊位、船时、单机"三大效率的标准要求,深入开展比安全质量、比效率、比管理、比作风的"四比"活动,先后 6 次打破集装箱装卸世界纪录。"振超效率"令世人赞叹,"振超精神"名扬四海。"10 小时保班"服务品牌则吸引了全球各大船运公司纷纷在青岛港上航线、换大船。近年来,他积极响应国家节能减排的号召,组织实施了轮胎吊"油改电"技术改造,填补了这一技术的国际空白,年节约资金 3000 万元以上。

许振超曾先后被评为青岛市劳动模范、青岛市优秀共产党员、山东省有突出贡献工人技师、山东省自学成才先进个人、全国"五一"劳动奖章获得者和全国交通系统劳动模范、全国劳动模范、全国优秀共产党员等称号,被誉为新时期产业工人的杰出代表。

许振超自 2004 年被树立为新时期产业工人典型,"许振超"三个字更是传遍了祖国的大江南北。但 6 年时间过去了,许振超依然那样朴实无华,认真学习、持续创新仍是他最大的人生追求。近几年,虽然许振超的社会事务工作增加,占去了他将近一半的精力,但他并没有把自己热爱的港口工作搁置下来。2004 年,看到码头集装箱轮胎式龙门吊既浪费油又污染环境,噪声还大,影响工人工作,许振超决定让门吊改变"习性",从"吃油"变为直接"吃电"。

"经过两年多的摸索和努力,加上我出差时看其他港口门机的设计,最后从飞机空中加油上得到启发。2007 年,我们完成了集装箱轮胎式龙门吊的'油改电'工程,随后新加坡、澳大利亚、英国和西欧的码头都纷纷效仿这一做法。"许振超说。

"既然国家把我树立为产业工人典型,就是希望我能继续引领创新,实现产业工人的价值;希望我继续和工友们保持兄弟般的友谊,这样作为一名'全国优秀共产党员',才能保持和群众的鱼水情深。"许振超说。

他就是青岛港的吊车司机,一个只有初中文凭的桥吊专家,一个一年内就两次刷新世界集装箱装卸纪录的人——许振超。如图2-2所示。

(a) (b) (c)

图2-2 许振超

链接2.3 钣金整修工——王洪军。

王洪军,出生于1970年。1991年技校毕业后成为一汽大众公司"白车身"钣金维修工人;2003年,创立"王洪军轿车钣金快速修复法",整体研究成果居国际先进水平;荣获2006年国家科技进步二等奖,成为第一位登上国家最高科技领奖台的一线工人。

1991年,21岁的王洪军从一汽技工学校毕业后,走上了一汽大众公司"白车身"钣金维修调整的工作岗位。

钣金整修是轿车生产中一道重要工序,需要为轿车做"漆前美容"。这种"美容"可不轻松,工人常要抱着十几斤重的高频打磨机来回打磨,噪音刺耳,粉尘飞扬。尤其是夏天,40多米长、布满300多个灯管的整修通道像一个大蒸笼,闷得人透不过气来。不少人因受不了这苦,改行干了别的工种。

当时钣金整修的大活、难活都要靠德国专家完成,中国工人们只能打下手。吃苦没有吓倒王洪军,干活伸不上手让王洪军难以忍受。他强烈地感觉到只是敲敲打打当不了合格的钣金整修工。

一天下班,专家刚走,他壮着胆子把外国专家修不了的"白车身"修了起来,可是忙了半夜也没弄好。第二天,德国专家发现后很不高兴,讽刺他自不量力。但车间领导鼓励他:"别灰心,'中国功夫'是练出来的,功到自然成。"王洪军暗自发誓:一定要干出个样子来,决不能让外国人把中国工人瞧扁了。

从此,王洪军业余时间自学热处理、机械制图、金属材料等相关知识。一进厂,他像着了魔似的,上班也练,下班也鼓捣,中午都不休息。有一次,他在修顶盖边缘时,工具滑落,顶盖的边缘正好切到他的脖子上,出了血,工友们劝他上医院包扎,他用"创可贴"一粘又干上了。

日复一日的积累和磨练，王洪军的钣金整修技术迅速提高。几个月后，一台白车身终于被他修好了。消息传开，将信将疑的德国专家用挑剔的目光反复打量修好的白车身，随即又分段用仪器全面检测，结果是完全符合标准。这位一向严谨和傲慢的日耳曼人向王洪军露出了钦佩的笑容。

"王，中国的也 OK!"

说起王洪军自创钣金整修工具，工友们能说出一串故事来。进厂不久，王洪军就发现，钣金维修既要保证车体钢板强度、厚度，又不允许存在波浪磨痕等缺陷，整修工具至关重要。有几次由于一些特殊部位的缺陷没有合适的工具修复，价值几千元甚至数万元的设备眼睁睁地报废。王洪军看在眼里，急在心上。他想，进口工具一套就得40 000～50 000元，品种还不全，而且两个月才能到货，有些缺陷根本无法修复。我们为什么不能自己根据实际需要创造呢？

王洪军制作的第一件工具是修车体侧围的钩子。他用新工具整修门槛时，刚使劲前端就折断了。德国专家看到后说："中国的，不好，德国的，OK。"工友们劝他，你也别白费劲了。王洪军倔强地说："不做永远不行，做了总有一天能行。你们瞧着，中国的肯定也会 OK。"

王洪军一边向技工学校老师请教，并查阅金属材料和热处理方面的书籍，一边对新工具的不同部位进行不同的热处理，终于做成第一件整修工具。当时德国类似的工具要2 500余元，而王洪军创制的新钩子用的是废料，分文不花，还能修复报废车。德国专家得知后，又专门进行了反复实验，最后不得不竖起大拇指："王，中国的也 OK!"

汽车博览会历来是各大汽车生产企业角逐的舞台，汽车博览会不仅展示企业产品，扩大品牌影响，而且是企业综合实力的较量。多年来，一汽大众的展车都是花大笔钱聘请德国专家来做，而且每次都不让中方员工参与，其理由是怕影响展车质量。"外国人能做到的我们也能做到。"抱着这样的信念，王洪军悄悄地开始揣摩探索。一天下班，王洪军走进了展车制作现场，看见德国专家焊的行李箱搭接缝没焊完，他就试着焊了一段。第二天德国专家发现后，厉声问道："这是谁干的?"王洪军的脸一下子红了。德国专家拍拍他的肩膀说："小伙子，我都干了23年了。干不了最好别乱动。"那天晚上，王洪军失眠了。他深知干展车的功夫不是一朝一夕能练成的，但他不能等23年啊。他再次铆足了劲揣摩做展车的技术。功夫不负有心人。经过几年的反复实践和摸索，王洪军掌握了压痕、划伤、波浪、坑包等"白车身"表面缺陷的处理绝技，总结出"手掌放平，着力点集中，匀速运行，出手慢，回手快"的整修操作方法，创造出包括轿车"白车身"表面缺陷修复法、漆后钣金缺陷修复和喷漆方法、车身间隙平度超差调整方法、展车制作方法等 4 个部分 50 余项 100 余种简捷适用的轿车钣金快速修复法，并出版了《王洪军轿车车身维修调整方法》一书。

2003 年 4 月，王洪军的创新成果经一汽大众中德质保专家组严格评审鉴定，被正式命名为"王洪军轿车钣金快速修复法"。专家们一致认为，这一成果具有重大的理论突破，对车身表面修复有很高的应用价值，整体研究成果居国际先进水平。

从 2003 年开始，一汽大众启用了王洪军的展车制作法，从此结束了聘请外国专家做展车的历史。当年，王洪军只用两周就出色地完成了德国专家要 1 个月才能完成的展车制作任务。近 3 年来，王洪军制作展车 189 台，为公司节约费用 700 余万元。

王洪军用他的智慧和汗水为一汽争得了荣誉，为祖国的汽车工业作出了杰出的贡献。他先后荣获吉林省和全国"五一"劳动奖章，被授予全国机械行业"技能大师"、技术创新"十佳能手"等荣誉称号。面对接踵而来的各种荣誉，王洪军说，荣誉属于过去，创造和奉献才是应该永远追求的。如图 2-3 所示。

图 2-3 王洪军

链接 2.4 发明能手——吴莹莹。

21 岁的北京师范大学女生吴莹莹，这位 2003 级心理学院的本科生不久前被美国高科技企业 TopCoder 公司聘为亚洲区副总裁。据相关资料介绍，从第一项发明"自吸水花盆"算起，吴莹莹至今已经创造了 100 项发明成果。如图 2-4 所示。

(a)　　　　　　　　(b)　　　　　　　　(c)

图 2-4 吴莹莹

2.2 发明改变现状 创新完善人生

链接 2.5 山东金洲矿业集团员工科技创新受嘉奖。

山东金洲矿业集团评选出 2009 年度员工创新获奖成果，创新成果 41 项次，共有 170 余人次获奖，奖金总额高达 23.894 万元。2009 年，该集团公司紧紧围绕制约效益提升的关键环节，按照提出要求、搭建平台、强化激励的原则，切实加强对创新活动的组织领导和规划，营造了"时时创新、处处创新、人人创新"的浓厚氛围。一是完善了《员工创新成果奖励办法》，将奖评范围扩展到科研、技术革新、工艺技术改造、管理创新、地质探矿、小改小革及合理化建议等领域；二是创新人才管理，在继续推进技术职务评聘制的基础上，通过岗位培训、技术比武、师带徒等形式，不断提升专业人才素质，扩大专业人才队伍；三是加大资金投入，2009 年内共完成科研专项投资 693 万元，完成技改及技措投资 436 万元，有力地推动了企业技术进步。2009 年内，因财务部门充分运用互联网平台，加强对黄金价格走势的跟踪与研究，实现黄金平均售价比上海黄金交易所高 7.61 元/克，年创效益 1318.39 万元，获得最高的 8 万元单项奖励。

链接 2.6 惠丰公司 14 项技术创新成果获奖。

中国兵器工业集团山西北方惠丰机电有限公司 14 名员工荣登"山西三晋技能人才光荣榜"，使该公司技能人才队伍建设工作迈上了新台阶。

惠丰公司高度重视技能人才队伍建设工作，把提高技能人才素质，实施人才强企战略提高到事关企业兴衰成败、生死存亡的高度来认识和对待，采取了一系列有效的措施，使企业逐步走上了良性发展、跨越式发展、强势发展的"快车道"。

1. 建立"三大体系"提供组织支撑

该公司建立了组织保障体系，党、政、工、团组织坚持以科学的人才观为指导，发挥各级的优势、各司其职、各负其责。党委按照党管人才的要求，发挥自身的政治优势，抓好企业文化建设和企业精神的培育；行政依据企业对人才的需要，利用其自身强大的组织优势，坚持以调整和优化人才结构为主线，制定了全方位的人才培训、培养计划并组织实施；工会、共青团以服务基层、服务职工为着力点，充分利用自身的群众优势，开展岗位练兵、技术比武、技术创新等活动。形成了党委领导、行政牵头、工会、共青团参与组织实施，各部门密切配合的人才培训、培养格局。

建立了制度保障体系，该公司先后制定了《建立学习型企业方案》、《职工技能大赛方案》、《"十一五"人才发展规划》、《人才工作整体规划》，相继下发了《创新团队建设实施意见》、《员工素质建设工程实施方案》，建立了"关键技能带头人"、"能工巧匠"、"技术能手"三级选拔制度和岗位招聘规范，实施了《技师、高级技师管理办法》。从制度上完善了技能人才建设平台，营造了良好的人才成长环境。

建立了激励保障体系，制定了《劳模管理办法》、《特殊津贴实施办法》、《科学技术成果和管理创新成果奖励办法》等，坚持荣誉激励、物质激励和文化激励三结合，对在工作中做出突出贡献的人员和身怀绝技、技艺超群、技术精湛的职工分别授予模范共产党员、劳动模范、爱岗敬业标兵、技术能手、能工巧匠等荣誉称号；为"技术能手"和

"关键技能带头人"每月执行享受200元至2000元不同级别的岗位津贴，对技能大赛中获得名次的每月享受100元至1200元不同级别的岗位津贴；制定了以"学习无限、创造无限"为内容的学习理念，以"以人为本、唯才是举、能者授职、功者授禄"为内容的人才理念，开展了以"高擎劳模旗帜、弘扬时代主题"为内容的劳模文化系列活动。

2. 畅通"三条通道"提供智力支撑

该公司着力开辟有利于人力资源开发的高速通道，努力为实现职工队伍的知识化奠基。从2006年开始先后已举办两批关键技能带头人后备人才培训班，已有67名人员成为了公司级、分厂级关键技能带头人；组织了61期CAD、CAM等应用技术软件培训班，培训人员610名；举办了车、铣、钳、电、焊等32个工种的实用知识培训；连续10年举办班组长培训班20期，全员实现了持证上岗；1999年以来，共为公司培养和输送了198名大专毕业生，207名技校毕业生，多数都充实到了生产一线和关键技能岗位。选派骨干人员到上海交通大学、天津工程师范大学、中北大学等高校进行针对性进修学习，有72名职工参加了数控技术及UG软件应用等内容的培训。先后选派骨干人员赴美国、瑞士、德国、奥地利、俄罗斯进行了专项技术培训。"十一五"期间累计培训各类人员39 682人次。

该公司努力开辟有利于职工技能提升的绿色通道，努力为增强职工服务大局的本领奠基。2003年以来，连续每年成功地组织了职工职业技能大赛。逐步形成了"三层次"：整个大赛分为分厂、公司、公司以外三个层次进行；"三淘汰"：对理论考试、实践操作和日常考核测评不及格者，都要实行大赛淘汰；"三结合"：坚持将参赛选手的决赛成绩和日常工作业绩结合起来，和职工对其工作表现的认同度结合起来，和其帮助徒弟提高技能结合起来；"三提高"：致力于提高全体职工的综合素质，致力于提高全员适应高新科技现代化需要的能力，致力于提高掌握高新科技现代化实际操作的经验和本领；"三延伸"：从生产一线岗位向后勤服务岗位延伸，从传统工种向新技术工种延伸，从工人岗位向技术管理岗位延伸；"三增加"：参赛人数由最初的731名增加到目前的2 136名，比赛工种由原来的12个增加到34个，获奖人数由2003年的24名增加到2010年的791名。

该公司还开辟了有利于职工人生价值实现的发展通道，努力为职工发挥聪明才智奠基。畅通三支队伍的成长发展渠道，是实现三支队伍协调发展的重要环节。惠丰公司首先从制度建设上入手，制定下发了《"关键技能带头人"评聘管理办法》，从选拔环节上抓起，认真组织开展了公司级"关键技能带头人"的评选工作，从2003年开始至2010年，共评选出公司级"关键技能带头人"32人，集团公司级"关键技能带头人"2人。积极构建"关键技能带头人"的层级梯队，在公司全面启动实施了分厂级"关键技能带头人"的评聘管理办法，共评审分厂级关键技能带头人141人。

3. 抓好"三个环节"提供服务支撑

该公司千方百计地吸引人才。一是引进那些在各类大赛中取得名次、品学兼优的大学生，先后引进在山西省、全国技能大赛中获奖的10名大学生；二是通过从顶岗实习大学生中选优的办法，留住人才。在大学生顶岗实习期间，不仅对他们进行培养，同时也加强了对他们的考核考察，创造了选人、用人的机会，使企业引进了留得住、用得上的技能人才。

该公司矢志不渝地培养人才，建立了"关键技能带头人"培育制度，规定职工申报公司级"关键技能带头人"必须首先是分厂级"关键技能带头人"，而且要经过"关键技能带头人"后备人才培训班培训合格；加强对紧缺人才的培养，积极鼓励大学本科生到生产一线，除给予每月300元的津贴外，还可优先到高等院校深造；畅通了"双师"型高技能人才成长的通道。即在鼓励高职高专毕业生进入高精尖设备操作岗位，发挥作用和才干的同时，允许其参加专业技术职务的评聘和职业资格的鉴定。截至2010年为止，培养集团公司级、公司级、分厂级关键技能带头人175名，通过技能大赛，涌现出234名专门技能人才。

该公司还致力于不拘一格使用人才，坚持为各类人才交任务、压担子，技术难题安排他们解决，关键岗位安排他们操作，关键产品、关键零件安排他们设计加工。近五年来，通过开展多种形式的劳动竞赛，先后解决各类生产棘手关键418项，解决各类生产难题3 000余项，为公司走自主良性发展之路、建设行业强势企业奠定了坚实的基础。

4. 实施"三项举措"提供政策支撑

该公司积极推行职业资格证书制度，正确评价技能人才技能水平。自2004年开始逐步在公司开展了职业技能鉴定，推行国家职业资格制度。分别开展了车工、钳工、机械装试工、数控车、数控铣、加工中心等14个工种的社会化技能鉴定工作。并以技能鉴定为抓手，有效带动培训。为学员购买了通用工种鉴定教材，组织编制了《无线电装试工培训讲义》、《机械装试工培训教材》、《温挤压成型培训讲义》等10余种特有工种教材，认真组织了每个工种的理论培训。几年来，14个工种共有777人进行了职业技能鉴定培训、考核，395人获得高级工证书，240人获得中级工证书，142人获得初级工证书。

该公司完善技师考评与管理制度，创新和改进技师考核与管理办法。公司下发了《技师、高级技师评聘管理办法》，进一步明确了技师、高级技师的评审、考核、激励的具体办法，规范了技师、高级技师的管理。在技师、高级技师中实施了"资格凭水平、聘任凭业绩"考核聘任制，每年对具备技师、高级技师职业资格的技术工人进行一次考评，实行动态管理，择优聘任。

该公司还开展了经济技术创新活动，推动创新成果转化，紧紧围绕创新和推广"优秀管理法、技术创新法、先进操作法"，开展了以"小发明、小革新、小设计、小创造、小建议"为内容的经济技术创新活动。近年来收集创新成果数千余项，同时，对具有推广价值的创新成果，以个人的姓名进行命名。把"全国五一奖章"、"全国劳动模范"、"中华技能大奖"获得者工具钳工周建民在实践中积极探索、总结出来的一种基准转换方法，命名为"周建民操作法"，这是公司第一个以职工个人姓名命名的先进操作法。到目前为止，80%的创新成果已运用到管理、工艺和生产操作中，创造可计算价值达588万元之多。

该公司实施技能人才队伍建设工程，不仅促进了企业技能人才群体结构的优化，而且带动了员工整体素质的不断提升，为企业的发展提供了不竭的动力和源泉，夯实了企业赢得未来的基石！

点评：你如果走进大型企业的车间里，你会感到创新之力无处不在，大有用武之地。光荣榜中显示出某某员工针对生产中出现的问题找到了解决问题的办法，从而为企业降耗增效作出了贡献，自己也从中感受创新的快乐和企业奖励，不少员工因创新而得到升职和提干机会，有的员工因此被评上"技术革新能手"、劳模、"三八"红旗手，创新真的改变了他们的现状，升华了他们的人生。

人生的价值不是因一个人拥有多少财富？学历高低？官职大小而决定于社会价值的高低，而是通过一个人的价值贡献的大小而产生社会共认度而显示一个人的价值。人的一生不能选择自己的出生和性别，但可以选择自己的成功道路。产生增值的方法各异，贡献有所不同，但衡量一个人对社会贡献的多少决定于这个人的付出。发明创新是一条致富路、成功路，发明创造能帮助一个人将想法变成现实、将想法变成回报社会的实际行动。

2.3 发明是人们谋求生存、发展，抗争不平、体现自身价值的一种行为

人的一生生存很艰难更显生活不容易，所以需跨越一道又一道路坎，克服一关又一关规则；人的一生升职很难需要遵守千奇百怪的"潜"规则才能安生；人的一生赚钱不容易但需花钱的地方又太多，怎么办？

人人都有理想，也有追求，但如何去实现自己的理想，实现自己的追求你就必须制定完善的行动方案，就必须有充分的思想准备和抗争精神，就必须有吃苦耐劳、坚贞不屈的牺牲准备。因为只有抗争才可能谋求生存，只有抗争才可能谋求发展，只有抗争才可能体现自身的存在，只有抗争才可能体现自身的价值，这就是人生成长的一种过程。

2.3.1 发明是一种抗争

链接 2.7 机器人老爹——吴玉禄。

吴玉禄是北京通州区一位只有小学文化的普通农民，20多年潜心钻研机器人，成了著名的"机器人老爹"，他把机器人看成是自己的孩子，让它们都姓"吴"，按出生先后依次取名"吴老大、吴老二、吴老三"等，他已有38个孩子。兄弟38各有所长：蹦跳、翻跟头、拉车、爬墙、点烟斗、敲锣打鼓、拉二胡、写字、倒茶、爬杆，等等，而且还有帮助病人定时翻身和会下棋的智能机器人。如图2-5所示。

(a)

(b)

图2-5 吴玉禄和妻子董淑艳与机器人示意图

2003年吴玉禄携自己的机器人儿子参加科技周并到人民大会堂表演,受到了热烈的欢迎!之后被北京市评为"京郊十大新闻人物",并由北京市领导颁奖。2004年在湖南卫视主办的农民机器人大赛中荣获第一名,并获得"最聪明的农民发明家"称号和奖金一万元。2005年在中央电视台十套走近科学栏目担任道具师并获道具设计制作优秀奖。2006年参加深圳卫视主办的"创意中国"大赛,捧回了冠军奖杯,参加山西卫视主办的"才艺大比拼"捧回了冠军奖杯。吴玉禄的作品如图2-6所示。

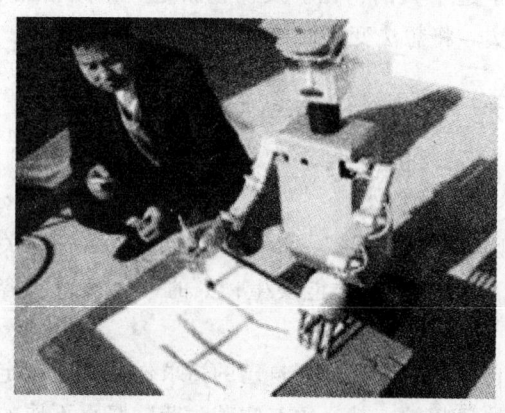　　

(a)"超级机器人吴老五"示意图　　　　　　　(b)拉车机器人示意图

图2-6

链接2.8　艇哥——陶相礼。

2009年9月3日,安徽农民陶相礼自制的潜水艇在北京郊区进行了试潜。34岁的陶相礼,出生在安徽阜阳一个农民家庭,从小喜欢发明创造,2007年在北京打工期间,开始琢磨制造潜水艇。

陶相礼出生于安徽阜阳,小学没毕业就辍学,16岁离家闯荡京城,做过建筑工人、饭店服务员、开过杂货店。陶相礼说他啥都干过,就是没做过自己喜欢的事儿。他从小就爱摆弄小玩意,有些无师自通的本领。30岁那年,陶相礼突发奇想:我要做个与众不同的玩意证明自己。最后,他决定做潜水艇,因为这东西属于高科技,没人敢做。他不看书、不上网,图纸都在脑子里,东西想安哪儿就安哪儿。他在自己开的五金杂货店里,用了半年时间,花了两万多元,潜水艇粗具雏形。

潜水艇做好了,要找地方试水。北京市区内没有深水湖,即使有也不太可能让他随便试。一天,一个喜欢钓鱼的朋友介绍了北京房山区一处少有人知的水域。陶相礼花了九牛二虎之力请人帮忙把潜水艇搬运到试水区。为了不打扰他人,他常常清早五六点开始试水。连续两个多月,他几乎每日往返于租住地与房山之间。有人将艇哥试水的情景拍成视频放到网上,火爆一时。媒体纷至沓来,陶相礼的试水队伍日渐壮大,他的日程也排满了,国外一些媒体也作了相关报道。记者也成了艇哥试水队伍中的一员。陶相礼的潜水艇存放在一片湖滩草丛内。这个庞然大物有6.5米长,1600斤重,艇身用5个大汽油桶焊接而成,尾部装有两个汽缸和尾翼,顶部是防水探头,可手动360°旋转。麻雀虽小五脏俱全，压力表、照明灯、探头、氧气瓶、显示器应有尽有。如图2-7所示。

(a) (b) (c)

图2-7 陶相礼自制的潜水艇示意图

陶相礼蹲下土坡，用钥匙捅开铁锁，拉起岸上的缆绳，打开舱盖，用一个有点漏气的打气筒给潜水艇加压，8个大气压需要不断打气半小时。"用充气泵加压省时又省力，不过要买电机和电池，能省就省点，咱没钱，这些都是二手市场的旧货，一会儿就没电，走不远。"陶相礼高涨的情绪中透出无奈。

一个多小时后，准备工作完成，陶相礼戴上氧气罩，拉上舱盖，潜水艇慢慢驶出"港口"，吐出一阵气泡开始下潜，不一会儿，在水面上消失了。一分钟、两分钟，……，五分钟，……，一位姓吴的先生拿着橡皮圈在岸上严阵以待——他已经救过陶相礼许多次。大概7分钟的时候，潜水艇在不远处渐渐浮出水面，舱盖打开，陶相礼冲岸上的人微笑挥手。成功了！其实，他对潜水艇的要求不高，能潜，能走，能在水下待一会儿就够了。陶相礼说："造潜水艇不是目的。成功能证明自己的能力。我有三十几项发明都在脑袋里装着，按摩洗头机、擦鞋机等，有兴趣的人会来找我，我会通过我的脑袋帮他们赚钱。重要的是，你敢想，敢做，并尽一切努力去做。"

链接2.9 造飞机的农民——苏道成。

一个只有小学文化程度的农民立志要造出一架翱翔蓝天的飞机，为此他购买了8台旧摩托车做试验，并花去数千元订购航天类书籍供自己学习。试飞那天，村民们害怕飞机起飞后落不下来，用4根棕绳将飞机牢牢地系在地上。可是，他本人却忧心忡忡，担心飞机性能不行无法升天。那么，飞机最终飞起来了吗？农民苏道成独自制造飞机的缘由何在呢？

现年51岁的苏道成，是马鞍镇供销社下岗职工，下岗后他一边务农一边做一些农具铁器维修工作。久居鄂西北大山的苏道成深受山路难行之苦，他说，山乡里人如果能有直升机，除虫打药，观察森林火险，出门办事都会方便很多。

苏道成就翻出纸和笔开始画图纸，进行设计。由于自己知识的贫乏，只能根据想像画，有时觉得某些部位设计不合理，又没地方可请教，他就找来《十万个为什么》、《科学画报》、《科学大观园》、《航天知识》等书籍查资料，直到自己觉得满意为止。

受技术素质和制造材料难找等条件限制，苏道成便在减轻机身重量上做文章，将飞机的支架和螺旋桨全都用木头做成。当地没有铝合金焊接设备，苏道成就用废铁皮、旧钢材焊接机身。至于发动机，苏道成则找来一台摩托车的发动机代替。

经过 3 个多月的精心焊接，今年五一节前，苏道成耗资 5000 多元制造的长 5.5 米，宽 1.5 米，高 3 米，约半吨重的直升机已具雏形。这时，安装发动机和螺旋桨传动的难题又摆在了他的面前，为此，苏道成开始购买旧摩托车发动机，他以 530 元的价格从熟人那里买了一台幸福牌 250 发动机，并装了上去。根据他多年的经验和多方请教汽车修理师傅，他对摩托车发动机进行了改装，实行传动轴传动，从而带动了螺旋桨。

经初步试验，发动机动力太小。苏道成又大胆设想，在飞机上加装一台发动机，用于传动尾翼小桨片和机头引导桨片。想法成熟后，苏道成又托人四处打听购买旧摩托车发动机，不久，第二台旧发动机又买到了，苏道成迫不及待地装了上去，几经改装传动问题已基本解决。一切准备完毕，却发现机舱内没有操作台，聪明的苏道成就从汽车上卸下一个座位焊在了"机舱"内，与此同时，油门、挡位、离合等各个控制系统也逐一进行了改进。如图 2-8 所示。

（a）苏道成驾机示意图

（b）苏道成制作飞机示意图

（c）苏道成驾机示意图

（d）苏道成制作飞机示意图

（e）苏道成制作飞机示意图

（f）苏道成制作飞机零件示意图

图 2-8

据了解，目前国内像苏道成这样有造飞机的设想或行为的人很多，其中陕西宝鸡的张自立制造的超轻型飞机已拿到飞行许可证。1987 年国家颁布的《航空器适航管理条例》规定，任何单位和个人设计、制造航空器，须报国家有关部门审核、检测、鉴定后，才能办理适航证。但这主要针对商业目的的航空器批量生产，对于个人爱好方面的航空器制造，国内尚无操作性很强的法律规定。

点评：看完了以上几例发明奇人的发明故事，你可能有"农民发明多儿戏，草堂班子难成器；折折纸片还可以，匆弄发明成笑柄"辛辣之感觉。但从另一角度来看："发明需热情很重要，点子成金要科学，发明择题需智慧，成果转化对市场"。因此，光靠单一的热情不够，还需靠知识积累运用和产学研一体化。

2.3.2 发明是一种谋求生存的手段

链接 2.10 美刊评出 2009 年度十大发明：摩天大楼逃生轮。

"9·11"事件发生后，凯文·斯通一直追看电视直播，看着那些悲惨的画面，一个念头萦绕在他脑际挥之不去：为何困在世贸中心里的人无法安然返回地面？"我告诉自己，这太荒唐了，"斯通回忆说。他是圣弗朗西斯科的一名整形医生，也是成果累累的发明狂人。"应该有种更好的方法，帮助人们在灾难时刻成功逃离摩天大楼。"如图 2-9 所示。

链接 2.11 老人为骨折妻子发明能爬楼梯的轮椅。

家住通州西集镇的张大妈坐在轮椅上乐呵呵地在院内晒太阳，她自豪地称，这个轮椅是自家老伴发明的，不仅能上下楼，而且平稳安全。这个轮椅的发明人是 67 岁的老人李荣标，从 2005 年开始构思到改进完善，他的发明之路历时 4 年，获得了两项国家专利。如图 2-10 所示。

图 2-9 摩天大楼逃生示意图

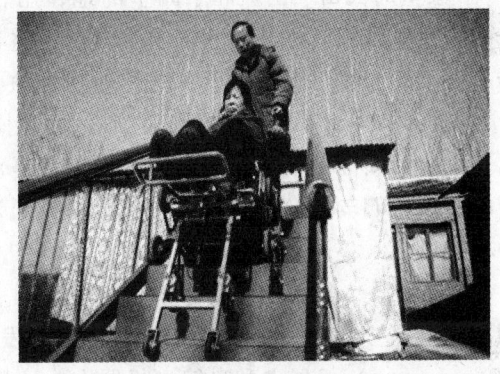

图 2-10 爬楼椅的轮椅示意图

链接 2.12 一家美国公司耗资数千万美元发明免充气蜂巢轮胎。

化工易贸网讯：轮胎是一项非常伟大的发明，如果没有轮胎，而只是硬梆梆的轱辘，汽车也不会发展到今天。但是日前，一家美国公司却发明了这样一款无需充气的蜂巢轮胎。

这种轮胎将原来的充气部分用蜂巢结构来代替，这样一来就可以起到与传统轮胎类似的减震作用了。最重要的是，有了这样的轮胎就再也不必担心爆胎了。非常适合野外行军使用。如图 2-11 所示。

链接 2.13 农民发明自行车耕地机。

以前每到耕种季节家里的七八亩地得用六七天时间才能干完，雇人种地一个小工一天 30 块钱，雇两个小工干上四五天就要两三百块钱，一年收获 1000 多斤玉米能卖个千八百块钱，要是雇人种地和收割，不赚钱反倒赔钱，买一个犁耕机又太贵。农民王福合用自行车改装的这台犁耕机的构造很简单。

他将一辆自行车的车座和后轮卸掉，将车把加高 50 厘米左右，在车把的立棍上焊接两根呈三角形的铁棍，在着地的铁棍一角上焊上犁片，在和犁片垂直的铁棍上加装一个带有升降杆直径40厘米的小车轮,一个简单实用的犁地机就制作完成了。如图2-12所示。

图2-11 免充气蜂巢轮胎示意图

图2-12 自行车耕地机示意图

"家里的大田、山坡和果园里的地,用自制的犁地机一天多就全都耕种完了!"王福合说,村里现在有好几户人家也都自制了这种犁耕机。下一步,他还准备在犁耕机上加一个小发动机,安一个播种管,这样连耕带种,三、四个人的活儿一个人就全包圆儿了。

链接2.14 韩研发机器人教英语入选时代周刊50大发明。

据中国新闻网报道,在韩国大邱市鹤亭洞鹤亭小学的"英语区",机器人"Engke负责教授孩子们英语。一名小学三年级的男同学说,"同机器人一起上课更有趣,学习也非常有意思。"

Engke是整合了发音教育和原始视频教育机能的一体性机器人。它最近在《时代周刊》中被选为"2010年世界50大优秀发明"。这种机器人有两大功能,远程授课(Telepresence)机器人和自律型机器人。远程授课机器人按照讲师的运作而移动,画面上的脸(阿凡达)上还会出现皱眉或眨眼的表情。自律型机器人能起到帮助教师授课的作用。它们将已经输入的教材内容教授给学生,可以指导学生们的单词、句子的发音以及会话和英语游戏等。

据相关介绍,这种机器人价格很贵,为每台1000万韩元(约合人民币5万元)。而且,需要为它增加能够识别学生们说的句子的功能。如图2-13所示。

图2-13 机器人会话示意图

点评：看了这些"草根"的发明，是否产生联想？是否在动脑动手？发明来自于生活，灵感取自于生活。人与人是平等的，但对社会贡献的大小却是不一样的，只要你认准发明之路是正确地，确能改变人生，那么，你就赶快加入，早参与、早实践、早点获得成功。

2.4 发明是人的一种本能

发明是生存的需要，发明是人的一种基本本能。爱园艺的人是将植物的枝干由"直"变"弯"，称之为"残疾艺术"，其理由是：以"曲"为美。如图2-14所示。

图2-14 盆艺作品示意图

爱发明的人能够把普通人认为很正常的事情看成不正常的事情，称为："工程医师"，其理由是：正常中隐藏着不正常，即：发明有限，创造无限，因为知识有限，想象无限，所以有些人称之为"隐身人的艺术"。

2.4.1 正常中隐藏着不正常

陶瓷制品有着美丽的外观，却没有生命，更不可能具备有活动的可能。千百年来人们已习以为常，却不知巧动手、善思考之后，可以将现有的陶瓷制品进行动感设计（加脚）添彩。再看加脚之后对比会发现陶瓷制品变活了，不但美丽而且具有"生命"感。如图2-15所示。

2.4.2 正常中隐藏着可更新的地方

木制品有着美观实用的优点，却没有生命，没有语言，更不可能具备自己移动的功能。千百年来人们已习以为常，却不知巧动手、善思考之后，将现有的木制品进行动感设计（字形）之后，对比发现木制品活了。如图2-16所示。

（a）瓷器示意图　　　　　　（b）瓷器示意图　　　　　　（c）瓷器示意图

（d）创意瓷器示意图　　　（e）创意瓷器示意图　　　（f）创意瓷器示意图

图 2-15

（a）木座坐骑示意图　　　　　　　　　（b）木座坐骑示意图

（c）创意坐骑示意图　　　（d）创意坐骑示意图　　　（e）创意坐骑示意图

图 2-16

2.4.3 缺点是创作的来源

1. 腕式手机

每个人都在用手机,也常常因丢失手机而苦脑,怎么办?改!怎么改?改缺点。如图 2-17 所示。

(a) 平面手机示意图

(b) 平面手机示意图

(c) 平面手机示意图

(d) 腕式手机示意图

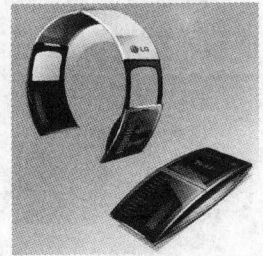
(e) 腕式手机示意图

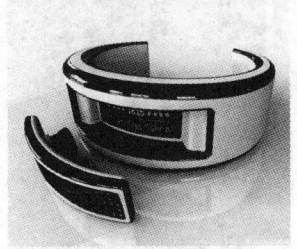
(f) 腕式手机示意图

图 2-17

2. 数字化镜子

你想早上起来在刷牙的时候就能了解到当日的天气、当日的股市行情甚至个人的健康信息吗?这种数字化镜子就能实现。

早上起来当人们走进浴室时就可以打开当日的新闻资讯,查看微博,这种数字化镜子通过无线连接方式与电脑相连接,还外带有一块遥控器,使用这种数字化镜子还可以得到人们的体重、健康指数,以及关于健康的一些其他指数信息;这种数字化镜子可放置在浴室,也可放在健身房或人们觉得适合的地方,可以时时显示当天的气温、天气和时间,是人们生活中离不开的小帮手。如图 2-18 所示。

点评:

1. 看完了这组发明作品后,你是否发现上述的方案很简单,只是利用"加一加法"将优点相加组合而生成外观时尚、功能齐全、方便实用、利于推广的简单作品。但你思考没有,为什么别人能从生活的细节中观察到镜子存在的不足,你为什么想不到?

2. 为什么别人发现后能通过发明去"占有领地",你为什么没有?发明是一种思考,发明是一种贡献,发明当然也可以通过正当手段,用法律(专利)去"占有"。

（a）普通水银镜示意图　　　（b）普通水银镜示意图　　　（c）普通水银镜示意图

（d）数字化镜子示意图　　　（e）数字化镜子示意图　　　（f）数字化镜子示意图

（g）数字化镜子示意图　　　（h）数字化镜子示意图　　　（i）数字化镜子示意图

图 2-18

本 章 小 结

  本章教学旨在认识什么是发明，人为什么要发明，应该怎样去发明的道理，从而认识事物发展的规律都是从不会到会的过程。数字化镜子虽然只是生活中的小用品，但却反映出人们通过发明创造提高了镜子的使用功能，从而告之人们创新对推动社会进步的重要性。

复习与思考题 2

1. 人为什么要发明？应该怎样去发明？
2. 发明改变了那么多人的命运，你想通过发明改变自己的命运吗？
3. 数字化镜子一定给你留下了深刻的印象，还能改一改吗？
4. 看图创作，如图 2-19 所示。汉字居然还可以这样写，汉字还可以怎样写？

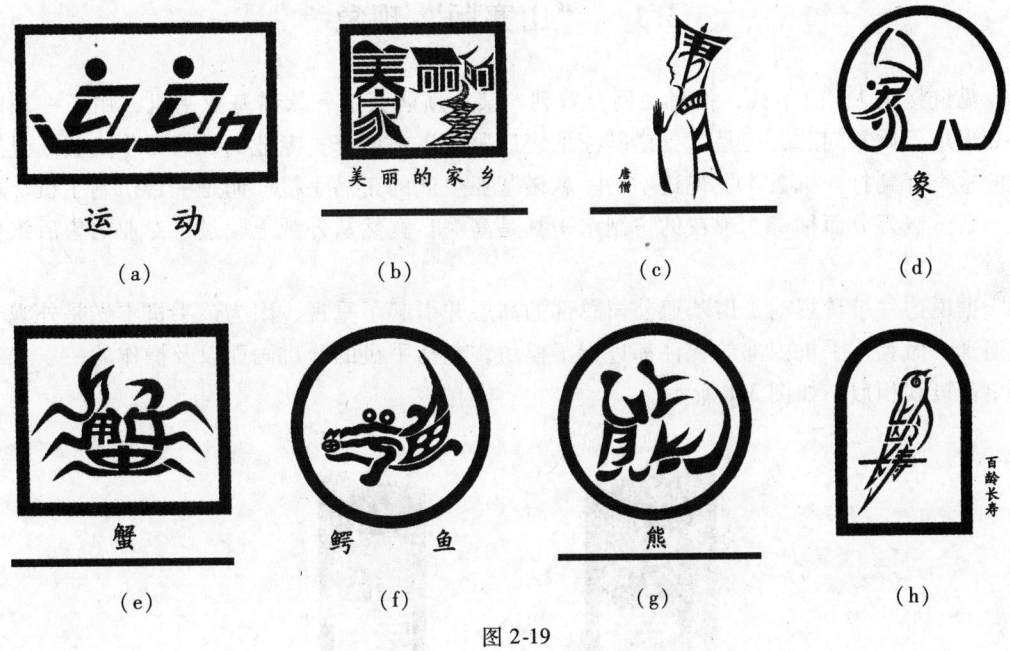

图 2-19

作业提示：
1. 在别人成熟方案的基础上提出完善措施。
2. 克服现有缺陷和不足。
3. 用 A4 纸提交，也可用电子文稿提交。（wangxiaojin3292@sina.com）

注意：
1. 应注明：学校，学院，专业，年级，学号，姓名，本人照片，联系电话，电子邮箱。
2. 作业必须交。

第3章 发明起初都是从"模仿"开始

3.1 "山寨版"现象

见链接1.1,前不久,作者在网上看到,某人新购买了一款诺基亚手机,用了一段时间后出现了质量问题,于是拿到诺基亚的售后服务店去维修,专业的维修工作人员通过反复的检查直到打开机盖才发现这不是一款诺基亚生产的正品手机,而是一台仿制手机。作者不禁感慨万分而称奇,现在的仿制水平真是高啊!竟然从外观上骗过了专业的售后维修人员。

据说这件事情震动了诺基亚公司总部的高层并引起了重视,因为该手机不光是外观十分逼真,而且连手机内部的软件都进行了模仿,包括手机的开机画面以及操作的一、二级菜单都极其相似。如图3-1所示。

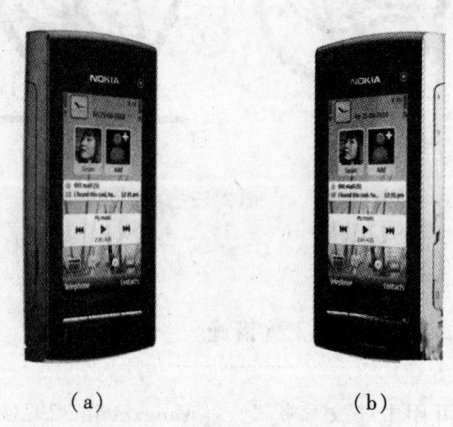

(a)　　　　　　(b)

图3-1　山寨版手机示意图

在过去的几年里,中国确实刮起了一股山寨版之风,从山寨版手机开始到山寨版电视、山寨版上网本,甚至山寨版春晚,真是无处不山寨。当然,最扬名的山寨品名角还是手机。如图3-2所示。

点评:我们期待着中国的制造行业会通过"模仿"走向创造的过程,一定能通过"模仿"培养出像索尼、三星、诺基亚一样的著名企业,因为"模仿"是学习的过程。

中国创造和中国仿造是中国目前制造企业所面临的一个十字路口,仿造可以获得短期利益,但就长期来说是无益的。我们需要越来越多的中国创造来引领世界,多一些自主创

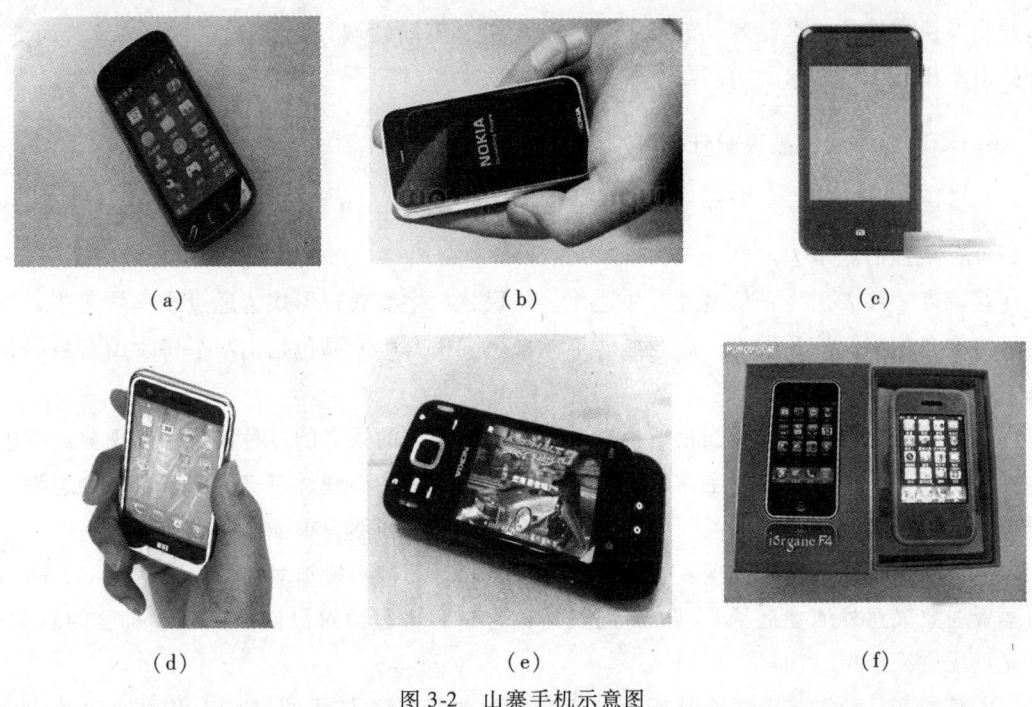

图 3-2 山寨手机示意图

新,少一些山寨版式的短期行为,我们坚信我们的民族制造业未来是很有希望的,"模仿"仅仅只是开始。

3.1.1 山寨版一词的意思和由来

1. 筑有栅栏等防守工事的山庄。
2. 泛指山村。
3. 旧时绿林好汉占据的山中营寨。

山寨版是以极低的成本模仿主流品牌产品的外观或功能,并加以创新,最终在外观、功能、价格等方面全面超越这个产品的一种现象。

山寨版是一匹在抄袭与超越的羊肠小道上一路狂奔的野马,是挣脱了牌照束缚的官车,是握紧了低成本高回报的法宝,山寨版以低成本的优势、排山倒海的气势震撼着千姿百态的市场,彻底颠覆了传统的商业行规,创建了新的潜规则而载入史册。

3.1.2 山寨版今意

1. 山寨版是指有嫌疑仿冒或伪造第三方商品的生产厂家。"山寨"一词从字面来解释为:"在山林中,逃避政府管理的土匪。""山寨"一词源于广东话,代表那些占山为王的地盘主,有着不被官方管辖的意味。

2. 通俗的说,山寨版就是盗版、克隆、仿制等行为,一种由民间IT力量发起的产业现象,其主要表现为仿造性、快速化、平民化的特性。山寨版的主要表现形式还通过小作坊起步，快速模仿成名品牌，涉及手机、游戏机等不同领域，由此衍生了许多新的词汇，如：山寨机、山寨明星、山寨鸟巢等。

3.1.3 山寨版产品说明什么

山寨版产品的第一个层面是其物质层面，是一种由民间IT力量发展起来的产业，说明廉价有很强的竞争力。

其特点主要表现为：仿造性、快速化、平民化。主要表现形式为通过小作坊起步，快速模仿成名品牌，涉及手机、游戏机等不同领域。山寨版产品包括山寨手机、山寨数码相机、山寨MP3等。

山寨版产品的第二个层面是精神层面，即人们理解的狭义的一种精神文化现象。其中包括了山寨行为所折射出的主体行为乃至当前大众的社会心理、审美取向以及社会思潮的涌现、价值体系的新建等，说明山寨版也具有创造性，当然有很强的吸引力。

山寨版明星、山寨版红楼梦、山寨版百家讲坛等都毫不掩饰对精英文化的挑战，随后山寨版现象又意外地登上了CCTV新闻联播，这是官方首次对民间现象表述自己的意见，至此正式进入全民时代。

山寨版产品的第三个层面乃行为层面，不仅包括各式具体的产品，更包括面对"山寨行为"主流文化的应对方式，以及面对山寨版产品涉及的知识产权问题、管理机构以及相关法律法规的规避。

社会系统的经济结构、政治结构、文化结构环环相扣，牵一发而动全身，"山寨版产品"对当前消费市场的冲击，"山寨行为"对当前中国当代文化多元并存结构的重新洗牌，无疑都在点滴影响着中国的发展进程，说明山寨版也能推陈出新，当然有很强的生存力。

正版观音如图3-3所示。

　　(a)　　　　　　　　　　(b)　　　　　　　　　　(c)

图3-3　正版观音图

山寨版观音如图3-4所示。

第3章 发明起初都是从"模仿"开始 —————————————————————————— 45

(a)　　　　　　　　　　(b)　　　　　　　(c)

图 3-4　山寨版观音图

3.2　山寨版是发明的再创造

3.2.1　山寨版也是创造

山寨版是产品复制后的花果，同样也是发明创造的开始。因为山寨版产品的生产过程是正版产品的复制过程，由于没有图纸、材料及制作工艺过程资料，所以还需再创造。

3.2.2　山寨版也是再创造

早期山寨版产品非常强调以仿制对象为标准，进行内外兼顾的全面仿制。换句话说，早期山寨版产品追求的是利润，而不是社会效益；山寨版产品追求的是市场，而不是企业形象。但从创新的角度来看：从起初的全部仿制到部分仿制；从仿制皮毛到复制心脏，许多企业的成长都经历了这样的过程。

1. 仿制是学习的过程

链接 3.1　山寨版手机"大哥大"。

20世纪80年代初，社会上流行一种移动电话，俗称"大哥大"，随着时间的推移，"大哥大"早已销声匿迹，以轻薄为卖点的手机越来越多。但有时人们还会忆起当年那威风凛凛的"大哥大"，如图3-5所示，这款双子星V8i则使人们又回想起当年"大哥大"的情景，这款山寨版手机拥有200万像素，并且机身配有皮革材质，手感极佳。而那具有标致性意义的"一柱擎天"的天线还可以伸缩。

链接 3.2　惊爆山寨版手机中的至强战斗机。

有些手机外形通常都与一些知名一线品牌的热门产品及其相似，又没有正式的品牌，甚至有些是打着Sunyericcsun、NOKIR、SAMSING这样的擦边球品牌。这些手机通常被称之为山寨版手机。

国内标有CECT品牌的黑手机，实际上只是冒用CECT的品牌或者支付一定的现金给CECT得到使用权。机型特点为屏幕下方有五个图标，大多基于MTK手机平台，手写，

(a) (b)

图 3-5 山寨版"大哥大"

铃声超大,电池标称$\left(\text{注意,这里是标称,黑手机的电池实际容量一般为标称的}\frac{1}{4}\right)$不低于 1800mA。做工粗糙,无明显品牌标识,机身正面或背面常见大写的 BLUETOOTH、TOUCHSCREEN、MP4 等字样。包装盒上什么都敢印,除了自己的真实厂址。还有近年来活跃在各大电视购物网上的以前从未听说过的手机品牌,绝大多数都是山寨版手机,为电视购物网带来了滚滚财源,这些手机功能极其丰富,价格极其低廉,外观极其新颖,质量极其不可靠。但不管怎样,山寨版手机的智慧总能敲打到人们最无奈的那条神经,也让一些缺乏创新精神的国产品牌无地自容。

为了生存,山寨版手机无所顾忌,道德与法律对山寨版手机的生产商、销售商来说已经不太重要,这让人们看到一种"狼性",但有一点必须承认——这些都是为了迎合市场而做,山寨版手机的生产商、销售商清楚知道自己的定位是三、四级以下的市场,或者单纯追求低价格的低端消费群,因此其定价大部分都是 1000 元左右,而且大屏幕手写 MP4 应有尽有,游戏 MP3 双卡双模也应有尽有,消费者想要什么,他们就做什么,甚至消费者不想要的也统统做进去,而且山寨版手机的生产商、销售商还很聪明,山寨版手机除了单纯模仿之外,还经常有所创新,加入各种千奇百怪的设计元素,如 4 个摄像头、7 个喇叭、关公图案、验钞功能、游戏模拟器等,只要有一丝利润,山寨版手机的生产商、销售商也会毫不犹豫地出击!回头想想,这种"黑手机精神"是否值得某些国内品牌厂商学习呢?

山寨版手机精神:我的山寨我做主,极具创新意识,不怕丢脸,不怕低利润,把能实现的功能都实现,想方设法地满足消费者的一切需求。现在,山寨版手机已经成为一种非主流手机文化,市场上的山寨版手机精神也影响着越来越多的人。

链接 3.3 俄称中国仿制武器速度惊人,先进导弹仅用五年。

在 2009 年的莫斯科航展上,俄罗斯军品出口部门再次出言指责中国侵犯俄武器专利。部分国外媒体也称,随着一批外形与俄式装备相似的中国国产武器陆续服役,中国仿制俄罗斯军事装备已进入"快车道"。但事实证明,越来越多的先进装备服役,从根本上说是中国科研力量发展的结果。

俄媒体援引俄国营武器出口公司总经理伊塞金的话称，中国已推出大量俄式风格的装备，如："红旗"-9 防空导弹形似俄 S-300 导弹；054A 型护卫舰上的雷达系统与俄"现代"级驱逐舰雷达系统雷同；模仿苏-27 的歼-11B 战斗机，都是这方面的例证。如图 3-6 所示。

（a）苏-27 战斗机示意图　　　　　　（b）歼-11B 战斗机示意图

图 3-6

2009 年 8 月的加拿大《汉和防务评论》则认为，中国吸收俄式武器技术所花费的时间，要比早先仿制西方武器所需时间少很多。例如，中国于 1993 年进口首批 S-300 防空导弹，1998 年就完成了国产"红旗"-9 的设计定型工作。如此快的仿制速度令俄方大为吃惊。如图 3-7 所示。

（a）红旗-9 防空导弹示意图　　　　　　（b）俄 S-300 示意图

图 3-7

但中国空军某部一位要求匿名的专家对《青年参考》报表示，不能仅仅因为外表相似就判断某种武器仿自别国。作为军工领域的后来者，虽不能排除中国借鉴和学习国外武器设计思想的可能，但目前中国的装备大多数系自主研发，且拥有自主知识产权。特别是在电子技术领域，中国基本上是学习西方的体系，几乎与俄罗斯格格不入。20 世纪 90 年代末期以来一些新型装备的研制速度加快，是中国基础工业和整体科技水平提升的结果；现在，许多国产武器元件的设计已不再受制于人，增加的资金投入也可让科研人员参与更多的项目，获取丰富实践经验。

国外媒体认为，中国之所以能如此快地借鉴俄罗斯武器，原因之一是中国制定了切实有效的"双引战略"，即不仅引进外国军事技术，还引进外国军事人才。"双引战略"的另一层含义是，不仅从俄罗斯，还要从其他独联体国家引进人才，帮助中国提高武器设计水平。

引进国外专家确实能对提高某些军工领域的水平起到有益作用，但中国先进武器研制速度加快，根本上是综合国力提高、本国科技水平进步及自主创新能力增强的结果。实际上，随着中国科技水平的提高，中国研制的一些武器，其技术性能已经超越了俄制同类产品。俄罗斯部分业内人士也曾承认，"如果再不拿出能引起中国客户兴趣的最先进防务技术，俄罗斯在中国市场将一无所获。"

链接 3.4 隐形战斗机的起源。

21世纪的今天，人们在各种场合看到美国空军的镇宅至宝 B-2 隐身战略轰炸机的时候，无不被它那独特的气动外形和强大的隐身能力所震撼。的确，凭借几乎无懈可击的隐身能力和作战能力，B-2 隐身战略轰炸机成了美国空军的杀手锏，每次美国对外军事行动都少不了有 B-2 隐身战略轰炸机的身影。B-2 隐身战略轰炸机给人的印象太深刻了，尤其是它那独特的无尾飞翼气动布局，更让美国空军自豪。但事实上，这项技术并非是美国人的创造。60年前的1945年就有，这种轰炸机诞生于欧洲二战时期的纳粹德国。是纳粹德国发明了人类历史上第一架无尾飞翼喷气式战斗轰炸机，这种轰炸机的外形和性能在今天也相当先进，在当时更是绝对的前卫。如图3-8所示。

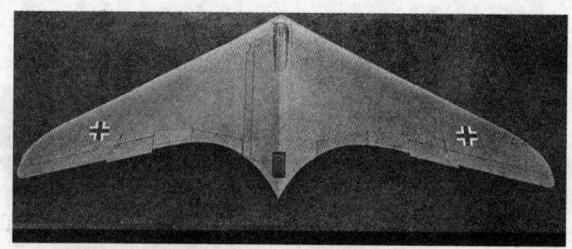
(a) 德国纳粹二战时期战斗机示意图

(b) 美 F117 隐形战斗机示意图

(c) 德国纳粹二战时期战斗机示意图

(d) 美 F-117A 隐形战斗机示意图

图 3-8

点评：科技创新是世界各国生存与发展的命脉，各个国家当然十分重视，如自称头号科技强国和制造强国的美国科技也非完全自主创新，同样也采用"借用"、"强买"甚至"山寨版"等手法强占而拥有技术。

2. 仿制是思索的过程

链接 3.5　国外汽车制造商关注中国的汽车工业。

来自于英国 BBC 的汽车节目，近日专门制作了中国自主品牌汽车特辑。该节目用夸张诙谐调侃的方式，直指中国汽车制造的现状，产品依旧处于仿造阶段，各项技术指标的不足等。节目一经网上转播，直面的批评又不失幽默，引来了网友们的各种反应。节目虽然直接说明了中国汽车工业的主要问题，但也指出了中国汽车工业水平的发展速度，将会对欧洲汽车工业带来挑战。节目中称，用了一辆三轮车代表了 5 年前我国汽车的制造水平，直接对比如今上汽荣威 350 以及广汽传祺两款自主品牌，以得出中国汽车工业的制造水平正在大幅向前发展，他们在 5 年后或许能在欧洲买到中国造的汽车。如图 3-9 所示。

(a)　　　　　　　　　　　　　　(b)

图 3-9　国产车示意图

中国仿造技术规模之大、速度之快历来是欧美国家批评中国侵犯知识产权的把柄，但是，中国公司最近在仿造基础上进行的一系列技术创新引起了国际社会关注。那么，中国能否成为第二个日本，由仿造大国变成一个技术创新大国呢？

3. 仿制是技术磨炼的过程

"仿制"是创新的开始，"仿制"是"自制"的必然，能在"仿制"中提高，这也是科技要创新的魅力所在，初学者应该了解这种过程。

链接 3.6　中国向俄罗斯定购 140 台 AL-31F 型发动机。

据俄罗斯世界武器贸易分析中心网站报道，俄罗斯国防产品出口公司于 2012 年年初再次与中国签署了一份有关提供 AL-31F 型喷气式发动机的合同。

据接近俄国防产品出口公司的消息人士透露，中方再次订购了 140 台 AL-31F 型发动机，价值约 7 亿美元。而来自俄国防部的消息人士也证实，该项合同的主要履行企业是莫斯科"礼炮"发动机公司。

俄媒称，中国曾在 2011 年与俄方签署了两份有关购买 AL-31F 型系列发动机的合同。

2011年初，俄国防产品出口公司与中方签署了提供150台AL-31F型发动机的合同。这批AL-31F型发动机将用于替换中国空军现役苏-27、苏-30MKK/MK2战斗机上已经使用到寿命上限的发动机。

另一份发动机出口合同签署于2011年6月初。当时中方总共订购了123台AL-31FN型发动机，总价值超过5亿美元。这批发动机被用来装备中国自行研制的歼-10多用途战斗机。按照合同约定，俄方将在2013年前完成交货。该合同的俄方执行企业同样为"礼炮"公司。需要指出的是，"礼炮"公司此前也曾执行过数份向中国提供AL-31F型系列发动机的合同，分别是：2003年54台，2007年100台，2009年122台。

据相关专家估计，"礼炮"公司负责为中方生产的AL-31F型系列发动机总量接近1000台。除此之外，俄方还向中国转让了有关维修和保养AL-31F型及AL-31FN型发动机的全套技术文件。AL-31F型喷气式发动机如图3-10所示。

(a)   (b)   (c)

图3-10　AL-31F型喷气式发动机示意图

链接3.7　俄称中国研制出WS-15型发动机消除与美俄差距。

据环球网消息报道，个别中英文军事论坛披露称，中国似乎曾从俄罗斯得到了R-79-300发动机及其技术文献，进而研制出了多型国产战斗机使用的WS-15型系列发动机。

俄媒体称，上述论坛还猜测WS-15型发动机的一些技术性能，比如最大推力161.86kN，中间推力（不开加力）105.22kN，涵道比0.382，推重比8.86，总增压比28.71，涡轮进口温度1477K，最大直径1.02m，长度5.05m，质量1862kg。装配FADEC数字控制系统。总之，中国成功研制出WS-15型发动机后，实际上已经消除了与美国、欧洲和俄罗斯在现代化军用喷气式发动机上的差距。如图3-11所示。

中国战斗机的"心脏病"由来已久，在中国战机其他装备部件突飞猛进的今天，发动机却还是让我军工人员最头痛的问题，而这个问题迟迟得不到解决说明我们的工业技术水平还是离世界发达国家有相当一段距离，我们的材料科学与国外发达国家相比较还差人家一大截，航空发动机被誉为"工业之花"，是一个国家科技、工业和国防实力的重要标志。

中国航空发动机工业在一片空白的基础上发展起来，从最初的仿制、改进到可以独立设计制造高性能航空发动机，走过了一条布满荆棘的发展道路，如今还是没能结出令人满意的硕果。所以，没有工业技术常年的积累，没有技术创新和突破，中国的航空发动机永远是块"心病"，永远受制于人，当我们出口战机的时候，还要问问人家让不让转售发动

图 3-11　发动机示意图

机,问题我们不怕,困难更不怕,关键还是要看我们有没有勇气去改变。

链接 3.8　从歼-5 到歼-20:中国国产歼击机发展之路。

歼-5 是中国沈阳飞机制造公司制造的高亚音速喷气式战斗机(仿制前苏联米格-17),也是中国制造的第一种喷气式飞机。沈阳飞机制造公司于 1955 年初开始试制歼-5。1956 年 7 月 19 日,试制原型机首次试飞。歼-5 自 1956 年 9 月投入批量生产,到 1959 年 5 月停产,共生产 767 架。歼-5 主要用于昼间截击和空战,也具有一定的对地攻击能力。其改进型歼-5 甲机头装有雷达,主要用于夜间截击空战。如图 3-12 所示。

图 3-12　歼-5 战斗机示意图

中华人民共和国成立以后,迅速开始了仿制生产喷气式战斗机的工作。中苏政府于 1951 年 10 月正式签定了《苏维埃社会主义共和国联盟给予中华人民共和国在组织修理飞机、发动机及组织飞机厂方面以技术援助的协定》。同年 4 月 18 日重工业部设立航空工业局,统一负责飞机的维修工作。1951 年底航空工业局下属共 18 个工厂,职工近一万人。

1951年12月，周恩来总理亲自主持会议研究决定，要在3~5年的时间里试制成功苏制雅克-18初级教练机，以及米格-15。后歼击机项目改为试制更加先进的米格-17喷气式歼击机。1954年中国第一批飞机及其发动机试制成功，1954年9月8日，沈阳飞机制造厂试制成功中国第一种喷气式歼击机歼-5，即米格-17Φ型，随后获批准批量生产。中国成为当时世界上少数几个能够成批生产喷气式飞机的国家之一。

歼-5甲是中国在歼-5基础上改进的夜间歼击机。20世纪60年代初，台湾海峡形势紧张，台军飞机P2V经常夜间低空入侵沿海各省进行侦察骚扰，中国虽有一些进口的、配备搜索瞄准雷达的米格-17PF夜间截击机，但不能满足紧迫的需求。而且中苏关系破裂后，已不可能再进口这种机型，因此，急需在歼-5基础上发展一个夜战型号战机。这一重任，交给了成都飞机制造厂。1964年11月11日，成都飞机制造厂的"头胎孩子"——歼-5甲首飞上天。

歼-5屡建战功，1958年7月至10月击落来犯的2架F-84G和6架F-86F，其他战例无数。有趣的是越战期间的1956年4月，四架F-4入侵海南岛我方领空，中国空军歼-5在拦截期间，F-4匆忙发射AIM-7"麻雀"导弹，不料歼-5拐弯半径小得以逃脱，脱靶的AIM-7竟然飞向远方的一架F-4，将其击落。

歼-5为中国空军开拓了喷气式战斗机的先河，打下了中国空军驾驭喷气式战斗机的基础。到2000年所有歼-5已经退出现役。

歼-5战斗机性能参数：

机身长：11.68m；翼展：9.6m；

最大升限：16300m；有利高度：8000m；

最大速度：1123km/h；巡航速度：800km/h；

最大航程：2000km；作战半径：800km；

载弹重：500kg；

武器装备：HP30炮3门，备弹300发。

歼-6型战斗机为中国自主生产第一代超音速战斗机，由沈阳飞机制造厂以前苏联米格-19为原型仿制。歼-6是20世纪60—70年代中国人民解放军空军的主力机种，在中国空军和海军航空兵的装备序列当中，歼-6战斗机曾经是装备数量最多，服役时间最长，实战当中击落敌机最多的国产喷气式超音速战斗机。共生产超过了45 000架，远超过该型飞机在苏联生产的数量，该机同时出口许多国家。如图3-13所示。

歼-6从1953年开始研制，代号"东风102"。20世纪50年代后期又从前苏联进口了少量的米格-19，由于数量有限以及使用超音速飞机的经验不足，所以米格-19基本上没有参加当时的战斗值班任务。

1958年3月沈阳飞机制造厂开始仿制米格-19Л有限全天候截击型战斗机。歼-6于1959年9月23日由试飞员吴克明首飞成功，但由于实际设计中存在的问题，没有进行结构强度计算，强度仅及设计指标的86%，至1959年12月6日试飞完成。按照当时的命名规则，东风102被空军命名为59式歼击机。但试飞结果表明，59式不仅性能难与米格-19S匹敌，甚至连基本的飞行品质都未能保证，强度不足导致飞机在飞行中严重抖动。这样一种飞机显然无法担负作战任务，因此并未装备部队使用。东风102仅造出33架。

第3章 发明起初都是从"模仿"开始 53

图3-13 歼-6战斗机示意图

后来终于仿制米格-19S成功，于1962年正式列装，成为中国人民解放军空军装备的第一种超音速战斗机。歼-6战斗机的仿制成功，说明中国航空工业已经掌握了试制比较复杂的航空产品的全套技术，具备了独立自主制造飞机的能力。当时中国军方还从仿制入手，在歼-6基本型的基础上，试图不断改进。歼-6型号众多，主要有歼-6甲型、歼-6乙型、歼-6I型、歼-6II型、歼-6III型、歼-6IV型，还有侦察型歼侦-6、教练型歼教-6以及弹射试验机等。

从1964年首架交付使用，1986年停产，在中国空军和海军航空兵的装备序列当中，歼-6机曾经是装备数量最多，服役时间最长，实战当中击落敌机最多的国产喷气式超音速战斗机。1964—1968年，歼-6战机共击落20余架各型战机，而自己没有一架被击落。

歼-7型战斗机是中国空军和海军航空兵目前装备规模最大的战斗机之一。该机依靠本身所具有的飞行性能好、轻小灵活、低成本、高效率和使用维护简单等技术特点，在中国海军、空军战斗机装备系统中一直占据着相当重要的位置。值得一提的是，歼-7系列飞机的出口成绩是国产其他型号战斗机难以企及的，至今巴基斯坦、孟加拉、尼日利亚等国空军仍装备有数量众多的歼-7系列战斗机。更让军迷感兴趣的是，20世纪80年代，美国从中国购买了数量可观的歼-7Ⅱ出口型战斗机，装备了一个假想敌中队。

20世纪50年代末中国开始对前苏制米格-21产生了浓厚兴趣，但当时由于中苏已出现裂痕，苏联并不想提供这一先进战斗机给中国，尤其是生产技术。甚至在莫斯科航空界米格-21公开亮相后，前苏方对中国的答复竟然是"我们根本没有这个型号的飞机"。

但随着国际形势变化，前苏联需要中国的支持，于是1961年中苏签署协定，授予中国米格-21F-13飞机及R-11F-300发动机的制造特许权，包括全套生产技术资料，飞机、发动机散装件，以及当时我国国内缺少的成品、原材料。1961年3月30日中苏签订转让米格-21战斗机及其发动机和卡-13空空导弹制造技术的有关协议。由于中苏交恶，实际上大部分的技术资料没有到手，到手的有许多错误，真正有用的只有几架样机，这给试制工作带来了困难。最后经过负责这一项目的沈阳飞机制造公司和成都飞机制造公司艰苦努力，硬是"照猫画虎"把米格-21战斗机制造出来。因此中国的米格-21战斗机研制历程与印度、捷克非常不同。

在歼-7战斗机项目之前，沈阳飞机设计研究所前后对5种歼击机和高空侦察机进行系统的分析研究，提出了研究报告，绘制了部分图纸，搜集整理了某些飞机可供借鉴的技术。沈阳飞机制造厂和发动机厂还在试制中逐一解决了钛合金件成型、整体壁板化学铣切、整体机头罩加工、整体密封油箱装配、非金属蜂窝锥体制造等工艺技术关键，完成了各项技术攻关。其中包括26种新合金、涂层等新材料，试验并掌握了46项新技术和新工艺。

实践证明，用三年时间对米格-21战斗机进行"技术摸透"的决策是正确的。磨刀不误砍柴工。"技术摸透"为歼-7战斗机的研制和自行研制更先进的歼击机，准备了比较充分的条件。1964年，原名62式的新型战斗机正式改名为歼-7战斗机。1966年1月，试飞员葛文墉驾驶着首架歼-7战斗机成功首飞。如图3-14所示。

歼-7战斗机性能参数：

机长：15.75m，机高：4.1m，翼展：7.15m；

空重：5275kg，最大起飞重量：8655kg；

最大使用速度：2马赫　升限：18000m；最大高度：19800m；

作战半径：600km；最大航程：1496km；

续航时间：1.47h；

最大速度2180km/h；巡航速度：950km/h；

载弹量：500kg；

武器装备：HP30炮1门，备弹200发；机翼下共有4个外挂点，可挂PL-7A/B、PL-8等近距空空导弹、火箭弹、常规航弹、反跑道航弹、反坦克子母航弹等。

歼-8战斗机，中文昵称"空中美男子"，北约命名为"长须鲸"（Finback），是一款中国基于米格-21战斗机的基础上独立进行重大改进研制而成的高空高速战斗歼击机。

歼-8战斗机是20世纪70年代由中国沈阳飞机研究所和沈阳飞机制造公司研制和生产

第 3 章　发明起初都是从"模仿"开始　　　　　　　　　　　　　　　　　　　　　　　55

　　　(a)　　　　　　　　　　　　(b)　　　　　　　　　　　　(c)
图 3-14　歼-7 战斗机示意图

的高空高速战斗机，属于第二代战斗机，也被称为世界上最后一种第二代战斗机。沈阳飞机制造公司先后研制出歼-8 白天型，全天型，歼-8Ⅱ型。其中歼-8Ⅱ型飞机适用于国土防空作战，现为中国国土防空的主战机型。

　　1964 年 5 月，中国航空研究院在新机改进改型方案会议上提出，要在米格-21 战斗机的基础上，设计一种性能更好的歼击机。同年 10 月，新型歼击机开始方案论证。1965 年 5 月 17 日，总参谋长罗瑞卿批准了新歼击机的战术技术指标和研制任务，飞机命名为歼-8 战斗机。

　　歼-8 战斗机主要研制工作由沈阳飞机设计研究所和沈阳飞机制造厂承担。歼-8 战斗机的研制方案突出高空、高速、增大航程、提高爬升率、加强火力等性能。针对歼-7 战斗机的缺点，逐项加以改进，各项性能指标均有提高：最大速度为马赫数 2.2；最大升限 2 万米以上；最大爬升率每秒 200 米；基本航程 1 500 公里，最大航程 2 000 公里；规定了在高度为 1.9 万米空中的作战时间；安装改进设计的航炮和空空导弹；安装搜索距离较大的雷达。

　　1965 年 9 月，歼-8 战斗机设计工作全面展开。在飞机研制过程中，设计人员突破了许多关键技术。沈阳飞机制造公司从 1965 年下半年开始进行歼-8 战斗机试制的准备工作。1967 年，在"文化大革命"中的"一月风暴"和武斗、夺权风的冲击下，工厂的生产秩序遭到严重破坏，生产线上生产几乎停顿。广大科技人员、工人甚至冒着人身危险上班。歼-8 研制工作从没有停顿。

　　1968 年 7 月，首批两架歼-8 战斗机完成总装。1969 年 7 月 5 日，歼-8 战斗机成功首飞，中国第一家自行设计的高空高速歼击机终于成功。

歼-8Ⅱ与歼-8F、G 型战机

　　20 世纪 70 年代后，世界各国战斗机设计思想出现转变，不再追求"更高、更快"，而是着眼改进飞机的中低空机动性能，完善机载电子设备、武器和火控系统。这是因为，十几年来局部战争的实践表明，超音速歼击机的空战大多在中、低空和接近音速的速度进行，空战要求飞机具有良好的机动性，即转弯（即盘旋速率）、加速、减速和爬升性能。为了适应这一潮流，部队装备新需要，沈飞公司在歼-8 的基础上研制了歼-8Ⅱ飞机。1984 年 6 月 12 日，原型机首飞成功，1988 年 10 月 15 日，军工产品定型委员会正式批准歼-8Ⅱ飞机设计定型。如图 3-15 所示。

　　歼-8 战斗机性能参数：

机长：21.59m　机高：5.41m　翼展：9.344m；

空重：9820kg　正常起飞重量：14300kg　最大起飞重量：17800kg；

飞行速度：2.2马赫（2336.4km/h）；

航程：2200km　作战半径：800km；

实用升限：20000m；

武器装备：早期型号可发射近距红外制导空空导弹、多种航弹与火箭弹，后续改进型可发射多种新型近距与中远距空空导弹及对地对舰攻击武器。

图 3-15　歼-8 战斗机示意图

歼-9 战斗机是一种全天候高空高速要地防空截击机，以苏制图-22M"逆火"和美 B-1B 超音速轰炸机为主要作战对象，其主要任务为国土防空以轰炸机为主要目标进行截击。是我国继歼-8 自行研制生产之后又自行设计的战斗机，但因当时中国技术落后，耗资巨大及工程量大而被迫停留在设计图纸上。如图 3-16 所示。

图 3-16　歼-9 战斗机示意图

歼-9 战斗机性能参数：

机身长：18m；

空重：13t；使用过载：8g；

飞行速度：2.5马赫；

升限：25000m；

作战半径：1000km；

进气方式：采用两侧进气，进气道为二元可调节多波系混合压缩式；

发动机：装一台涡扇6发动机，地面全加力静推力12400kg；

雷达系统：该机装一部205雷达，探测距离60~70km，跟踪距离45~52km；

武器装备：4枚PL-4拦射导弹，该导弹按导引头不同分为两种型号——半主动雷达型PL-4A，最大射程18km，被动红外型PL-4B，最大有效射程8km。

歼-10战斗机是我国第一架完全独立拥有自主知识产权的战斗机，2005年正式装备部队并在很短的时间内成建制、系统地形成了战斗力，西方军事观察家将歼-10划分为典型的第三代战斗机，认为歼-10战斗机是中国第一种装备部队的国产第三代战斗机、第一种真正意义上兼有空中优势及对地双重作战能力的国产战斗机。韩国国防部长官金宽镇2011年7月16日参观访问中国空军沧州飞行试验训练基地，这是歼-10战斗机基地首次对外公开。

歼-10战斗机性能参数：

机长：16.43m（不含空速管）；机高：5.43m；翼展9.75m；

全机空重：8840kg，发动机推力：125kN；

正常起飞重量：12400kg；最大起飞重量：19277kg；

最大速度：2.2马赫（高空），1马赫（低空）

最大表速：1250km/h（低空）；

最大过载：9G，最小过载：-3G；

起飞距离：350m，着陆距离：450m；

作战半径：1250km，最大航程：3500km；

载弹量：7000kg；

武器装备：一门半埋入式双管23mm机炮；机身共11个挂架，可挂载PL-8近程红外制导导弹、俄制R-73近程和R-77中程主动制导导弹、国产PL-12中程雷达制导空空导弹，也可携带空地导弹、激光制导炸弹（包括鹰击-8K反舰导弹和新型鹰击-9反辐射导弹）以及非制导炸弹和航空火箭弹。

歼-10战斗机的项目验证研究从20世纪80年代开始，当时由成都制造飞机公司和第611飞机设计所基于流产的歼-9型战斗机进行设计。最初的计划要求在后来发生了重大变化，于是1988年重新将这款新型战斗机的设计定位在一种采用新技术的中型多用途战斗机上，以替换中国空军庞大的歼-6、歼-7和强-5机队，并有效应对当时同类型的西方战斗机。

歼-10战斗机研制始于20世纪80年代初，当时正值冷战时期，因此其身上不可避免的带有当时的痕迹。冷战期间，中国空中防御最大的威胁是超音速轰炸机，当时少量大型超音速轰炸机就可能对我国造成较大的损失，因此防御此类目标最好的办法就是御敌于国门之外,这就决定了中国空军歼击机应该具备良好的超音速性能,以便能够快速起飞,迅速抵达战区拦截目标。

这意味着新型歼击机与歼-8Ⅱ相比较,要有代差的提升,包括气动布局、航空电子、机载武器等都有质的提高。因此新型歼击机不但对于中国空军并且对于中国航空工业以至整个国防工业都有着重要的意义。两架预生产型歼-10中的首架于2002年6月28日首飞成功。歼-10的飞行测试于2003年12月全面完成,并获得了生产许可证。并于2005年底形成初始作战能力。如图3-17、图3-18所示。

(a)　　　　　　　　　　(b)　　　　　　　　　　(c)

图3-17　歼-10战斗机示意图

歼-11型系列战斗机是中国在引进俄罗斯苏-27SK后发展的第三代重型战斗机。是中国空军装备的单座双引擎全天候空中优势重型战斗机。歼-11战斗机具有良好的气动外形、极佳的空中机动能力和强大的中远程打击能力,装备性能先进的机载电子设备和武器系统,能够在极为恶劣的气象条件下全天候作战。在近年来的重大作战演习任务中,处处飞翔着歼-11战斗机猎鹰般矫捷的身影,是夺取制空权、实施远程火力打击的一柄"蓝天钢刀"。

1989年,苏共中央总书记戈尔巴乔夫访华,冰封30年的中苏关系终于揭开了新的篇章。莫斯科迫切希望改善与北京的关系,戈尔巴乔夫为此送出了一份厚礼——重启中苏军事合作。

苏-27因其性能先进,当时只装备苏联国土防空军,即使在苏联国内,也没多少人知道它的存在。正因为如此,苏联在最初的谈判中,不愿出售苏-27。1990年5月31日,由中共中央军委副主席刘华清率领的高级别代表团访问了莫斯科。这次访问期间,苏联空军在机密的库宾卡基地向客人们现场展示了苏-27战斗机。苏-27的优越性能让中方大为赞赏,坚定了中方引进苏-27的决心。

1990年12月28日,中国购买24架苏-27SK单座战斗机和苏-27双座教练机的协定在北京签署。1992年6月27日首批共12架苏-27战斗机,其中包括8架苏-27SK单座型和4架苏-27UBK双座教练型,由俄罗斯后贝加尔军区吉达机场起飞,于当日上午10时15分安全飞抵中国空军芜湖基地。苏-27正式加入了解放军空军装备序列。之后中俄之间继续苏-27的贸易,包括上述12架苏-27在内,中国共有苏-27SK和苏-27UBK共26架。1995年中国采购第二批,但型号变为更先进的苏-27SMK,共24架。1993年10月中央军委将苏-27正式列入空军装备发展序列,由沈阳飞机制造公司负责仿制生产。1993年11月中国航空工业总公司与中国人民解放军总参装备部联合发出关于仿制苏-27与AL-31F涡扇

第3章 发明起初都是从"模仿"开始　　　　　　　　　　　　　　　　59

图 3-18　歼-10A 战斗机示意图

发动机的文件。苏-27 战机的改装仿制工作正式全面展开。

　　苏-27 的国产化是分多个步子走的，开始时进行进口组装，之后不断提高国产率，最后仿制雷达、发动机，全面实现国产化。在组装仿制和国产化中，在中国出厂的苏-27 逐个批次性能有所提高，整机进口的苏-27 也不断得到改进，尤其在电子设备方面。依靠中国现有某些远远优于俄罗斯的电子技术，国产歼-11 逐渐采用四余度电传操纵系统，安装多个多功能彩色显示器，改进电子对抗能力，增强对地、对海的攻击能力。

　　2003 年 12 月 6 日，歼-11 新型号由试飞员毕红军驾驶完成试飞，标志着该型号的研制工作进入了全新阶段。新歼-11 改型采用了大量新技术新材料，航电系统与苏-27 相比较有了较大提高，雷达火控武器均采用了更为优秀的国产产品。至此国产歼-11 基本上大功告成。

  2009年10月1日，歼-11B战斗机参加了中华人民共和国成立60周年阅兵及随后向各国空军领导人的静态展示活动，这也是该型战机首次公开亮相，歼-11B战机被定位为"打赢未来高科技条件下局部战争的重点型号"，"是党中央、国务院和中央军委的重大决策"，是党和国家赋予沈阳飞机制造公司的"崇高历史使命"。随着一系列技术瓶颈的成功突破，歼-11B的国产化水平不断提高，其性能已远远超过其原型机苏-27SK，现已进入加速生产的"黄金时代"。如图3-19所示。

图 3-19　歼-11 战斗机示意图

歼-11 战斗机性能参数：
机长：21.935m，机高：5.935m，翼展：14.948m；
空重：15 700kg；
正常起飞重量：23 700kg，最大起飞重量：33 000kg；
最大速度：3 000km/h；
最大航程：4 390km，作战半径：1 500km；
实用升限：18 000m；
载弹量：6 000kg；
机载武器：30mmGSh-30-1 机炮，配弹 150 发；机身有 10 个外挂点，可挂载多种类型空空导弹、空地导弹、反舰导弹以及航弹、火箭弹。

歼-12战斗机是一款轻型战斗机。在我国的空军航空博物馆公开露面之后，引起中外人士的广泛关注，这不仅是因为歼-12战斗机解开了海外曾盛传一时的"歼-12之谜"，更重要的是因为歼-12战斗机在我国航空工业史上具有特殊地位。歼-12战斗机在国内也曾是一个令人迷惑的角色。声誉不低，但终未被列入装备。1968年4月，我国空军提出了研制"小歼"（即后来的歼-12）的计划。原型机于1969年12月26日首次试飞成功。1978年2月，因调整装备体制而决定停止研制。除一架做破坏性强度试验的原型机外，共生产了5架经过试飞的整机。目前，有两架收藏于我国空军航空博物馆。歼-12战斗机的真正弱点是电子火控设备过于简单和陈旧，使其潜在的战斗力不能充分发挥。如图3-20所示。

(a)

(b)

(c)

图3-20　歼-12战斗机示意图

歼-12战斗机性能参数：

机长：10.664m，机高：3.706m，翼展：7.192m；

实用升限：17410m；

最大航程：1385km；

最大平飞速度：1.5马赫；

武器装备：1门30mm机炮，备弹80发；1门23mm机炮，备弹120发。

歼-13战斗机的设计思想酝酿于1971年底，当时根据六院的指示由601所着手研究下一代歼击机方案。601所根据作为我国空军歼击机主力的歼-6战斗机已经落后的情况，认为应研制接替歼-6战斗机的空战歼击机，作为20世纪80年代的空军主力战斗机。在当时同量级的新战斗机中，同时研制的还有美制的F-16，这一型飞机设计非常成功，并经过了不断改进，成为北约国家的主力装备。

虽然同处两个世界，意识形态完全不同。歼-13与F-16的外形差别也非常之大，但是在主翼的设计上确是惊人的相似。同是采用了边条翼形式。虽然这一机翼构型现在已十分常见，但在20世纪60年代末却是绝无仅有的。而且美国毕竟至少拥有二次世界大战以及喷气时代歼击机设计的经验，而中国什么都没有，能参考的至多不过是米格-19，然而在完全独立没有任何经验的情况下，竟能设计出如此先进而巧妙的机翼构型，本身就是一个奇迹。歼-13歼击机的致命弱点在于其发动机，也正是因此未能服役。

歼-15战斗机（简称J-15）是中国研制的第三代战斗机，属于重型舰载战机，由沈阳飞机制造公司设计。歼-15 战斗机由中国从乌克兰购得的苏-33 原型机 T-10K-3，在歼-11B 基础上研制并融合苏-33 的技术，装配鸭翼，折叠式机翼，机尾装有舰尾钩等舰载机特征，其起落架强度很高，前轮能够拖曳弹射，因为设计之初就考虑到弹射器起飞的问题，将部署到辽宁号航空母舰上。有分析称歼-15 性能接近或超过美国海军 F/A-18E/F "超级大黄蜂"。有消息称，歼-15 已于 2009 年 8 月进行了首次试飞，2011 年 4 月 25 日，第二架歼-15 原型机进行试飞。如图 3-21 所示。

图 3-21　歼-15 战斗机示意图

歼-15 战斗机性能参数：
机长：21.185m（不包括空速管），机高：5.9m，翼展：14.7m（折叠后 7.4m）；
空重：17t；
舰上最大起飞重量：27t；
最大速度（11000m 高空）：2300km/h；

最低速度：240km/h；

实际飞行距离：3000km；

起飞滑跑距离（14度坡度）：120m。

据相关资料显示，歼-16战斗机是中国沈阳飞机制造公司正在研制的三代半多用途战机，并可能被命名为歼-16，J-16就是J-11的超级改型，J-16高Su-30一个级别，歼-16战斗机具有很强的对空、对地攻击能力。歼-16战斗机装备自动电子扫描相控阵雷达（AESA）具有与多目标作战的能力，并可以识别出目标的相关资料。这一项目是中国独立创新设计、开发制造先进战机，在技术上超过俄罗斯苏-47，甚至最终赶上美国的一个重要步骤。

歼-16战斗机不是一款隐身战机，其气动外形和苏30MK2基本一致。武器外挂。不过在航电，雷达上的长足进步使得歼-16战斗机战力胜出苏-30MK2。减小的RCS值是对苏-27系列战斗机一个最大缺点的改进；WS10A也优于AL31F。12t的最大武器挂载和1500km的作战半径使得海航战力大增。如图3-22所示。

(a) (b) (c)

图3-22 歼-16战斗机示意图

歼-20战斗机是成都飞机制造厂研制的中国第四代隐身重型歼击机，采用两台国产涡扇10B发动机、DSI两侧进气道、全动垂尾，鸭式布局。该机于2010年10月14日完成组装，2010年11月4日进行首次滑跑试验。

2011年1月11日12时50分，歼-20战斗机在成都实现首飞，历时18分钟，这标志着我国隐形战斗机的研制工作掀开了新的一页。如图3-23所示。

(a) (b) (c)

图3-23 歼-20战斗机示意图

歼-20战斗机空军代号为"威龙"，因为该机将担负我军未来对空、对海的主权维护，北约代号为"FireFang"（炎齿）"FireTooth"（火牙）。

歼-20 战斗机性能参数：

机身长：21.36m（不含空速管），机身宽：3.94m，机高：4.45m，翼展：12.88m，鸭翼展：7.62m；

空重：16t，战斗全重：25t，武器装载能力：10t；

最大飞行速度：2.2马赫，巡航速度：1.7马赫（采用涡扇15/WS-15以后）；

最大飞行高度：18 500m；

航程：4 500km（带两个副油箱），作战半径：2 000km；

武器装备：PL-8 红外制导空空格斗导弹、PL-10 雷达制导近距空空导弹、PL-12D 有源制导中远程空空导弹、PL-21 组合动力超远程空空导弹以及对地对舰导弹、航弹等。

点评：山寨版产品的产生来自于需求、必然就会有生命，而山寨版的存在说明其体现了商品的自由属性和"抢先"精神，但作为"创新"而言必然要有一个学习的过程，单一的"复制"不会长久，也会受到知识产权公约的制约，因此，山寨版复制虽还存在，但寿命不太长也不会绝代。

本 章 小 结

本章教学旨在认识创新是一个学习的过程，也是一个模仿的过程，"创造从仿造开始，学习从观摹起步的过程"。山寨版制品的出现和繁荣折射出社会的进步与产品更新都是从低级到高级的过程，同学们可以借鉴山寨版的发展史来规划自己的发明之路。

复习与思考题 3

1. 创新是一个学习的过程，也是一个模仿的过程，试参照本章实例创作出自己的作品。
2. 参照本章实例上网查寻山寨版发明作品，并找出其缺陷创作出自己的作品。
3. 阅读从歼-5 到歼-20：中国国产歼击机的发展之路，对照实例找出所用哪一种发明方法。
4. 看图作文。阅读材料：

可调式复升千斤顶：千斤顶是一种轻小起重设备，其结构轻巧坚固、灵活可靠，一人即可携带和操作。千斤顶主要用于厂矿、交通运输等部门作为车辆修理及其他起重、支撑等工作的工具。在救援活动中，特别是针对我国近年来地震多发的情况，需要更加灵活、稳定、轻巧的千斤顶作为高效便捷的救援工具。

传统的千斤顶虽然有着广泛的应用，但在使用过程中有两个难以克服的缺点。

其一，传统的千斤顶行程较小，这极大地限制了千斤顶的应用。

其二，传统的千斤顶对地面的要求很高，例如地面的平整程度、支撑面的倾斜度等，这也限制了千斤顶的使用范围。

为了克服传统千斤顶的两大问题，我们设计了可调式复升千斤顶。

针对第一个问题，我们在千斤顶顶身上设置了一种双向螺杆传动装置，从而增加了传

第 3 章　发明起初都是从"模仿"开始

统的单向伸缩式千斤顶的行程。

针对第二个问题，我们在顶身的正下方采用了一种自由度非常高的三脚架装置，这种设计使千斤顶能更好的适应不同的地面条件。如图 3-24 所示。

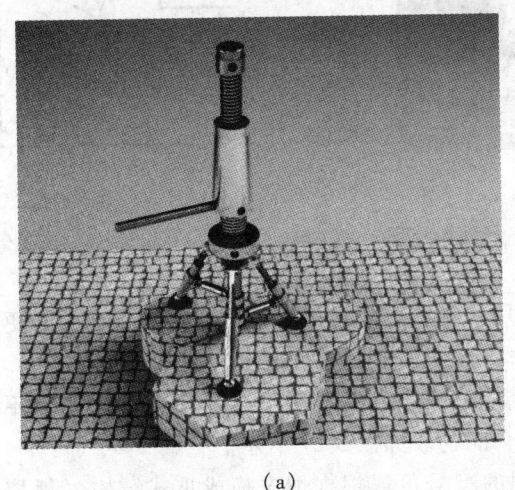
（a）

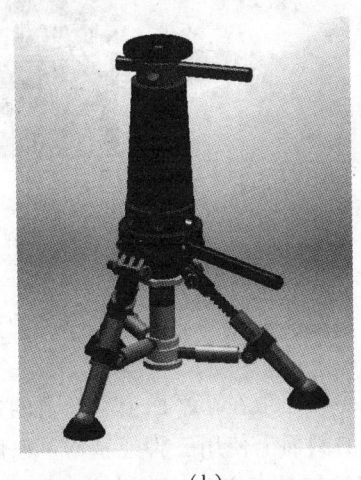
（b）

图 3-24　千斤顶整体效果图

创新点一：顶身部分的双向螺杆装置使可调式复升千斤顶与传统的千斤顶相比较能够提供更高的行程以及更稳定的力。设计的圆孔为圆孔阵列，均匀分布在圆周上，使用铁棒时可以插入圆孔，旋转铁棒，再抽出，如此反复操作。如图 3-25 所示。

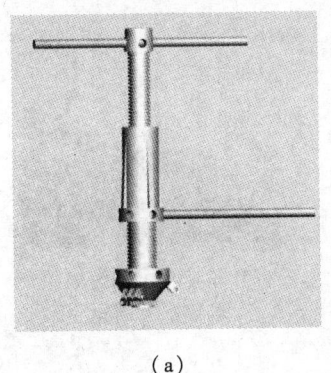
（a）

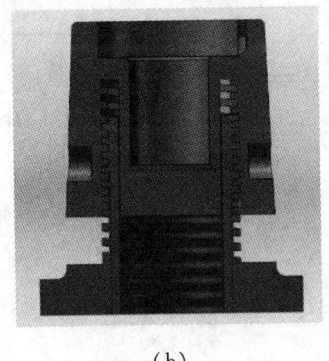
（b）

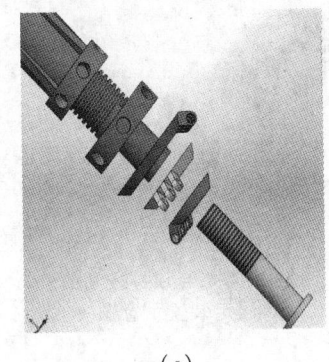
（c）

图 3-25　双向螺杆传动装置示意图

创新点二：三个脚架以中心的杆为轴，提高了脚架的稳定性。同时，改变中间三根调节杆以及中间平衡杆的长度可以实现脚架的角度控制。转动支脚可以改变脚架的长度，同时与脚架的角度控制相配合可以使整个三脚架适应支撑面不为水平面的情况。如图 3-26 所示。

我们通过三个合并起来呈锥形的环形片连接脚架与顶身，这样，脚架就可以在水平面内实现 360 度自由旋转。当用手拧紧下面的螺杆时，三个环形片彼此之间互相压紧。可以

（a）

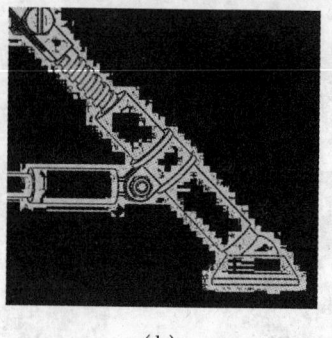
（b）

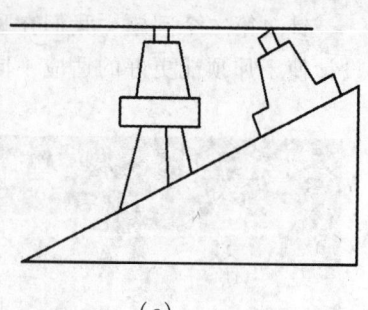
（c）

图 3-26　三角架装置示意图

看出：三角架能够给千斤顶近乎完美的初始作用条件。而复升式千斤顶比传统千斤顶有更长的行程！

传统的千斤顶在非平面上有倾覆的危险，支持力没有得到充分利用，而在倾斜角度不是非常大的斜面上使用三脚架基本可以解决这个问题。如图 3-27 所示。

1．三角架最下方与地面贴合的脚套有不同的型号可以根据情况换成爪式结构（抓取杆状物）或者防滑脚套（防止划伤受力面的表面）。

2．在比较松软的土壤中，千斤顶容易在工作时陷在土中，可以在三角架的下方垫一些薄板或草团之类的东西，这样就能增大受力面的面积。

3．三角架不是一个钉死的装置，可以灵活的拆卸与组装以适应不同的环境要求。

（a）脚架与顶身之间的
　　　固定装置示意图

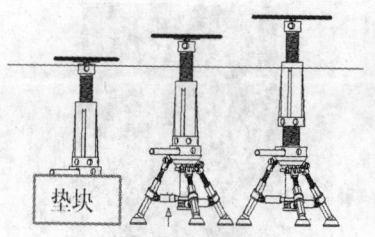
（b）千斤顶工作效果
　　　对比示意图

（c）千斤顶工作效果
　　　对比示意图

图 3-27

上述千斤顶改进装置基本上解决了开始提到的两个关于千斤顶的问题。增加了千斤顶的行程，提高了千斤顶对环境的适应能力。

此外，我们的设计还有一个非常明显的优势：成本低廉。这就使得这种经改进后的千斤顶比同类千斤顶有着价格与用途的优势，而比单一的救援工具有着更广泛的使用范围。所以，我们的设计无论在日常生活中还是在救灾抢险中都有很大的用途。

存在的问题：

1．脚架的角度控制受限，不便拆卸。

2. 负载太大时脚架可能发生弯折现象，导致装置无法使用。

3. 在倾斜度过高的斜面上，脚架可能发生倾覆。

思考问题：

1. 螺纹丝杆是控制千斤顶工作的关键，若遇工作场所有水泥、沙浆、碎石、重油、树枝、杂草等粘上螺纹丝杆一定会影响正常工作，怎么办？能否采用其他方法，如内藏式螺纹丝杆、内藏式螺纹滑杆等。

2. 千斤顶工作时防滑十分重要，拔地的材料、形状、防腐性都需巧妙设计，你有不同想法吗？

3. 千斤顶工作时三条脚易动产生失力倾覆，应怎样克服？

4. 千斤顶不工作时怎样存放才能延长工具的使用寿命，应怎样保养？

5. 千斤顶的防水、防锈、携带都需充分考虑，你能设计出专用附属包箱吗？

第 4 章　发明创造最常用的几种基本方法

4.1　发明方法及实施例

4.1.1　实用需求法

实用需求法也可称为"缺点需求"法或"缺点列举"法，缺点列举法就是将事物的缺点具体地一一列举出来，然后针对发现的缺点，有的放矢地进行改革，从而获得创造发明的成果。

日本有个名叫鬼冢八郎的听朋友说：今后体育大发展，运动鞋是不可缺少的。这句听来很普通的话，鬼冢八郎却另有一番思考，他决定加入生产运动鞋这一行业。他想，要在运动鞋制造业中打开局面，一定要做出其他厂家没有的新型运动鞋。然而，他一无研究人员，二又缺乏资金，不可能像大企业那样投入大量的人力和资金去研制新产品，但是他想：任何商品都不会是完美无缺的，如果能抓住原有产品哪怕是针眼大的小缺点进行改革，也能研制出新的产品来。

鬼冢八郎选了一种篮球运动鞋来进行研究。他先访问优秀的篮球运动员，听他们谈目前篮球鞋存在的缺点，几乎所有的篮球运动员都说：现在的球鞋容易打滑，止步不稳，影响投篮的准确性。他便和运动员一起打篮球，亲身体验这一缺点，然后就开始围绕篮球运动鞋容易打滑这一缺点进行革新。

有一天鬼冢八郎在吃鱿鱼时，忽然看到鱿鱼的触足上长着一个个吸盘，他想，如果把运动鞋底做成吸盘状，不就可以防止打滑吗？他就把运动鞋原来的平底改成凹底。

试验结果证明：这种凹底篮球鞋比平底的篮球鞋在止步时要稳得多。鬼冢八郎发明的这种新型的凹底篮球鞋问世了，并逐渐排挤了其他厂家生产的平底篮球鞋，成为独树一帜的新产品，这就是实用需求法。

链接 4.1　多头手电筒。

如果你有在漆黑一片的环境中走路的经历，一定会知道，只有一个手电筒虽然要比没有手电筒好得多，但是也并不见得能让你行走的步伐加快多少。因为，单个的手电筒只能照亮一个方向，而人们夜间行走时不仅要看清前面的路还要同时兼顾脚下，所以，如果只有一个手电筒就只能在脚下和前方之间不断地切换，生怕出意外。但如果改进一下，将手电筒改为两个窗口不就解决了上述不足吗？如图 4-1 所示。

链接 4.2　电脑罩。

把显示器防尘罩做成衣服的样子，是不是看上去更加有趣？如果再把鼠标放到这种衣

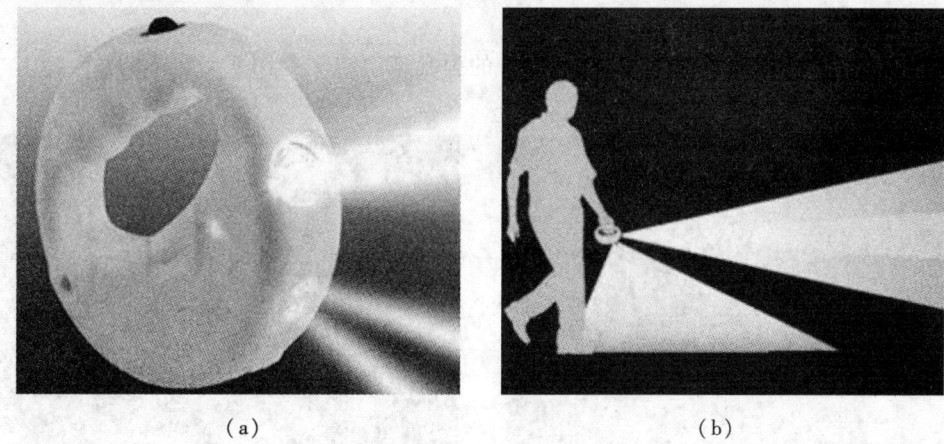

(a)　　　　　　　　　　　　　(b)

图 4-1　多头手电筒示意图

服的上衣口袋里，显示器防尘罩不是也充满了生气。只要你认真观察和思考如此平淡的现象，经过简单的加工也可以使你兴趣十足。如图 4-2 所示。

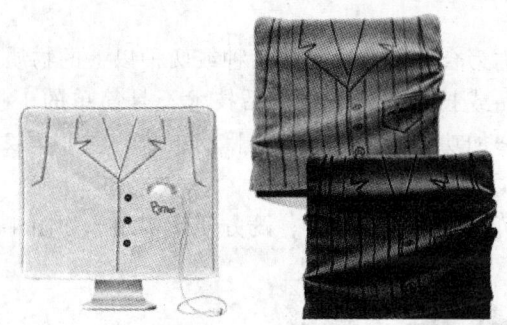

图 4-2　电脑罩示意图

链接 4.3　弹孔针。

仅需施一点压力，大眼针的环眼打开（金属自身弹性），穿针引线极其容易，如图4-3所示。

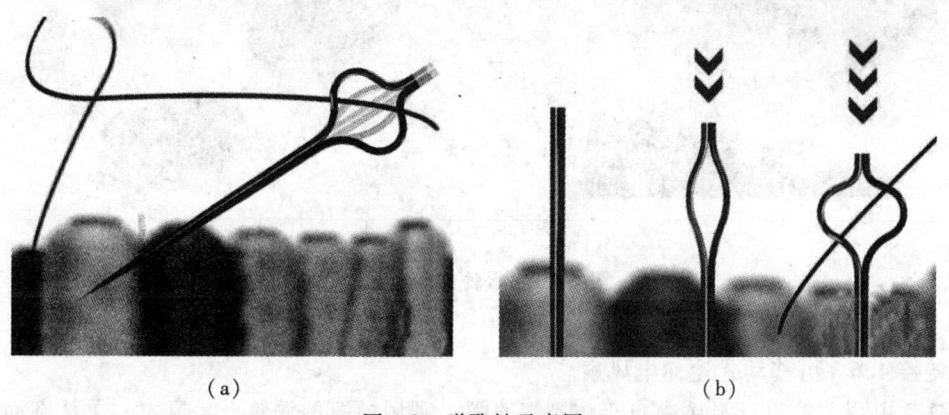

(a)　　　　　　　　　　　　　(b)

图 4-3　弹孔针示意图

链接 4.4 LED 手指灯。

晚上键盘打字看不见，便可以利用 LEd 的手套来解决。如图 4-4 所示。

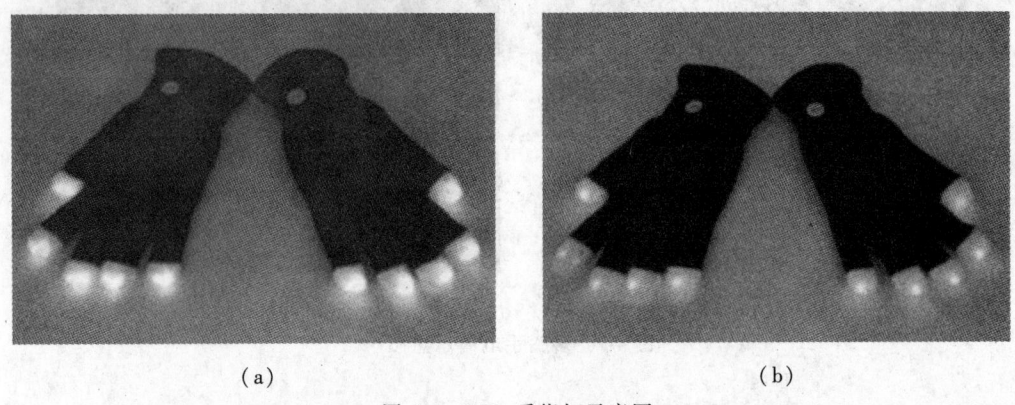

(a)　　　　　　　　　　　(b)

图 4-4　LED 手指灯示意图

4.1.2　分解组合法

分解组合法也可以称为合理组合法，将两种或两种以上的物质产品或技术方法进行适当的结合，形成新的产品或技术。这种新产品技术不是简单的 1+1，而是有机的综合创新，要达到扩大用途、增加功能、增加效益的目的，即产生 1+1>2 的好处。

链接 4.5　折叠椅。

利用大小作文章便可以产生叠加效益，既方便又实用。如图 4-5 所示。

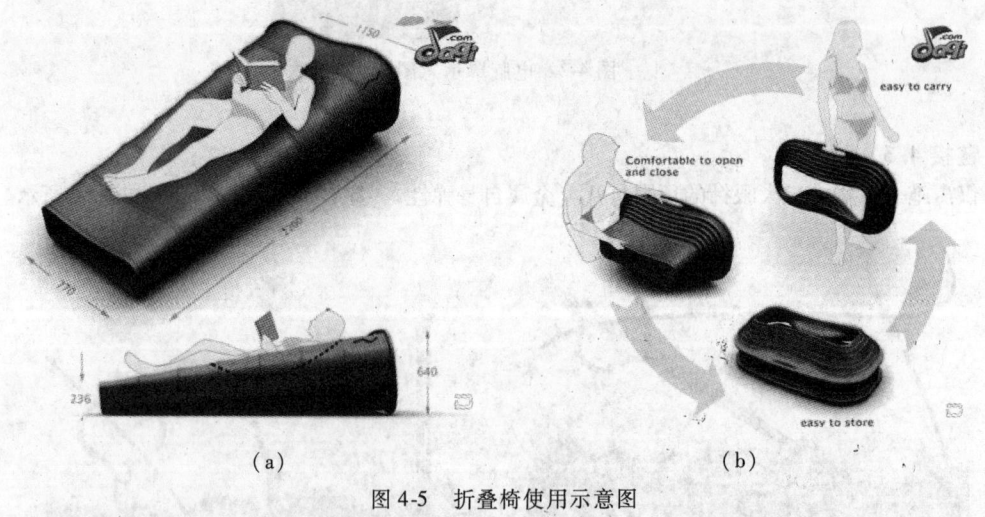

(a)　　　　　　　　　　　(b)

图 4-5　折叠椅使用示意图

链接 4.6　可移动式迷你电风扇。

这款电风扇的设计灵感来自于仿制鹦鹉螺，利用内置的涡轮产生风力，再从剖面的通风口吹出来。

这款电风扇四周突出的花纹使得这款小巧的风扇可以随意摆放成任何角度,也可以随身带着它,不仅会在炎炎夏日给你带来一丝清凉,而且其时尚的外观也可以起到很好的装饰作用。如图4-6所示。

图4-6 迷你电风扇示意图

点评:点子推荐:(1)可改为充电式风扇;(2)可增加一个喇叭形机座;(3)可增加收音机功能;(4)可增加一个小灯。

链接4.7 双人夹克。

寒冷的环境中,男士们为了显示风度通常都会将自己的外套脱下来给女士取暖以表爱心,不过,这样的举动虽然有了风度却失去了温度,有没有两全其美的办法呢?如图4-7所示。

(a)   (b)

图4-7 双人夹克示意图

4.1.3 逆向思维法

将人或事物从相反方向提出问题,展开思路,创造出新产品、新技术,这种方法称为逆向思考法。

链接4.8 女士伞包。

生活中女士常常离不开伞，但不用伞时就十分纠结。如图所示，若能将事物朝相反的方向来思考，事情就好办了，把伞与包相结合设计就成为两用的"伞包"，如图4-8所示。

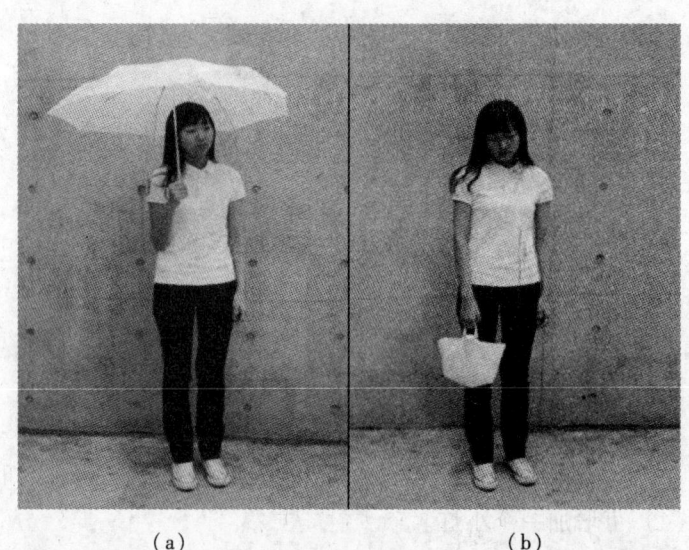

图4-8 女士伞包示意图

链接4.9 筷子。

中国人用筷子自然、方便、简单、实用，但对于外国人来说，那就十分不便，能不能改一下呢？利用塑料套的弹性自然张合便解决了筷子使用的难题。如图4-9所示。

图4-9 塑料套弹性筷示意图

链接4.10 隐藏在地下1 000英尺的摩天大楼。

所谓摩天大楼当然往天上建，而这个位于墨西哥名为"Earthscraper"的概念项目，是往地下建，就像直插入地的倒立大楼，应该称为摩地大楼。这个建筑物如同隐藏在地下的小城市，面积 775 000m², 直入地下 1 000 英尺（304.8m），65 层，其结构内部掏空，让所有居住的空间，享受自然采光和通风，使用桥梁延伸至建筑物的中间，这样就可以往下看，犹如在大峡谷的空中漫步。如图 4-10 所示。

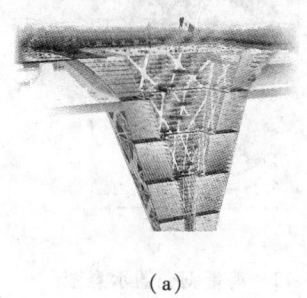  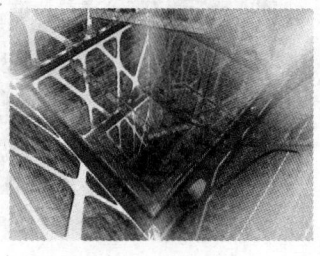

(a)　　　　　　　　　(b)　　　　　　　　　(c)

图 4-10　地下摩天大楼示意图

4.1.4　灵感警觉法

灵感警觉法也可以称为自由联想法，人们在日常生活或学习工作中看到、听到、感受到某种现象 A，随时把这种现象同人们所要研究解决的问题 B 联系起来，想象把 A 的一部分结构、一种原理或方法运用于 B，从而创造出新的东西来，这种发明创造技法就称为自由联想法。

链接 4.11　一种带照明的钱包。

晚上购物付款时很容易出差错，能否将钱包内设一个 LED 灯呢？如图 4-11 所示。

图 4-11　带照明的钱包示意图

链接 4.12　一种便携式显微镜，如图 4-12 所示。

链接 4.13　鸡蛋剥壳器，如图 4-13 所示。

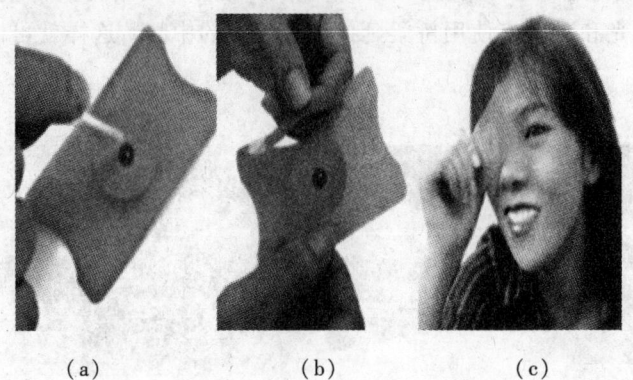 

(a)   (b)   (c)

图 4-12　便携式显微镜示意图　　　图 4-13　鸡蛋剥壳器示意图

4.1.5　新域开垦法

新域开垦法也可以称为"变一变"法，改变现有事物的形状、材料、结构、位置、颜色、气味等，可以使其产生新的特性，成为一种更科学、更优秀的物品，这就是"变一变"发明法。

链接 4.14　可以发光的拖鞋。如图 4-14 所示。

图 4-14　发光的拖鞋示意图　　　图 4-15　刷地鞋示意图　　　图 4-16　浴室专用麦克风示意图

链接 4.15　可以用脚刷地的鞋底刷。如图 4-15 所示。

链接 4.16　浴室专用麦克风。

对喜欢在洗澡的时候唱歌的人来说，这个麦克风可是个不错的发明，它既具有麦克风的形状，可以握在手中用来唱歌，又能用来搓澡，可谓一举两得。如图 4-16 所示。

4.1.6　猎奇探源法

猎奇探源法也可以称为"迎合需求"法，依据社会的需求和人们的希望去搞发明，这就是迎合需要发明法。

链接 4.17　妈妈的手。如图 4-17 所示。

链接 4.18　唇膏模板。如图 4-18 所示。

链接4.19 英国发明随孩子双脚"长大"的鞋。

孩子的脚长得太快,隔一段时间就得换双新鞋,英国市场上目前出现的一种会"长大"的童鞋可以帮助解除这种烦恼。当孩子的脚越长越大时,家长只需要把鞋调整到最佳尺寸即可。简单按一下鞋侧边的一个按钮,让脚趾在鞋内充分伸展,并调至最合适的大小,鞋跟上的号码能显示鞋子已经"长大"了多少。每双鞋子都有一半尺寸的增量,这意味着每双鞋都可以调成几种不同的大小尺寸,最大可以增长一倍。如图4-19所示。

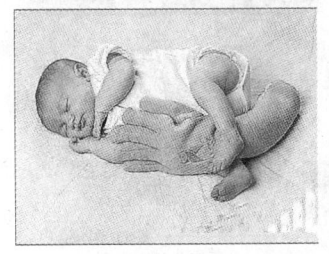 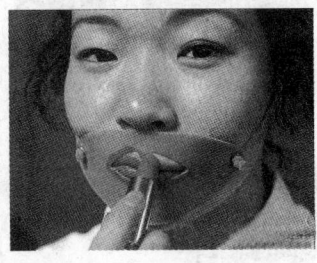 

图4-17 妈妈的手示意图　　图4-18 唇膏模板示意图　　图4-19 伸缩鞋示意图

4.1.7 反败为胜法

事物具有二重性,将某些物品的缺点放大解决其他问题。如:金属铁会生锈,人们通过防腐(油膜、镀层)来解决。反之,将铁锈收集起来用于制药便产生了"痢特灵"的原料。

链接4.20 电脑自拍效镜。

摄像头使用方便,能通过网络进行图片传输,但操作不当时很难保护使用者的隐私。针对摄像头的不足,电脑自拍效镜就能随时监控使用者的仪态,防止误摄误传造成的不利。如图4-20所示。

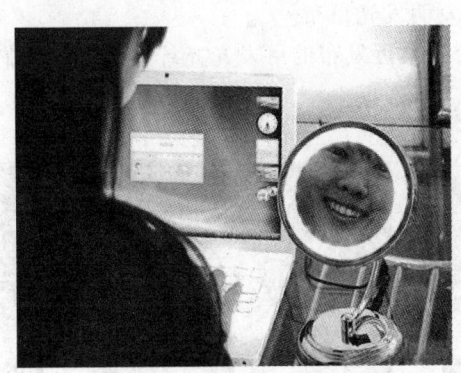

图4-20 电脑自拍效镜示意图

链接4.21 镭射剪。如图4-21所示。
链接4.22 减肥自测皮带。如图4-22所示。

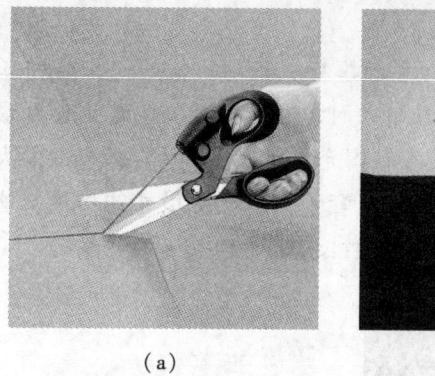  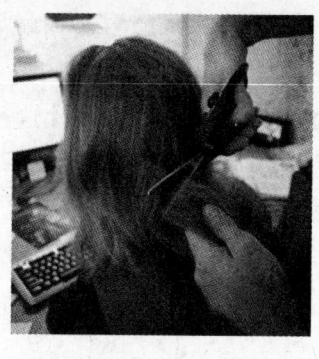

(a)　　　　　　　　　　(b)　　　　　　　　　　(c)

图 4-21　镭射剪示意图

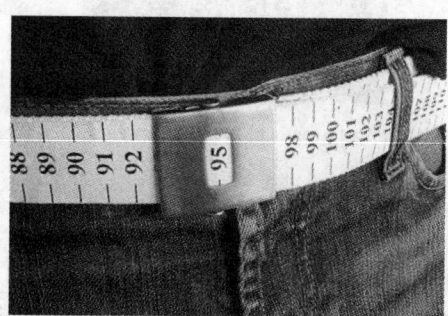

图 4-22　减肥自测皮带示意图

4.1.8　生物启迪法

利用生物独有的肢体动作、独特色彩、色差、声音进行模仿、学习、再造的过程，称为生物启迪法。

链接 4.23　法国公司发明发光桌布。

法国 LumiGram 设计公司最近发布的可发光光纤桌布，为人们的饭桌文化添加了高科技因素，如图 4-23 所示。

  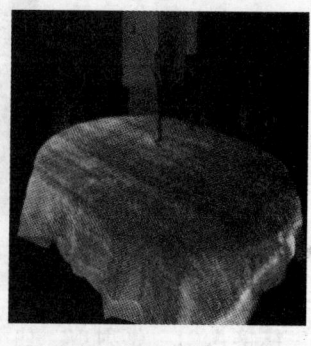

(a)　　　　　　　　　　(b)　　　　　　　　　　(c)

图 4-23　发光桌布示意图

点评：萤光来自于自然，也来自于人们对星空现象的模仿利用，萤光的利用有着广泛的利用空间。如：萤光音箱，萤光牙套，萤光显示剂，萤光手套，萤光衣，萤光篮球，萤光羽毛球，萤光地图等。如图 4-24 所示。

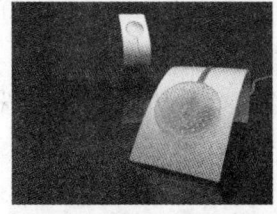  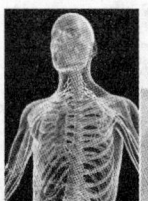

（a）萤光音箱示意图　　　（b）萤光牙套示意图　　　（c）萤光显示剂示意图

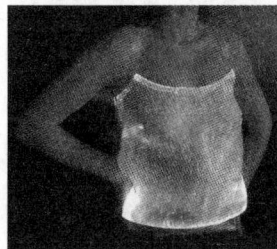  

（d）萤光衣示意图　　　（e）萤光篮球示意图　　　（f）萤光地图示意图

图 4-24

链接 4.24　"叫到醒"地毯闹钟。

双脚踩在地毯上才会停的闹钟地毯，内置 LED 灯显示时间，喜欢赖床的你是否任何闹钟都闹不醒你？这款由瑞典大学生苏菲·科林和格斯塔弗·兰堡设计的"叫到醒"地毯闹钟保证能完成这个艰巨的任务，因为只有当你的双脚踏上这块地毯时，闹钟才会停止鸣叫。如图 4-25 所示。

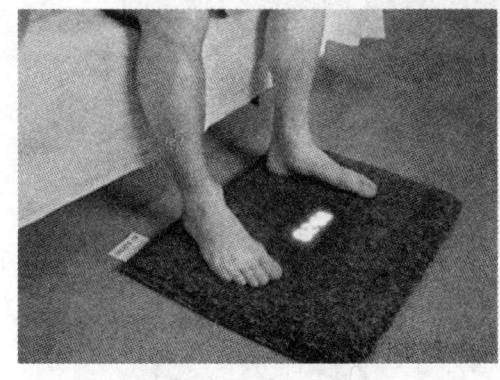 

图 4-25　地毯闹钟示意图　　　图 4-26　闹钟枕头示意图

链接 4.25　模拟自然光的闹钟枕头。

这种闹钟枕头里面有一些发光二极管，早晨用光唤醒使用者。在起床前约 40 分钟，这种可编程的泡沫枕头就开始模拟自然光发光，接下来慢慢变亮。它能帮助使用者建立生理节奏，使人们轻松地进入新的一天。如图 4-26 所示。

4.1.9 "加一加"法

加一加包括增加和扩大两种意思。有的物品，如果在原有基础上扩大一些，或增加一个部分，或增加一种性能，则可能产生出乎意料的效果，因而创造出一种很有意义的新发明。人们把这种发明技术称为"加加"法或"加一加"法。

链接 4.26 让银行卡变成尺。如图 4-27 所示。

链接 4.27 两用牙刷。如图 4-28 所示。

图 4-27　带刻度的银行卡示意图

图 4-28　两用牙刷示意图

链接 4.28 无限 USB 接头。插进接口的同时还作为一个 USB 集线器，无限继承。如图 4-29 所示。

(a)

(b)

图 4-29　无限 USB 接头示意图

4.1.10 "减一减"法

"减一减"法与"加一加"法的思路相反:想方设法使产品简化一些、缩小一些。把原有的物品缩小、简化后,其功能用途并没有减少,甚至还产生了新的优点和用途。这种发明技法称为"减一减"法。

链接4.29 戴森风扇。如图4-30所示。

(a) 戴森风扇图　　　　　　　　　　(b) 戴森风扇风向原理示意图

图 4-30

链接4.30 分离式高脚杯。如图4-31所示。

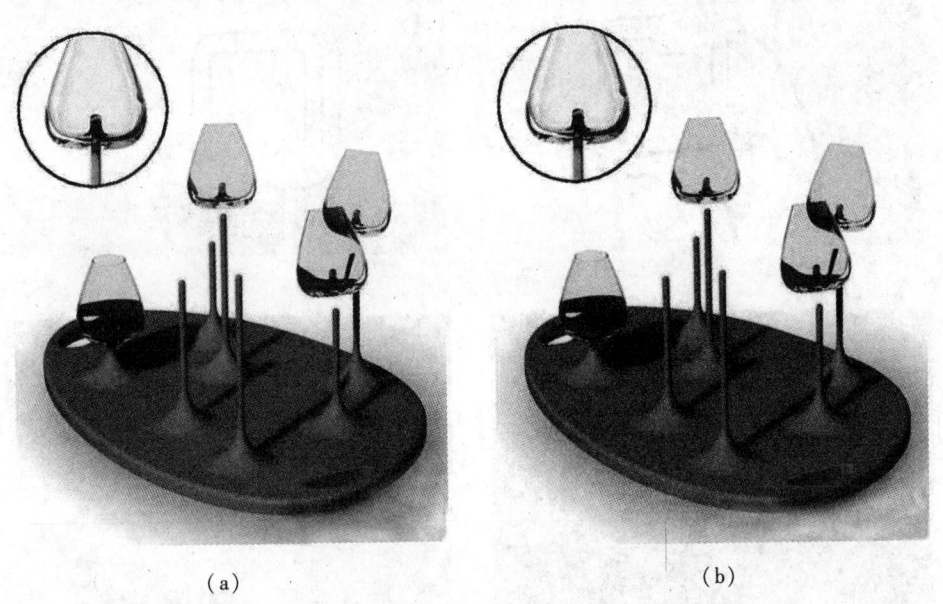

(a)　　　　　　　　　　(b)

图 4-31 分离式高脚杯示意图

链接4.31 会开花的灯。如图4-32所示。

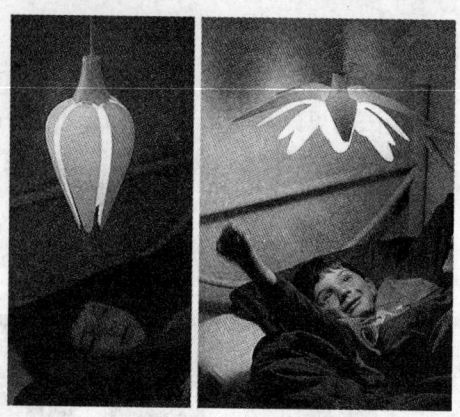

图 4-32　会开花的灯示意图

4.1.11　层次提升法

在原有优点的基础上增大应用范围，在点的基础上增大"线"和"面"的应用范围，称为层次提升法。

链接 4.32　随意插座板。

插头多、插座少可以说是每个家庭都会遇到的难题，人们不得不用"插座板套插座板"的土方法"扩容"，导致许多插线板、电线杂乱堆置在墙角的现象。平常我们延长插座都是集中在一个插板上的，而这个设计就比较新颖，把插座分布在电线的各段上，这样就不会让各种插头打架了，看起来也清爽多了。如图 4-33 所示。

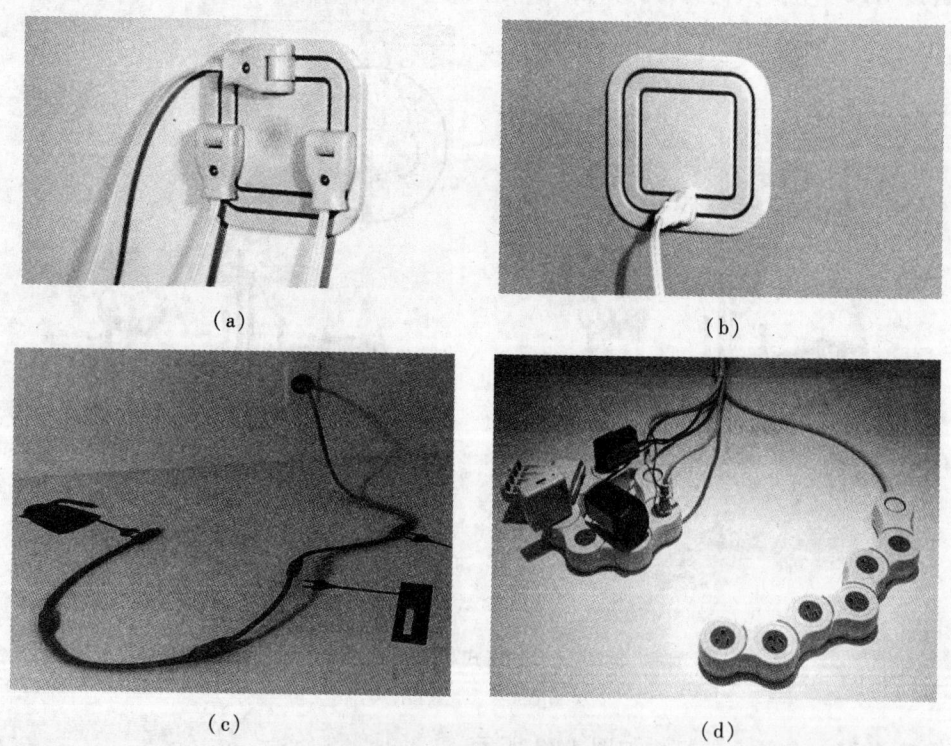

图 4-33　随意插座板示意图

链接 4.33 插座附件。如图 4-34 所示。

  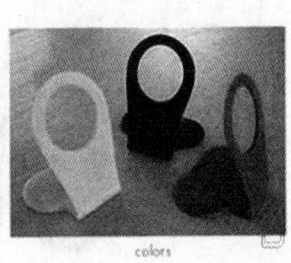

(a)　　　　　　　　　　(b)　　　　　　　　　　(c)

图 4-34　插座附件示意图

链接 4.34 带插头的充电电池。

一个旋转机关扭开后将两侧的铁片掀起，就成了一个插头。将这个插头直接插到插座上即可为电池充电。而且电池上还配有显示器，方便用户了解当前的电力状况。如图 4-35 所示。

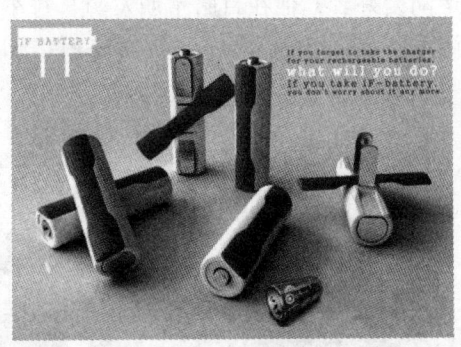

图 4-35

4.1.12　危情求索法

人的一生难免遇到难事，谓有"三急"便产生了"急中生智"一词。事物常有两重性，人在难的时候自然就会滋生出解决问题的办法，这种办法就称为危情求索法。

链接 4.35 套洗袜。

每次洗完衣服后，将成双的袜子挑拣出来晾挂往往是一件烦恼的事，虽然可以在洗涤之前用饰扣将成双的袜子固定住以解决这个问题，但是这种方法容易使洗后袜子变形，穿得也不舒服，而且也不适用于女式尼龙长袜上。套洗袜可以有效地解决以上问题，袜子生产过程中，在成双的每只袜子袜口处留下一道口子，洗袜子之前，将成双袜子的脚尖部分分别穿过配对袜子的口子，一拉形成活结，这样一来，可以在洗的过程中保持配对，当洗完后，可以方便解开晾在一起。如图4-36所示。

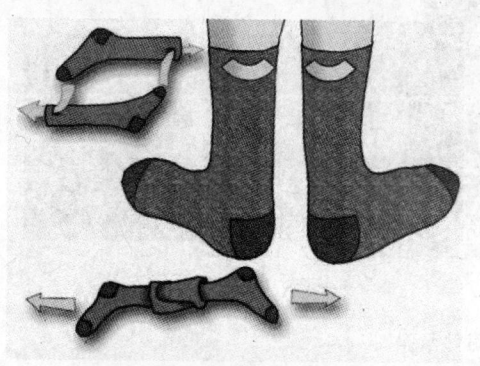

图 4-36　套洗袜图

图 4-37　自行车安全灯图

链接 4.36　自行车安全灯。

即使在自行车运动盛行的欧美国家，由于公共投入和规划上的不足，仍然有许多地方没有设置专门的自行车道，这导致自行车一族频频发生意外。DIY 镭射自行车道的设计者埃文·甘特是一名自行车运动爱好者，他在目睹了朋友骑自行车被汽车撞倒的事故后，决心发明一个既省钱又省力的安全保障设备，即自行车安全灯，如图4-37所示。

链接 4.37　带有后视镜的头盔面罩。如图4-38所示。

链接 4.38　背包自行车。如图4-39所示。

图 4-38　带有后视镜的头盔面罩图

图 4-39　背包自行车图

4.2 发明的关键是拥有

生活离不开物品,自然涉及产品,也就离不开产品的生产及相应的技术发明,据相关资料报道,从产品更新(创新)来看,全世界每小时就有20项新发明产生,一年就有17.5万项,这其中90%都是为了提高生活质量,方便快捷生活的小发明。其实,发明没有大小之分,没有国界、种族之分,更没有男女之分,只要对人类生活有益,有利于社会的进步,无论是职务发明,还是非职务发明都是伟大的,令人敬佩的。发明来自生活,因为生活中充满乐趣!只要人们关注生活,总会发现有遗憾,只要人们热爱生活,生活就会有厚报。

有人说点子都让别人想完了,再创新基本没什么机会了。看看下面这些小发明你会发现其小创意简直是无处无时不在,就看你有没有心去发掘它,有没有心去完善它。

链接4.39 以色列发明从空气中提取淡水装置。

以色列科研工作者发明了一种从空气中获取淡水的简易装置,在最近的国际"取水"大赛中胜出获奖。据美国每日科学网站日前报道,本次"取水"大赛旨在鼓励发明者为人类制造清洁、安全的水,共征集到来自北美、欧洲、非洲和亚洲的100件参赛作品。报道说,由以色列工学院建筑与房屋规划系研究生约瑟夫·科里和埃亚勒·马勒卡发明的这一装置叫做"水空气"(WatAir),该装置是用一块块板材做成倒金字塔形状,可以在任何一种气候条件下从空气中收集水分并转化为淡水。

发明者的灵感来自树叶收集露水的特性。科里表示,WatAir的底座较小,因此无论在农村还是城市都很容易安装。其竖式斜构件的设计利用重力扩大了采集面,一套采集面为 $29m^2$ 左右的设备每天可以从空气中提取至少48L淡水。该装置的机身板材可以弯曲,不用时便于折叠。该装置还具备避雨遮阳、供儿童玩耍的功能。

据国外媒体报道,两名正在以色列工学院攻读博士学位的建筑师受树叶和蜘蛛网集结露水的启发,研发出一种收集新鲜水的装置。这种名叫"水空气"的装置其技术含量并不高,但非常实用,该装置是用有弹性的帆布、可回收的聚碳酸酯、金属或玻璃等材料制成,呈倒金字塔形,每天可从空气中收集到水。如图4-40所示。

图4-40 淡水收集装置图

链接 4.40　河北省南和县退伍老兵手工造出水陆两栖车自称"悍舰"。

如图 4-41 所示,是船,却能在马路上像汽车一样行驶;是车,却能在水里像船一样航行。日前,记者在南和县史召乡高牌村见到这种与众不同的车,是村里退伍老兵高尚会,花费五年时间手工制造出来的水陆两栖车。研制者老高称,这辆车既能爬山又能涉水,因其越野性敢与悍马车媲美,故起名"悍舰"。

(a)

(b)

图 4-41　"悍舰"图

53 岁的高尚会年轻时曾是中国人民解放军舟桥部队的一名战士,常随部队出去架桥。老高告诉记者,"有了水陆两用车,开车就能过河,何必花费那么多人力、物力去架桥呢?"从当兵时起,他便有了研制水陆两用车的想法。基于当时的条件,这个想法只能在他的脑海里进行设计、制造。退伍回家后,高尚会成了家,后来在史召乡高牌村路口开了一家汽车维修门市,日子过的一天比一天好,生活很美满。而唯一让他感到不足的是,30 年前梦想的那辆水陆两栖车一直未能如愿。5 年前,手头宽裕的老高开始着手他的梦想——造一辆水陆两栖车。于是,在修车之余,便开始寻找配件进行组装。5 年时间里,老高在研制过程中进行了无数次的改进,让他既有兴奋,也有困惑。功夫不负有心人,2009 年,高尚会用 5 年的心血换来了他的"水陆两栖车"问世,30 多年的水陆两栖车飞驰梦让他如愿以偿。

链接 4.41　一个农民的惊人之作,足以令中国的汽车制造业汗颜。

一个要用自己的"水上快车"与英国人一决雌雄的青年农民。他就是河北省王安县的农民王宏君,中国第一个在家里造出高速水陆两栖车的农民。2002 年 10 月 1 日,王宏君应邀开着自己造的那部高速水陆两栖车参加了南京国际汽车节。

汽车节开幕那天,南京玄武湖公园名车聚集,人山人海。当王宏君开着自己的水陆两栖车来到车展现场时,人群中顿时出现了一片骚动;这辆车太奇怪了,身上还长出了两个翅膀,后面还有两个螺旋浆!

此时,人们一下子都感到好奇,许多人,包括一些前来参展的汽车制造专家都不相信,这辆农民自己用手工制造的车能在水中行驶。王宏君让大家让出一条道,一加油门就冲进了前面的玄武湖。王宏君驾驶着他的水陆两栖车在湖面上劈波斩浪,进退自如。岸上掌声雷动,赞叹不绝于耳。人们服了:这位河北的农民还真有两下子!自己能造出这样的车来。在场的汽车的行家里手也服了：他真不简单啊。这车的造型和技术性能，完全跟上了世界先进水平。

目前，国外的水陆两栖汽车都是船体式的，而王宏君造的却是一辆完美的四轮两用车。王宏君走过了一个让许多中国大汽车企业汽车技术人员都羡慕的过程——独立自主地开发并且制造出了一辆与众不同的汽车。

王宏君，祖籍山东，1965年出生于甘肃，生长在黑龙江，落户于河北省迁安县。是一个无地农民。他在十几年前，就成了当地有名的修车高手，什么大众、丰田、大宇、拉达等各种国外品牌汽车如果出点什么毛病，只要到王宏君这儿，就手到病除了。人们称王宏君修车的技术高，质量好，王宏君自然很高兴，心里美滋滋的。

随着时间的推移，在中国大地上跑的外国车越来越多，从开始接触的大众、丰田、大宇、拉达到后来的本田、三凌、雪铁龙、尼桑、马自达、宝马等。王宏君对这种夸奖有些不是滋味了：这车修得再好，心里也不舒服，因为这些车，都不是用咱自己的技术造的。如果用自己的本事造出自己的汽车来，那眼睛里放出来的光都不一样。王宏君思考为什么中国人造不出自己的汽车呢？中国人的聪明才智都用在什么地方了？他，动手了，目标直奔高速水陆两用车。水陆两用车不是什么新发明。早在二战期间，各种水陆两用车已经陆续在军队里出现。这种车多是注重它的越野性能，而且是车体都是船型的。而既能在地面上狂飙，还能在水面上飞驰的高速水陆两用车，到20世纪末还没有问世。

1992年，王宏君绘出了第一张水陆两栖汽车的效果图，经过数年的努力，王宏君终于造出了自己设计，自己制造的水陆两栖车，如图4-42所示。

图4-42　水陆两用车示意图

实际上，水陆两栖车的发明并非中国农民心中独有，水陆两栖车在外国早已有人大胆作为设计和实践，早在二战时期德国就研发了水陆两栖车，如图4-43所示。

图4-43　二战时期德制两用车示意图

特别近几十年来，汽车大量进入家庭后，人们在使用时发现汽车存在着"怕水"的不足，于是就产生了水陆两栖车的新发明。如图4-44所示。

图4-44　水陆两用车示意图

链接4.42　一种鱼钩式图钉。

生活中离不开图钉，传统的图钉如图4-45（a）、（b）所示，经常脱落而扎伤路人，为了解决这一问题，人们研制了这种鱼钩式图钉，如图4-45（c）、（d）、（e）所示。

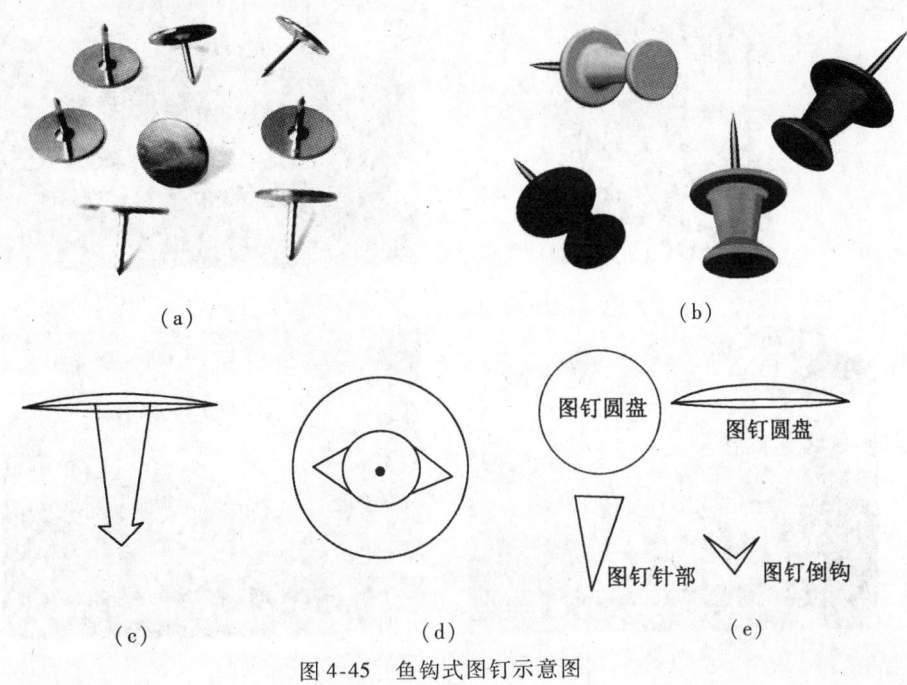

图 4-45 鱼钩式图钉示意图

链接 4.43 象形衣柜。

生活中人们经常遇到需穿的衣服找不到,其原因是衣裤混放,衣柜抽屉相同难免分不清,为了解决这一问题,人们研制了这种象形衣柜,如图 4-46 所示。

图 4-46 象形衣柜示意图

链接 4.44 折叠式集装箱。

生活中人们经常遇到车辆空载,造成能源浪废,如果采用一种可折叠的集装箱,用玻璃纤维制成,折叠后体积可以减小到 25%,空箱运载时能减少一半的费用。如图 4-47 所示。

链接 4.45 高效烫衣板,如图 4-48 所示。

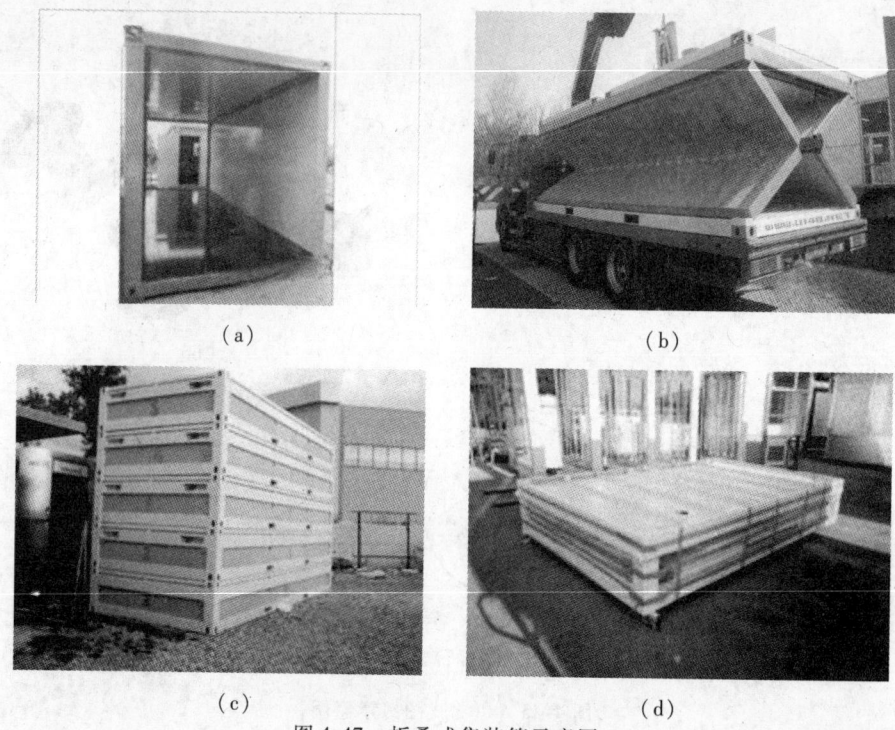

图 4-47　折叠式集装箱示意图

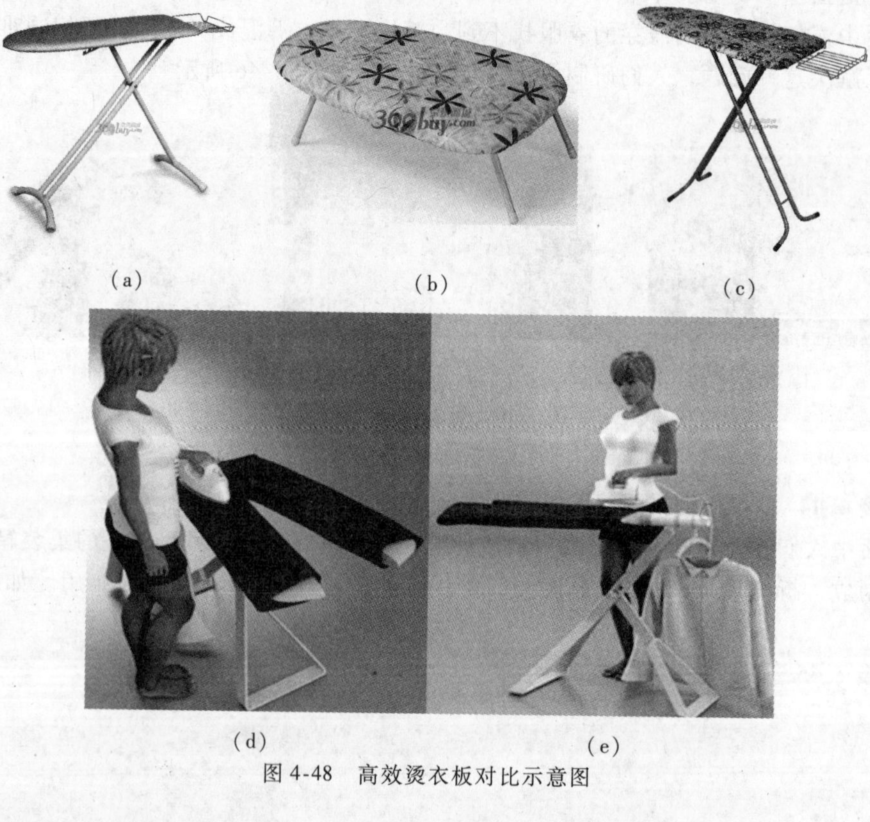

图 4-48　高效烫衣板对比示意图

4.3 发明的关键是运用

中华民族是一个伟大的民族,中华民族具有超凡的智慧和勤劳,常常能够在经历千辛万苦之后,痛定思痛,放下包袱奋起直追而成为强者。

中华民族以四大发明打开了赴西方之路,并以自己的创造震惊了世界,引领了世界上许多的发明。

4.3.1 指南针的发明

1. 古代使用的指南针及近代使用的指南针,如图 4-49、图 4-50 所示。

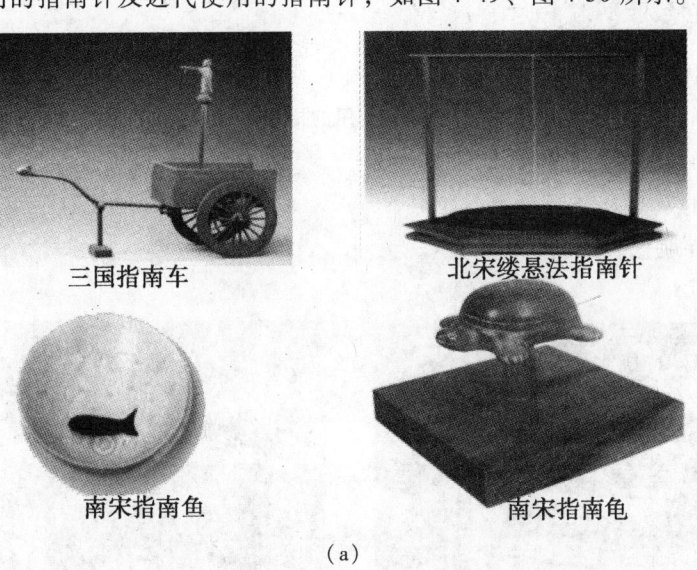

三国指南车　　　　　北宋缕悬法指南针

南宋指南鱼

南宋指南龟

(a)

战国司南

宋代指南针

清代指北罗盘　　　　　今天的指南针

(b)

图 4-49　古代使用的指南针示意图

  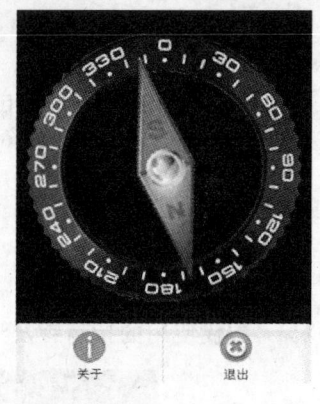

(a) (b) (c)

图 4-50　近代使用的指南针示意图

2. 指南针的发明及创新。

(1) GPS 导航仪，如图 4-51 所示。

(a) 2GPS 导航仪　　　　　　　　　(b) e 导游 X7

图 4-51　GPS 导航仪示意图

(2) 车载导航仪，如图 4-52 所示。

4.3.2　纸的发明

1. 蔡伦造纸。西汉初年我国发明了造纸术。1986 年，甘肃省天水放马滩出土的汉景帝时的纸，是迄今人们所知最早的纸张。公元 105 年，东汉蔡伦改进了造纸术，称"蔡侯纸"。造纸术是书写材料的一次伟大革命。如图 4-53、图 4-54 所示。

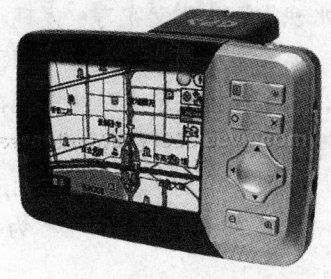 

(a) GPS 车载导航仪　　　　　　　　　(b) GPS 车载导航仪

(c) 北斗卫星导航示意图　　　　　　　(d) 北斗卫星导航示意图

图 4-52

图 4-53　古代造纸术示意图

蔡伦早年和他手下一个名叫张纸的宦官到白水槐沟河为张父祝寿,发现小孩子们用木杆挑着水面上的沤变物嬉闹,蔡伦看到那沤变物一离开水面,迅即变干,用手摩擦,质地柔韧轻薄,可以用来书写文字,第二天回到宫中,又用黑色颜料在每块沤变物上写了一个字,让皇帝观看,皇帝甚为高兴,就派蔡伦重返槐沟河,借居张纸家,到处拣麻、布、棉絮、树皮等一类沤物,挖池沤制,经打浆、搅混、沉淀、反复试验,终于制造出了理想的书写材料,因为这项创造是在张纸的家乡发现的,就把这种书写物起名称为"纸",俗称"纸张"。

  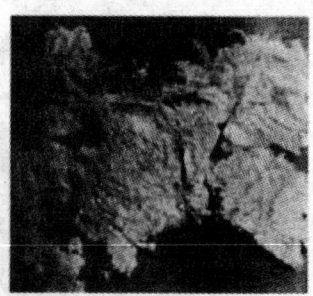

(a)蔡伦肖像　　　　(b)最早的造纸遗址图　　　　(c)造纸原料图

图 4-54

2. 古代造纸的生产过程如图 4-55 所示。

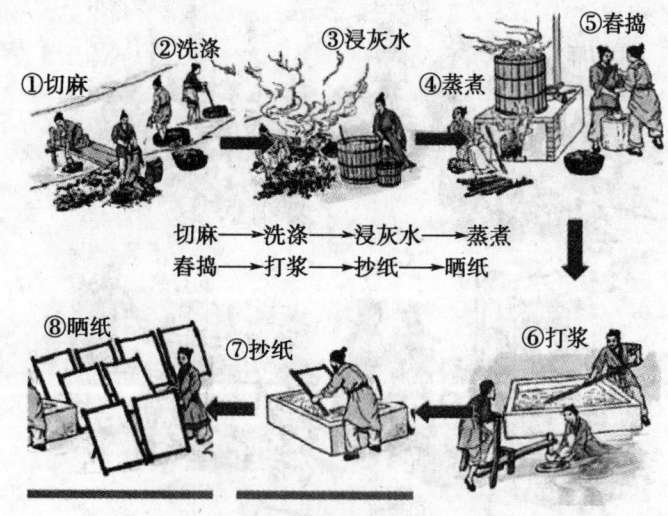

图 4-55　蔡伦造纸工艺流程图

链接 4.46　新疆自治区用石头造纸。1 吨纸可以挽救 23 棵大树。

造纸术作为中国的四大发明之一,国人耳熟能详,用木浆和植物纤维造纸也不再稀奇。而新疆天宏纸业能用石头造纸。用石头纸制作的便签纸从外观上看和普通的纸张没有什么区别，但在工作人员的演示下，这种纸像穿了"雨衣"一样，可以防水，在上面写字、作画若不慎沾到水，根本不用担心字、画被污染。

新疆天宏纸业股份有限公司副总经理娄卫东介绍说，这种造纸新技术是把富含碳酸钙的石头磨成粉末后添加树脂、粘合剂等原料，再经过烘干、精细加工成纸，既不砍伐树木，也不污染水源，无废弃物，可回收再生。比传统制纸工艺成本低，平均每吨至少可节约成本30%以上，1吨纸可以节约23棵大树。这项技术主要用于生产文化用纸、便当盒、食品包装盒、购物袋等环保纸、合成纸。如图4-56所示。

（a）

（b）

图4-56　现代化造纸厂生产图

链接4.47　辽宁省推出无污染"石头造纸"新技术。

在国家相关部委的支持下，经过多年探索，由辽宁省信德集团组建的地球卫士（大连）石头纸科技股份有限公司推出了无污染并拥有自主知识产权的造纸新技术——石头造纸。

石头造纸的问世，是传统造纸和包装材料领域的一次技术上的重大突破。所谓石头纸就是以地壳内最丰富的矿产资源石灰石（碳酸钙）为主要原料，以高分子材料及多种无机物为辅助原料，利用高分子界面化学原理和填充改性技术，经特殊工艺加工而成的一种可逆性循环利用产品。这项技术的诞生，既解决了传统造纸污染给环境带来的危害，又解决了大量塑料包装物的使用造成的白色污染及大量石油资源、木材资源的浪费。与传统纸张相比较，石头纸产品应用领域极其广泛，具有安全、环保、无毒、印刷清晰度高、可降解和价格便宜等特点。

4.3.3　印刷术的发明

1. 古代印刷术中使用的雕版如图4-57所示。
2. 活字印刷工艺如图4-58所示。
3. 印刷术发明及创新如图4-59所示。
4. 印刷术的应用如图4-60所示。

早期的印刷术主要是雕版印刷

图 4-57　雕版图

(a)　　　　　　　　　　　　(b)

图 4-58　活字印刷工艺图

(a) 中国早期铅字印刷—捡字　　(b) 古老的中文打字机　　(c) 古老的英文打字机

图 4-59

第 4 章　发明创造最常用的几种基本方法

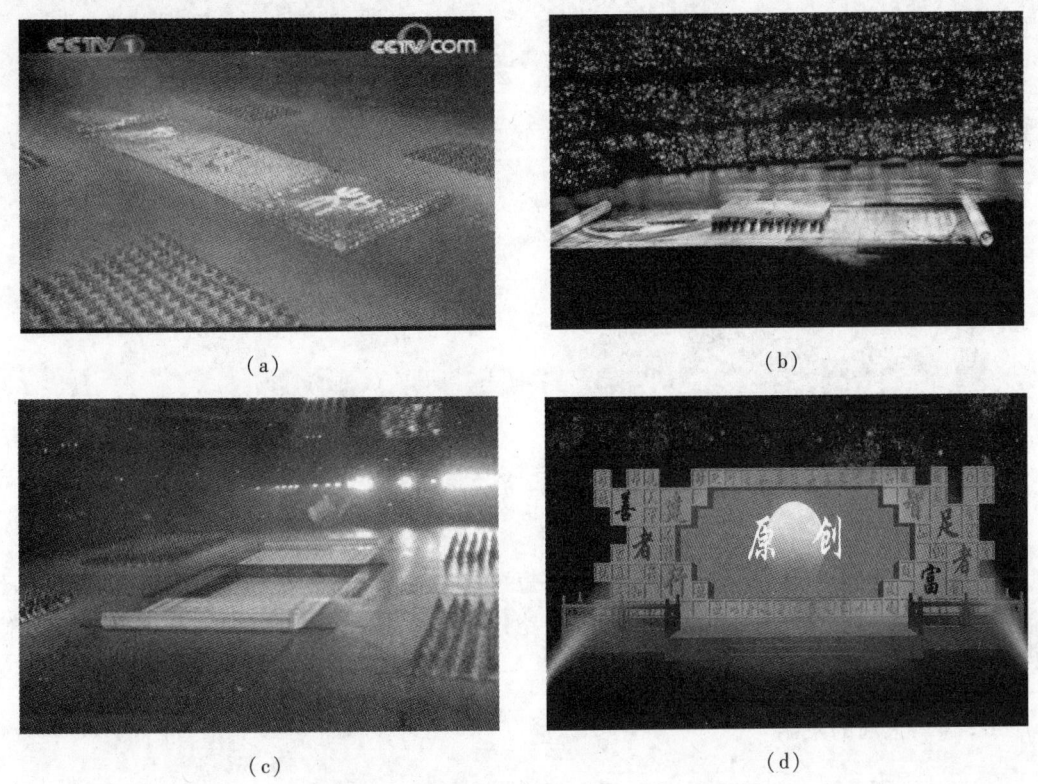

图 4-60　奥运会开幕式节目——印刷术

链接 4.48　王选的汉字激光排版印刷术是汉字印刷史上的重大突破。

王选（1937 年 2 月 5 日—2006 年 2 月 13 日）男，汉族，籍贯江苏省无锡市，生长于上海，九三学社成员，1958 年 9 月参加工作，北京大学数学力学系计算数学专业毕业，大学学历，教授，中国科学院院士，中国工程院院士。全国政协副主席。

王选凭着在计算机应用研究和科学教育领域里的重大成就，1991 年获国务院特殊津贴，1995 年获联合国教科文组织科学奖、何梁何利科学与技术进步奖，获 2001 年度国家最高科学技术奖。还先后获全国教育系统先进工作者、有突出贡献的中青年专家、全国高等学校先进科技工作者、全国教育劳动模范、全国先进工作者、北京市劳动模范、"首都楷模"等称号，并被授予人民教师奖章。

1975 年，王选对国家正要开展的汉字激光照排项目产生了兴趣。当时国外已经在研制激光照排四代机，而我国仍停留在铅印时代，我国政府打算研制自己的二代机、三代机。王选大胆地选择技术上的跨越，直接研制西方还没有产品的第四代激光照排系统。针对汉字的特点和难点，他发明了高分辨率字形的高倍率信息压缩技术和高速复原方法，率先设计出相应的专用芯片，在世界上首次使用"参数描述方法"描述笔画特性，并取得欧洲和中国的发明专利。如图 4-61 所示。

这些成果开创了汉字印刷的一个崭新时代，引发了我国报业和印刷出版业"告别铅与火，迈入光与电"的技术革命，彻底改造了我国沿用上百年的铅字印刷技术。国产激

（a）电脑排稿图　　　　　　　　（b）激光印刷机示意图

图 4-61

光照排系统使我国传统出版印刷行业仅用了短短数年时间，从铅字排版直接跨越到激光照排，走完了西方数十年才完成的技术改造道路，被公认为毕昇发明活字印刷术后中国印刷技术的第二次革命。

4.3.4 火药的发明

火药是中国古代炼丹家在炼丹过程中发明的。我国古代著名的炼丹家葛洪等，都曾在洛阳长期逗留过，伟大的医药学家孙思邈生活在隋代和唐代早期，京兆华原（今陕西省耀县）人。他博涉经史百家学术，通达道经佛典，总结了唐代以前的临床医药学理论，收集方药、针灸等内容，编著了《千金要方》、《千金翼方》等书，在医药学上有较大贡献，被后世尊为"药王"。他不仅是伟大的医药学家，而且是著名的炼丹家，自号"孙真人"。他在总结以前炼丹家经验基础上收集河洛地区和关中地区炼丹家的配方，最后提出硫磺伏火法这种较为管用的配方。总之，火药的发明与传播，和孙思邈有着千丝万缕的联系。如图 4-62 所示。

（a）火药的发明者孙思邈　　　　　　　（b）古代炼丹图

图 4-62

1. 火药的发明过程

火药是我国古代四大发明之一。因为是用硝石、硫磺和木炭这三种物质混合制成的，当时人们都把这三种东西作为治病的药物，所以取名"火药"，意思是"着火的药"。

自秦汉以后，炼丹家用硫磺、硝石等物炼丹，从偶然发生爆炸的现象中得到启示，再经过多次实践，找到了火药的配方。三国时期有一个聪明的技师马钧，用纸包火药的方法做出了娱乐用的"爆仗"，开创了火药应用的先河。

2. 火药的应用

火药发明之前，火攻是军事家常用的一种进攻手段，那时在火攻中，用了一种叫做火箭的武器，这种武器是在箭头上绑一些诸如油脂、松香、硫磺之类的易燃物质，点燃后用弓弹射出去，用以烧毁敌人的阵地。

到了两宋时期火药武器发展很快。据《宋史·兵记》记载：公元970年兵部令史冯继升进火箭法，这种方法是在箭杆前端缚火药筒，点燃后利用火药燃烧向后喷出的气体的反作用力把箭簇射出，这是世界上最早的喷射火器。公元1000年，士兵出身的神卫队长唐福向宋朝廷献出了他制作的火箭、火球、火蒺藜等火器。公元1002年，冀州团练使石普也制成了火箭、火球等火器，并做了表演。

火药兵器在战场上的出现，预示着军事史上将发生一系列的变革。从使用冷兵器阶段向使用火器阶段过渡。火药应用于武器的最初形式，主要是利用火药的燃烧性能。《武经总要》中记录的早期火药兵器，还没有脱离传统火攻中纵火兵器的范畴。随着火药和火药武器的发展，逐步演变成利用火药的爆炸性能。

南宋时出现了管状火器，公元1132年陈规发明了火枪。火枪是由长竹竿制成，先把火药装在竹竿内，作战时点燃火药喷向敌军。陈规守安德时就用了"长竹竿火枪20余条"。公元1259年，寿春地区有人制成了突火枪，突火枪是用粗竹筒制成的，这种管状火器与火枪不同的是，火枪只能喷射火焰烧人，而突火枪内装有"子窠"，火药点燃后产生强大的气体压力，把"子窠"射出去。"子窠"就是原始的子弹。突火枪开创了管状火器发射弹丸的先声。现代枪炮就是由管状火器逐步发展起来的。所以管状火器的发明是人类武器史上的又一大飞跃。如图4-63所示。

图 4-63 管状火器示意图

突火枪又被称为突火筒，可能是由竹筒制造的而得此名。《永乐大典》所引的《行军须知》一书中提到，在宋代守城时曾用过火筒，用以杀伤蹬上城头的敌人。到了元明之际，这种用竹筒制造的原始管状火器改用铜或铁，铸成大炮，称为"火铳"。公元1332年的铜火铳，是世界上现存最早的有铭文的管状火器实物。如图4-64所示。

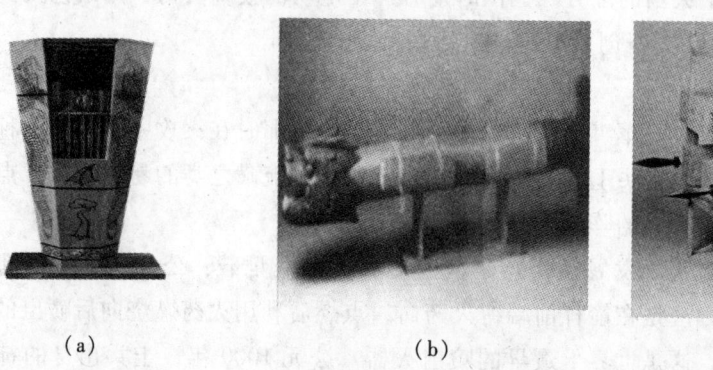
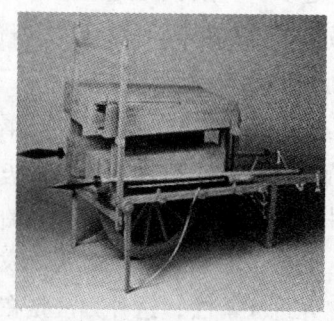

图4-64　过火筒示意图

明代在作战火器方面，发明了多种"多发火箭"，如同时发射10支箭的"火弩流星箭"；同时发射32支箭的"一窝蜂"；最多可同时发射100支箭的"百虎齐奔箭"等。明燕王朱棣（即后来的明成祖）与建文帝战于白沟河，就曾使用了"一窝蜂"。这是世界上最早的多发齐射火箭，堪称是现代多管火箭炮的鼻祖。如图4-65所示。

图4-65　多发火箭示意图

火箭的发展，使人产生了利用火箭的推力飞上天空的愿望。根据史书的记载，14世纪末，明朝的一位勇敢者万户坐在装有47个当时最大的火箭的椅子上，双手各持一个大风筝，试图借助火箭的推力和风筝的升力实现飞行的梦想。如图4-66所示。

硝酸钾、硫磺、木炭粉末混合而成的火药被称为黑火药或者称为褐色火药。这种混合

图 4-66　助飞风筝示意图

物极易燃烧，而且烧起来相当激烈。如果火药在密闭的容器内燃烧就会发生爆炸。火药燃烧时能产生大量的气体（氮气、二氧化碳）和热量。原来体积很小的固体火药，体积突然膨胀，猛增至千倍，这时容器就会爆炸，这就是火药的爆炸性能。如图 4-67 所示。

图 4-67　火药应用示意图

中国发明的火药是黑火药，而诺贝尔研究的是威力更强、性质更稳定的安全炸药。可以说安全炸药就是火药的改进版。中国的火药先于诺贝尔很多很多年，诺贝尔开始接触的炸药就是中国人发明的火药传入欧洲后的形态。也就是说诺贝尔是在中国人发明火药的基础上开始的研究，最后才发明出安全炸药。现代对于火药和炸药的区别是：爆燃速度为每秒 500 米以下的是火药，500 米以上的为炸药。如图 4-68 所示。

3. 火药的创新及新应用

"雷庭弹射"是一种与现有蒸汽弹射模式完全不同的弹射方式。"雷庭弹射"的原理就是将多台航空喷气发动机组合成为推力强大的助推器、并在舰载机滑跑阶段给予强大的加速助推、使之在很短的距离内获得很高的起飞速度，实现舰载机在航空母舰上的全载荷起飞。

弹射器是由一条长 36 米的活塞在特制的钢筒里做功（特制的钢筒能不漏气，能保证火药的能量做功）所形成的弹射器航程牵引。火药分两次定时启爆。第一次启爆做功是

(a) 诺贝尔肖像　　　　　　　　(b) 安全炸药爆炸示意图

图 4-68

为特制的钢筒所需的能量和活塞做功启动的缓冲作用,第二次启爆做功是弹射器的主要能量。不同的舰载机用的火药量都是不同的(需要精确计算和试验)。弹射器做功接近结束时,活塞过了套筒设定的泄气开口进入消音室消音排气。活塞到末端时,缓冲和制动系统将"活塞停住"。如图 4-69～图 4-71 所示。

(a)　　　　　　　　　　(b)　　　　　　　　　　(c)

图 4-69　舰载机起飞助飞示意图

图 4-70　火药助飞原理示意图　　　图 4-71　火药助飞原理示意图

4. 火药武器的创新及新应用

(1) 中国制 WS-1 型多管火箭炮,如图 4-72 所示。

(2) 中国多管火箭炮,如图 4-73 所示。

(a)   (b)

图 4-72 中国制 WS-1 型多管火箭炮示意图

(a)   (b)

(c)   (d)

(e)   (f)

图 4-73 中国多管火箭炮示意图

本 章 小 结

本章教学旨在认识发明创造中常用的 12 种基本方法，学会观察、模仿、捕捉生活线索，运用对比方法找到创作点。对照本章中的实例举一反三，对比生活中的用具、用品查找不便之处，创作出自己的创新作品。

复习与思考题 4

1. 试根据中国的四大发明及应用列举新技术，找出创新点。
2. 在大学读书仅有四年的时间内，同学们能拥有自己的"四大发明"吗？

第 5 章 创 意

5.1 什么是创意

创意就是具有创造性的想法，并具备可以付诸实现的手法、方法或手段。创意是科学技术和艺术结合的创造。创意是一种简单的发明，是一种有着超前性、试探性、创造性和新颖性为一体的可行方案，并具备实用的价值。创意是智慧的产物、发明的伴侣、点子的情人、专利的朋友。创意就是不同的作法和结果。因此有人说资源有限，创意无限。

南沙群岛自古以来就是中国的神圣领土，中国对南沙群岛的主权是不可争辩的。但在20世纪，由于受本土防御思想及空军海军力量限制，中国未能对南中国海南沙群岛行使有效的控制及管理，从20世纪60年代开始，特别是20世纪70年代迄今，中国南沙群岛露出水面的岛礁以及海域被周边国家侵占和分割，资源遭到大量掠夺。这些国家包括越南、菲律宾、马来西亚和文莱，其中越、菲、马3国还对岛礁进行军事占领，印度尼西亚则霸占部分海域。加上中国大陆和中国台湾，目前6国7方在南沙群岛形成对峙和角逐局面。

南沙群岛在中国南疆的最南端，是南中国海诸岛中岛礁最多，散布范围最广的一椭圆形珊瑚礁群。位于北纬3°40′至11°55′，东经109°33′至117°50′。北起雄南滩，南至曾母暗沙，东至海里马滩，西到万安滩，南北长500余海里，东西宽400余海里，水域面积约82万km^2，约占南中国海传统海域面积的五分之二。周边自西、南、东依次毗邻越南、印度尼西亚、马来西亚、文莱和菲律宾。

南沙群岛由550多个岛、洲、礁、沙、滩组成，但露出海面的约占五分之一。

南海的建筑基本都很原始。

南海问题总会解决，南海也终究会回到祖国的怀抱。如何建设南海诸岛，使之成为中国人的美好家园，是当代大学生应审视思考的一个严肃课题。

南海建筑的改建创意设计方案如图5-1~图5-6所示。

创意设计方案 1

创意设计方案 2

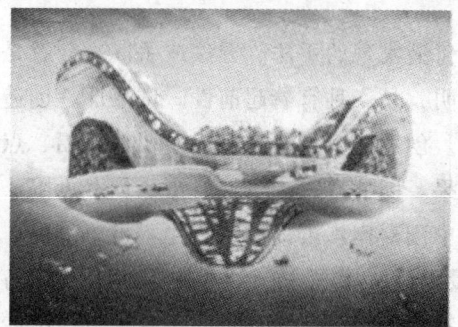

创意设计方案 3

创意设计方案 4

创意设计方案 5

创意设计方案 6

创意设计方案 7

创意设计方案 8

图 5-1

第 5 章 创　意

创意设计方案 9

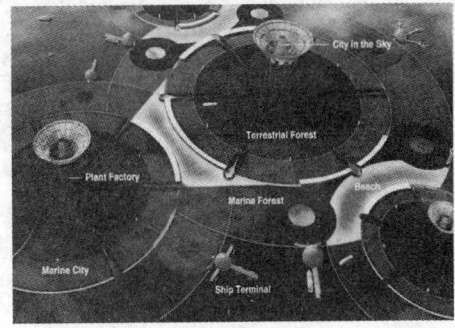

创意设计方案 10

创意设计方案 11

创意设计方案 12

创意设计方案 13

创意设计方案 14

创意设计方案 15

创意设计方案 16

图 5-2

创意设计方案17

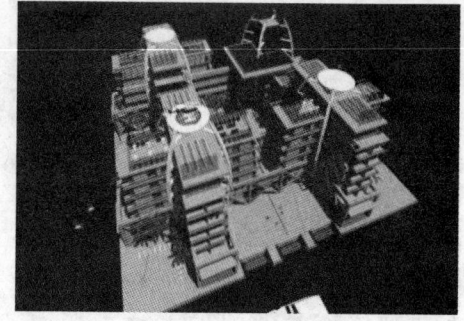
创意设计方案18

创意设计方案19

创意设计方案20

创意设计方案21

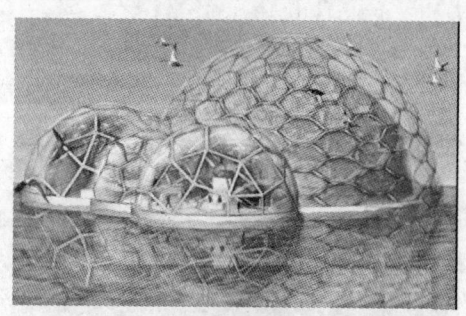
创意设计方案22

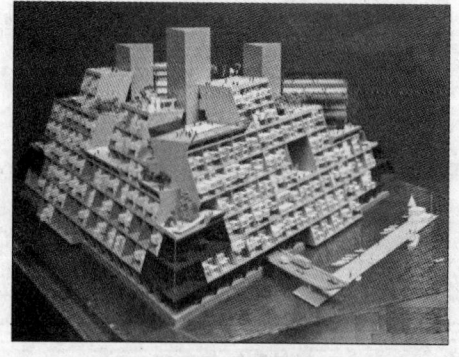
创意设计方案23

创意设计方案24

图 5-3

第5章 创　意

创意设计方案 25

创意设计方案 26

创意设计方案 27

创意设计方案 28

创意设计方案 29

创意设计方案 30

创意设计方案 31

创意设计方案 32

图 5-4

创意设计方案 33

创意设计方案 34

创意设计方案 35

创意设计方案 36

创意设计方案 37

创意设计方案 38

创意设计方案 39

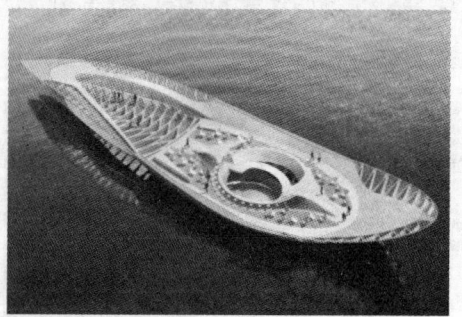

创意设计方案 40

图 5-5

第5章 创　意

创意设计方案 41

创意设计方案 42

图 5-6

5.2　创意的"学"与"用"

自从地球上有了人类，便有了创意，创意来自于生活，创意产生于人类对大自然的探索，创意改变了人生。创意促进人类走向文明与进步，人类的进步，文明的产生，知识的更新，都离不开创造。创意是创造的开始，创意是创造的底稿，创意是富有的开始，创意是成功的基石。创意就是不同的作法和结果。

例 5.1　创意卖西瓜。改变西瓜的外观，如图 5-7、图 5-8 所示。

图 5-7　西瓜外观图

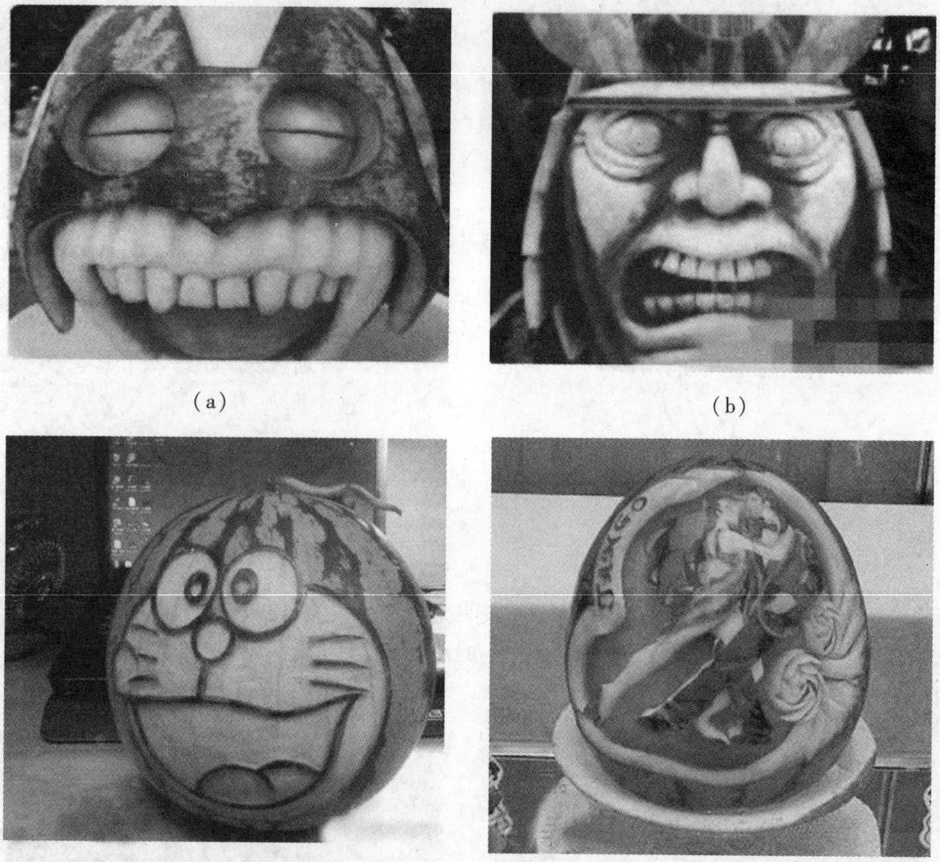

(a)　　　　　　　　　　　　　(b)

(c)　　　　　　　　　　　　　(d)

图 5-8　西瓜外观图

例 5.2　创意卖鸡蛋。改变鸡蛋的外观，如图 5-9、图 5-10 所示。

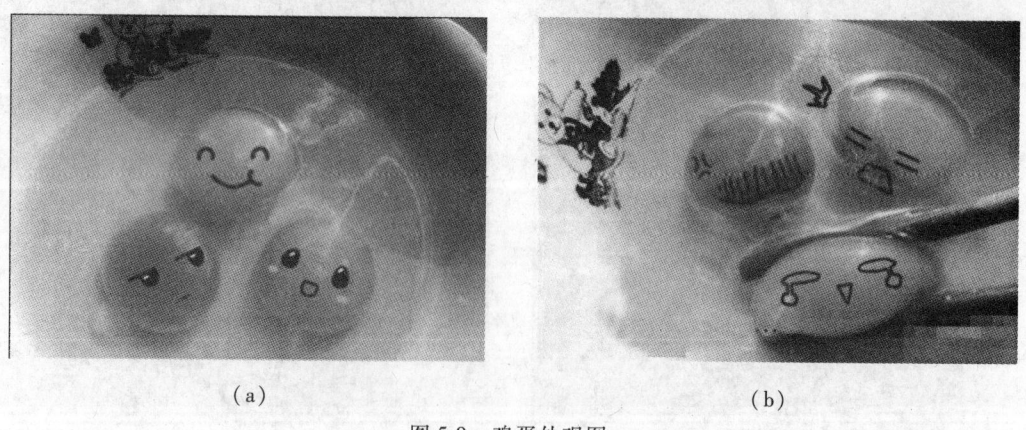

(a)　　　　　　　　　　　　　(b)

图 5-9　鸡蛋外观图

第 5 章 创　意

图 5-10　鸡蛋外观图

例 5.3　劳动创造世界——铁艺作品。如图 5-11 所示。

点评：人人都知道劳动创造世界，但劳动的范畴却很大，如何表现出劳动的伟大？如何表现出劳动的价值？创意就是实现的最好手段。通过"线切割"工艺手段，在金属薄板上"作画"实现金属画的过程。

图 5-11 铁艺作品图

5.3 创意就是财富

5.3.1 创意产生价值

日常生活中人人都爱美,但爱美的形式有所不同,方法方式也不相同,但有一种方式能体现价值,这就是创意。创意能将创意思想、创意思路用语言、图案或有形有色的方案变成产品而创造价值,这就是创意的魅力。

例 5.4 生肖发型。如图 5-12 所示。

例 5.5 五指彩袜。在日常生活中人们都很熟悉具有五个指头的手套,却很难见到具有五个指头的袜套,图 5-13 中的五指彩袜很有创意。

第 5 章 创 意

图 5-12 生肖发型效果图

例 5.6 纽约高楼要装风力发电机，解决 10% 的电力需求。2008 年美国媒体报道，纽约市长迈克尔·布隆伯格筹划给纽约市内的摩天大厦、桥梁等建筑物和海滩上安装风力发电机，以推动可再生能源发展。

布隆伯格没有具体说明准备在哪一处建筑物上安装风力发电机，但《纽约时报》说，政府工作人员首先将与各建筑物所有者沟通，然后挑选出最适合承载风力发电机的建筑物。此外，布隆伯格助手透露，沿海地带安装风力发电机的选址可能会考虑皇后区、布鲁克林区和长岛沿海多风地带。预计这些沿海风力发电厂 10 年内将可供应全城所需电能的十分之一。如图 5-14 所示。

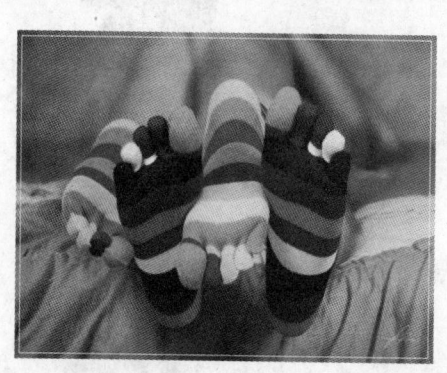

图 5-13　五指彩袜示意图

图 5-14　高楼风力发电示意图

点评：随着工业发展和汽车数量的递增，石油能源越来越稀缺，促使了人们开发风能清洁能源的热情。

美国纽约市长迈克尔·布隆伯格筹划给纽约市内的摩天大厦、桥梁等建筑物和海滩上安装风力发电机，以推动可再生能源发展的想法非常正确，非常有眼光。利用高楼空间发展风能发电，并通过联网实现个体与团体、团体与整体的共享共存，有着十分重要的意义。这项工程能消除或减少缺电、停电、检修造成的不便。

链接 5.1　高楼风力发电的创意。如图 5-15 所示。

5.3.2　创意美化生活

例 5.7　高速公路桥墩金碧辉煌。四川省德阳市鼓楼下的成绵高速公路，横亘在鼓楼与广场之间的高速公路桥墩，设计者将 28 个桥墩进行装饰改造，以仿古浮雕铜版扣画、仿敲银浮雕扣版画和大型装饰画体现德阳市 6 县（市、区）的历史文化、风景名胜、人文景观及重装基地风采。整个壁画长廊立体感极强，既抽象又写实，色彩明朗，极具现代艺术风格。彩虹桥、石刻、白马关、庞统墓、仓山大乐、黄继光纪念馆、三星堆、年画馆、剑南春等德阳的标志——在此得以展现，每个篇章把历史文化、风景名胜、人文景观融为一体，形成一个完整的壁画群落，壁画面积达 2 309m²，是整个德阳地区景点的微缩。该桥墩于 2007 年初推出，并受到当地群众的赞扬。如图 5-16 所示。

第 5 章 创　意

(a) 垂直轴风力发电机　　(b) 德士特风力发电系统　　(c) 高空风力发电系统

图 5-15　高空风力发电创意

图 5-16　四川德阳市鼓楼立交桥桥墩效果图

点评： 创意不可能创造一切，却能改变一切。创意是没有地域或领域限制的，只要你愿意就能出成绩。创意是贮藏财富的仓库，是创造财富的基础，是实现梦想创造价值的阶梯。创意产生不同的结果，创意是方法，创意的目的是结果。创意绝不是空穴来风，创意是人们来自于对生活的深刻体验和总结。创意是知识，智慧，经验，方法和手段的沉淀和体现。创意是把双刃剑，用好用坏靠人们的智慧和理智，成功是否靠运用。

链接 5.2　史上最牛的汽车创意广告。如图 5-17，图 5-18 所示。

图 5-17　最牛的汽车创意示意图

(a) (b) (c) (d)

图 5-18 最牛的汽车创意示意图

点评：产品质量的好坏对企业而言犹如脸颜，关系到企业的"面子"；产品信誉的好坏对企业而言犹如生命，关系到企业的生存；而广告效果的好坏对企业而言关系到产品的销路。史上最牛的汽车创意广告的内涵不用言表，不怕不识货，就怕货比货就是这个理。

本 章 小 结

本章教学旨在使学生认识什么是创意，创意可以美化人们的生活，创意取之于生活又回到生活。人们应学会总结生活、工作中的经验与体会，进而提出自己对改变生活，改进工作的创意。

复习与思考题 5

1. 创意取之于生活又回到生活，试对照图 5-19 提出自己对鞋进行改进的创意。
2. 创意创造财富，也体现价值，试对照图 5-20 提出自己对烟盒进行改进的创意。
3. 创意是智慧的闪光，试对照图 5-21 提出自己生活中的好创意。

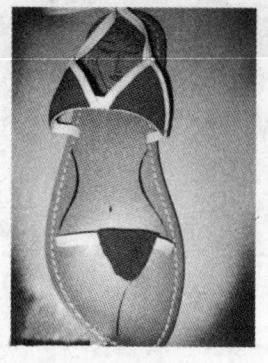 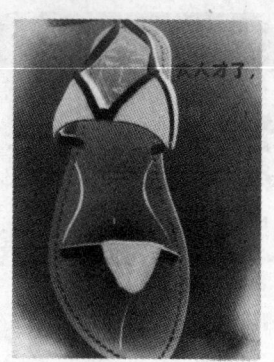

（a） （b）

图 5-19　创意鞋示意图

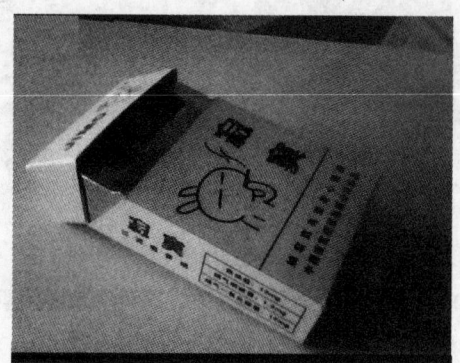

图 5-20　创意烟盒示意图

（a）创意店名示意图　　　　　　　（b）创意服装示意图

图 5-21

第6章 专利文件的撰写方法

6.1 专利的含义及人们申请专利的目的

6.1.1 专利的基本含义

专利（patent）一词来源于拉丁语 Litterae patentes，意为公开的信件或公共文献，是中世纪的君主用来颁布某种特权的证明，后来专利是指英国国王亲自签署的独占权利证书。专利是世界上最大的技术信息源，据相关统计分析，专利包含了世界科技信息的90%~95%。从字面上讲，"专利"即是指专有的利益和权利。在我国，专利的含义有两种：其一，口语中的使用，仅仅是指"独自占有"。例如"这仅仅是我的专利"。其二，知识产权中的三重意思，比较容易混淆。

第一，专利是专利权的简称，是指专利权人对发明创造享有的专利权，即国家依法在一定时期内授予发明创造者或者其权利继受者独占使用其发明创造的权利，这里强调的是权利。专利权是一种专有权，这种权利具有独占的排他性。非专利权人要想使用他人的专利技术，必须依法征得专利权人的授权或许可。

第二，专利是指受到专利法保护的发明创造，即专利技术，是受国家认可并在公开的基础上进行法律保护的专有技术。专利在这里具体是指技术方法——受国家法律保护的技术或者方案。所谓专有技术，是享有专有权的技术，这是更大的概念，包括专利技术和技术秘密。某些不属于专利和技术秘密的专业技术，只有在某些技术服务合同中才有意义。专利是受法律保护的创造，专利是指一项发明创造向国家审批机关提出专利申请，经依法审查合格后向专利申请人授予的该国规定的时间内对该项发明创造享有的专有权，并需要定时缴纳年费来维持这种国家的保护状态。

第三，专利是指专利局颁发的确认申请人对其发明创造享有的专利权的专利证书或记载发明创造内容的专利文献，是指具体的物质文件。

需要注意的是，日常生活中，人们通常会把"专利"和"专利申请"两个概念混淆使用，比如有些人在其专利申请尚未获得授权的时候即声称自己有专利。其实，专利申请在获得授权前，只能称为专利申请，如果其能最终获得授权，则可以称为专利，并对其所请求保护的技术范围拥有独占实施权，如果其最终未能获得专利授权，则一项技术或发明没有成为专利，也就是说，一个人虽然递交了专利申请，但并未就其所请求保护的技术范围获得独占实施权。很明显，这两个概念所代表的两种结果之间的差距是巨大的。

这里，专利前两个意思虽然意义不同，但都是无形的，第三个意思才是指有形的物质。"专利"这个词语可以仅仅是指其中一个意思，或者包含两个以上的意思，具体情况必须联系上下文来看。对"专利"这一概念，生活中人们一般笼统地认为：它是由专利机构依据发明申请所颁发的一种文件，由这种文件叙述发明的内容，并且产生一种法律效力，即某人获得某项专利，一般情况下只有得到专利所有人的许可才能利用这项专利（包括制造、使用、销售和进口等）。

由于专利涉及专利所有人的利益，世界各国关于专利的知识、法律和规定相当多而且非常细致，要了解关于专利各个细节可通过查询相关具体法律、条文、国际条约，可以参阅相关参考资料。

值得注意的是，专利的两个最基本的特征就是"独占"与"公开"，以"公开"换取"独占"是专利制度最基本的核心，这分别代表了权利与义务的两面。"独占"是指法律授予技术发明人在一段时间内享有排他性的独占权利；"公开"是指技术发明人作为对法律授予其独占权的回报而将其技术公之于众，使社会公众可以通过正常渠道获得有关专利信息。据世界知识产权组织（World Intellectual Property Organization，WIPO）的相关统计资料表明，全世界每年90%~95%的发明创造成果都可以在专利文献中查到，其中约有70%的发明成果从未在其他非专利文献上发表过，科研工作中经常查阅专利文献，不仅可以提高科研项目的研究起点和水平，而且还可以节约60%左右的研究时间和40%左右的研究经费。

1. "专利"一词的法律含义

专利权是一种专有权，这种权利具有独占的排他性。非专利权人要想使用他人的专利技术，必须依法征得专利权人的同意或许可。

一个国家依照其专利法授予的专利权，仅在该国法律管辖的范围内有效，对其他国家没有任何约束力，外国对其专利权不承担保护的义务，如果一项发明创造只在我国取得专利权，那么专利权人只在我国享有独占权或专有权。

专利权的法律保护具有时间性，中国的发明专利权期限为20年，实用新型专利权和外观设计专利权期限为10年，均自申请日起计算。

专利的保护有时间和地域的限制。我国专利法将专利分为三种，即发明、实用新型和外观设计。专利号一定是ZL开头。

2. 专利的三性原则

授予专利权的发明和实用新型，应当具备新颖性、创造性和实用性。

（1）新颖性：专利的新颖性是指该发明或实用新型不属于现有技术；也没有任何单位或个人就同样的发明或实用新型在申请日以前向国务院专利行政部门提出过申请，并记载在申请日以后公布的专利申请文件或公告的专利文件中。

（2）创造性：专利的创造性是指与现有技术相比较，该发明具有突出的实质性特点和显著的进步，该实用新型具有实质性特点。

（3）实用性：专利的实用性判断要满足下列条件：

我国《专利法》中规定，专利的实用性是指该发明或实用新型能够制造或使用，并且能够产生积极效果。

能够制造或使用，是指发明创造能够在工农业及其他行业的生产中大量制造，并且应用在工农业生产上和人民生活中，同时产生积极效果。这里必须指出的是，专利法并不要求其发明或实用新型在申请专利之前已经经过生产实践，而是分析和推断在工农业及其他行业的生产中可以实现。

3. 我国专利的种类

专利的种类在不同的国家（或地区）有不同的规定，中国大陆的专利法中规定有：发明专利、实用型专利和外观设计专利；中国香港专利法中规定有：标准专利（相当于中国大陆的发明专利）、短期专利（相当于中国大陆的实用新型专利）、外观设计专利；在部分发达国家中分类：发明专利和外观设计专利。

（1）发明专利。我国《专利法》中第二条第二款对发明的定义是：发明是指对产品、方法或其改进所提出的新的技术方案。

所谓产品是指工业上能够制造的各种新制品，包括有一定形状和结构的固体、液体、气体之类的物品。所谓方法是指对原料进行加工，制成各种产品的方法。发明专利并不要求它是经过实践证明可以直接应用于工业生产的技术成果，发明专利可以是一项解决技术问题的方案或一种构思，具有在工业上应用的可能性，但这也不能将这种技术方案或构思与单纯地提出课题、设想相混同，因单纯地课题、设想不具备工业上应用的可能性。

发明是指对产品、方法或其改进所提出的新的技术方案，主要体现新颖性、创造性和实用性。取得专利的发明又分为产品发明（如机器、仪器设备、用具）和方法发明（制造方法）两大类。

（2）实用新型专利。我国《专利法》中第二条第三款对实用新型的定义是：实用新型是指对产品的形状、构造或其结构所提出的适于实用的新的技术方案。同发明一样，实用新型保护的也是一个技术方案。但实用新型专利保护的范围较窄，它只保护有一定形状或结构的新产品，不保护方法以及没有固定形状的物质。实用新型的技术方案更注重实用性，其技术水平较发明而言，要低一些，多数国家实用新型专利保护的都是比较简单的、改进性的技术发明，可以称为"小发明"。授予实用新型专利不需经过实质审查，手续比较简便，费用较低，因此，关于日用品、机械、电器等方面的有形产品的小发明，比较适用于申请实用新型专利。

（3）外观设计专利。我国《专利法》中第二条第四款对外观设计的定义是：外观设计是指对产品的形状、图案或其结构以及色彩与形状、图案的结合所作出的富有美感并适于工业应用的新设计。并在《专利法》中第二十三条对其授权条件进行了规定，授予专利权的外观设计，应当不属于现有设计，也没有任何单位或个人就同样的外观设计在申请日以前向国务院专利行政部门提出过申请，并记载在申请日以后公告的专利文件中。相对于以前的专利法，最新修改的专利法对外观设计的要求提高了。

外观设计与发明、实用新型有着明显的区别，外观设计注重的是设计人对一项产品的外观所作出的富于艺术性、具有美感的创造，但这种具有艺术性的创造，不是单纯的工艺品，它必须具有能够为产业上所应用的实用性。外观设计专利实质上是保护美术思想的，而发明专利和实用新型专利保护的是技术思想；虽然外观设计和实用新型与产品的形状有关，但两者的目的却不相同，前者的目的在于使产品形状产生美感，而后者的目的在于使具有形态的产品能够解决某一技术问题。例如一把雨伞，若它的形状、图案、色彩相当美观，那么应申请外观设计专利，如果雨伞的伞柄、伞骨、伞头结构设计精简合理，可以节省材料又有耐用的功能，那么应申请实用新型专利。

外观设计专利的保护对象，是产品的装饰性或艺术性外表设计，这种设计可以是平面图案,也可以是立体造型,更常见的是这二者的结合,授予外观设计专利的主要条件是新颖性。

4. 专利的特点

专利属于知识产权的一部分,是一种无形的财产,具有与其他财产不同的特点。

(1) 专利的排他性。专利的排他性是指在一定时间(专利权有效期内)和区域(法律管辖区)内,任何单位或个人未经专利权人许可都不得实施其专利,即不得为生产经营目的的制造、使用、许诺销售、销售、进口其专利产品,或者使用其专利方法以及制造、使用、许诺销售、销售、进口其专利产品,否则属于侵权行为。

(2) 专利的区域性。专利的区域性是指专利权是一种有区域范围限制的权利,这种权利只有在法律管辖区域内有效。除了在有些情况下,依据保护知识产权的国际公约,以及个别国家承认另一国批准的专利权有效以外,技术发明在哪个国家申请专利,就由那个国家授予专利权,而且只在专利授予国的范围内有效,而对其他国家则不具有法律的约束力,其他国家不承担任何保护义务。但是,同一发明可以同时在两个或两个以上的国家申请专利,获得批准后其发明便可以在所申请国获得法律保护。

(3) 专利的时间性。专利的时间性是指专利只有在法律规定的期限内才有效。专利权的有效保护期限结束以后,专利权人所享有的专利权便自动丧失,一般不能续延。发明便随着保护期限的结束而成为社会公有的财富,其他人便可以自由地使用该发明来创造产品。专利受法律保护的期限的长短由相关国家的专利法或相关国际公约规定。目前世界各国的专利法对专利的保护期限规定不一。我国《知识产权协定》中第三十三条规定专利保护的有效期应不少于自提交申请之日起的第20年年终。

5. 专利申请的原则

(1) 形式法定原则。申请专利的各种手续,都应当以书面形式或国家知识产权局专利局规定的其他形式办理。以口头、电话、实物等非书面形式办理的各种手续,或以电报、电传、传真、胶片等直接或间接产生印刷、打字或手写文件的通讯手段办理的各种手续均视为未提出,不产生法律效力。

(2) 单一性原则。专利申请的单一性原则是指一件专利申请只能限于一项发明创造。但是属于一个总的发明构思的两项以上的发明或实用新型,可以作为一件申请提出;用于同一类别并且成套出售或者使用的产品的两项以上的外观设计,可以作为一件申请提出。

(3) 先申请原则。两个或两个以上的申请人分别就同样的发明创造申请专利的,专利权授给最先申请的人。

关于"专利"一词的含义,上述介绍了这么多定义,为了便于记忆现将"专利"一词的基本含义归纳如下:

①具有"新颖性、实用性和创造性的"技术方案。
②专项技术获得的"利"。
③用一种方法取代现有方法的方法。

6. 申请专利的好处

有些人说专利没什么用,申请专利没什么意思。我们总结了申请专利的三大好处,供同学们参考:

(1) 中国专利是向全世界公开的,并且中国专利局和世界上最权威的知识产权组织有合作，我们就某项发明创造在中国申请专利，可以阻止世界上任何人就同样的发明创造获得专利。

（2）我们有了专利就有了资本，专利可以转换为经济利益，专利可以作为投资，专利可以保护企业的生存和发展；另外，专利还可以让我们在评定职称或再就业时带来很强的竞争优势。

任何国家的任何法律都会有执法上的问题，我们绝对不可因噎废食。技术人员和发明人没有专利，如同军人有枪而没有子弹。

中国专利制度历经20余年的发展、实施，成就显著。近年来，申请专利的人越来越多，发明人越来越清楚地明白，在日益健全的法制社会，没有专利就没有发明人的未来。虽然在哪国申请专利就在哪国获得专利保护，但在中国获得专利有世界性意义，可以阻止其他国家的人或组织就同样的发明创造获得专利。

我们中国通过申请专利获得各种利益的人越来越多，发明人获得数十万元、上百万元专利转让费的故事已不是新闻。

发明价值的大小不在于技术的繁简程度，越是复杂的发明越难实施；相反，那些简单的小发明倒是很容易快速获得经济利益的，实际生活中有些人搞小发明获得了巨大的经济利益。

6.1.2 撰写专利文件的基本要求和过程

1. 怎样从网上下载专利申请表格

第一步：在百度中输入"国家知识产权局检索"。如图6-1所示。

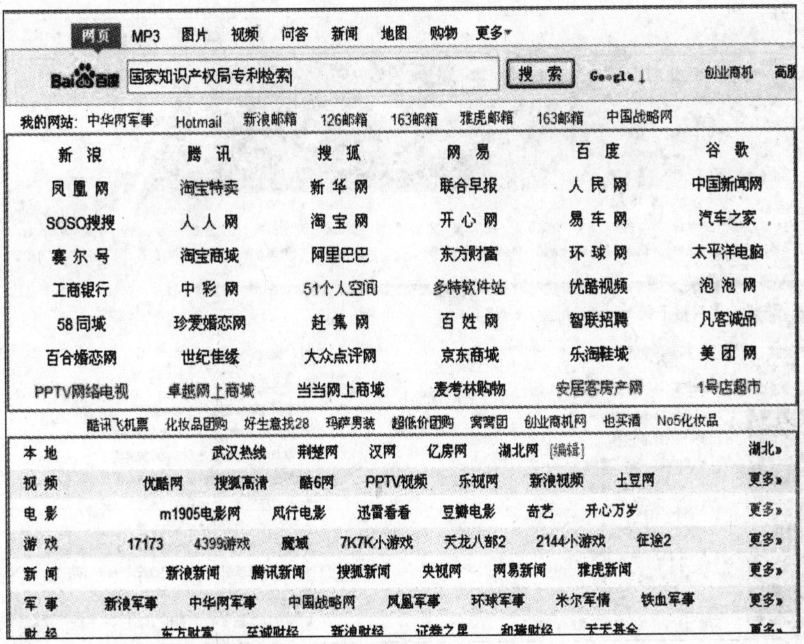

图6-1

第二步：找到所需文件。如图 6-2 所示。

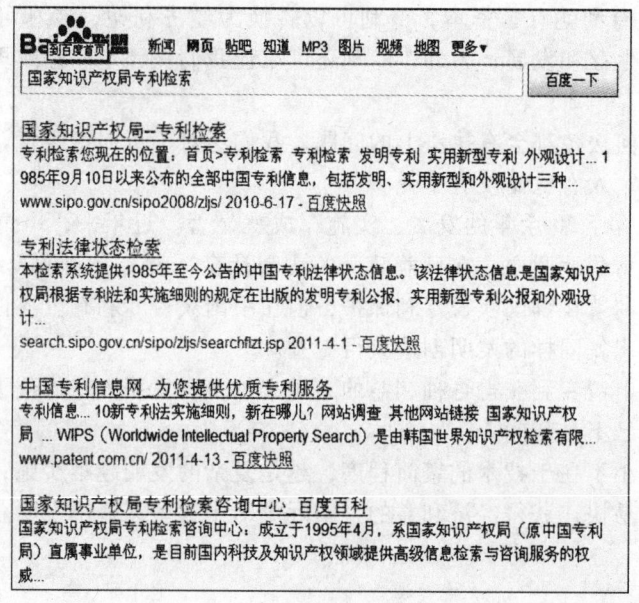

图 6-2

第三步：找到所需表格。如图 6-3 所示。

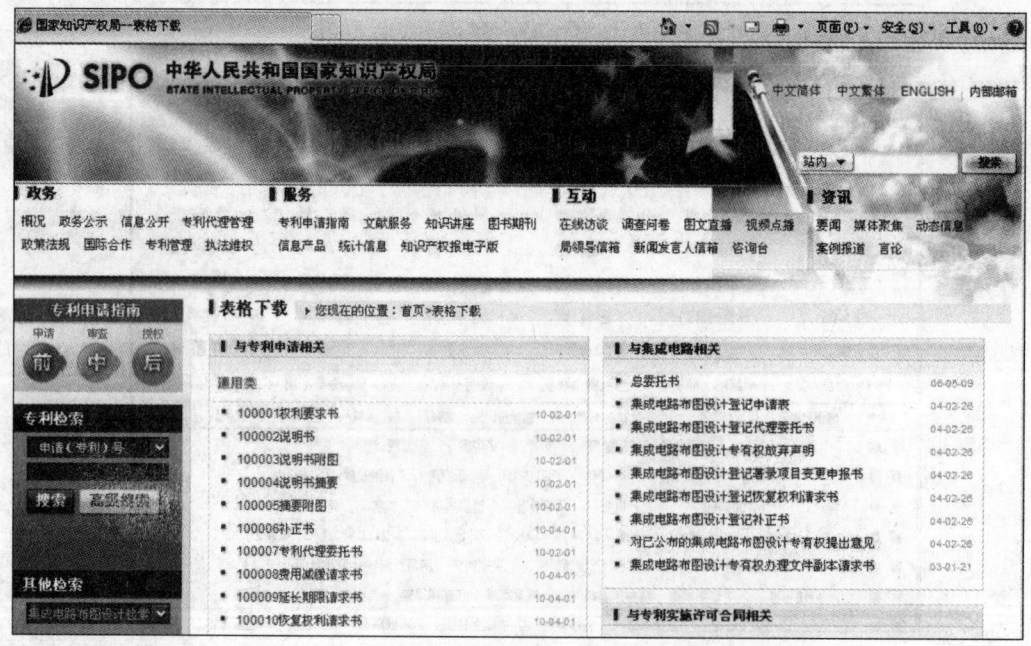

图 6-3

2. 模板

(1) 一种（名称）由（包括）××××××所组成（构成），其特征是：××××××。（方位、位置、连接方式及结构之间的描述）主权。

(2) 根据权利要求（1）所述的（名称），其特征是：××××××。（方位、位置、连接方式及结构间的描述）次权。

3. 权利要求书（实例）

(1) 一种锁眼保护装置，包括保护挡板、锁定机构和连动装置，其特征是，所述保护挡板安装在壳体上，所述锁定机构包括拨号盘、轮组和门闩，所述连动装置包括细绳、定滑轮和弹簧。

(2) 根据权利要求书（1）所述的锁眼保护装置，其特征是，所述保护挡板设有挡板突起。

(3) 根据权利要求书（2）所述的锁眼保护装置，其特征是，所述挡板突起与门闩相配合决定整个装置的开与闭。

(4) 根据权利要求书（1）所述的锁眼保护装置，其特征是，所述门闩突入的部分的长度与挡板突起至门闩水平的距离相等。

(5) 根据权利要求书（1）所述的锁眼保护装置，其特征是，所述保护挡板是弹力自开保护挡板或重力自闭保护挡板。

4. 撰写要求和说明

(1) 申请发明专利或者实用新型专利应当提交权利要求书，一式一份。

(2) 权利要求书应当打字或者印刷，字迹应当整齐清晰，呈黑色，符合制版要求，不得涂改，字高应当在3.5mm至4.5mm之间，行距应当在2.5mm至3.5mm之间，权利要求书首页用上述所论页，续页可以使用同样大小和质量相当的白纸。纸张应当纵向使用，只限使用正面，四周应当留有页边距：左侧和顶部各25mm，右侧和底部各15mm。

(3) 权利要求书应当说明发明或者实用新型的技术特征，清楚和简要地表述请求保护的范围。权利要求书有若干项权利要求时，应当用阿拉伯数字顺序编号，编号前不得冠以"权利要求"或者"权项"等词。

(4) 权利要求书中使用的科技术语应当与说明书中使用的一致，可以有化学式或者数学式，必要时可以有表格，但不得有插图。不得使用"如说明书……部分所述"或者"如图……所示"等用语。

(5) 每一项权利要求仅允许在权利要求的结尾处使用句号。

(6) 权利要求书应当在每页下框线居中位置顺序编写页码。

(7) 权利要求项数最好不要超过10项，每超过1项多征收人民币300元。

5. 实用新型专利请求书

实用新型专利请求书如表6-1所示。

表 6-1

实用新型专利请求书

请按照"注意事项"正确填写本表各栏		此框内容由国家知识产权局填写	
⑦ 实用新型名称		① 申请号　　（实用新型）	
^^		② 分案提交日	
⑧ 发明人		③ 申请日	
^^		④ 费减审批	
^^		⑤ 向外申请审批	
⑨第一发明人国籍　居民身份证件号码　发明人身份			⑥ 挂号号码
⑩ 申 请 人	申请人(1)	姓名或名称	电话
^^	^^	居民身份证件号码或组织机构代码	电子邮箱
^^	^^	国籍或注册国家（地区）	经常居所地或营业所所在地
^^	^^	邮政编码	详细地址
^^	申请人(2)	姓名或名称	电话
^^	^^	居民身份证件号码或组织机构代码	
^^	^^	国籍或注册国家（地区）	经常居所地或营业所所在地
^^	^^	邮政编码	详细地址
^^	申请人(3)	姓名或名称	电话
^^	^^	居民身份证件号码或组织机构代码	
^^	^^	国籍或注册国家（地区）	经常居所地或营业所所在地
^^	^^	邮政编码	详细地址
⑪联系人	姓名	电话	电子邮箱
^^	邮政编码	详细地址	
⑫代表人为非第一署名申请人时声明		特声明第____署名申请人为代表人	
⑬ 专利代理机构	名称		机构代码
^^	代理人(1)	姓名	代理人(2)	姓名
^^	^^	执业证号	^^	执业证号
^^	^^	电话	^^	电话

续表

⑭ 分案申请	原申请号		针对的分案申请号		原申请日　年　月　日	
⑮ 要求优先权声明	原受理机构名称	在先申请日	在先申请号	⑯ 宽限期声明不丧失新颖性	□ 已在中国政府主办或承认的国际展览会上首次展出 □ 已在规定的学术会议或技术会议上首次发表 □ 他人未经申请人同意而泄露其内容	
				⑰ 保密请求	□ 本专利申请可能涉及国家重大利益，请求保密处理 □ 已提交保密证明材料	
⑱	□ 声明本申请人对同样的发明创造在申请本实用新型专利的同日申请了发明专利					
⑲ 申请文件清单 1. 请求书　　　　份　　页 2. 说明书摘要　　份　　页 3. 摘要附图　　　份　　页 4. 权利要求书　　份　　页 5. 说明书　　　　份　　页 6. 说明书附图　　份　　页 权利要求的项数　项　项			⑳ 附加文件清单 □ 费用减缓请求书　　　　　份　共　页 □ 费用减缓请求证明　　　　份　共　页 □ 优先权转让证明　　　　　份　共　页 □ 保密证明材料　　　　　　份　共　页 □ 专利代理委托书　　　　　份　共　页 　总委托书(编号_____) □ 在先申请文件副本　　　　份 □ 在先申请文件副本首页译文　份 □ 向外国申请专利保密审查请求书　份　共　页			
㉑ 全体申请人或专利代理机构签字或者盖章 年　月　日			㉒ 国家知识产权局审核意见 年　月　日			

实用新型专利英文信息表如表 6-2 所示。

表 6-2

实用新型专利英文信息表

实用新型名称	
发明人姓名	
申请人名称及地址	

6. 撰写实用新型专利申请文件的要求和说明

（1）申请实用新型专利，应当提交实用新型专利请求书、权利要求书、说明书、说明书附图、说明书摘要、摘要附图。申请文件应当一式一份。（表格可以在国家知识产权局网站 www.sipo.gov.cn 下载）

（2）实用新型专利申请表应当使用国家公布的中文简化汉字填写，表中文字应当打字或者印刷，字迹为黑色。外国人姓名、名称、地名无统一译文时，应当同时在请求书英文信息表中注明。

（3）实用新型专利申请表中方格供填表人选择使用，若有方格后所述内容的，应当在方格内作标记。

（4）实用新型专利申请表中所有详细地址栏，本国的地址应当包括省（自治区）、市（自治州）、区、街道门牌号码，或者省（自治区）、县（自治县）、镇（乡）、街道门牌号码，或者直辖市、区、街道门牌号码。有邮政信箱的，可以按规定使用邮政信箱。外国的地址应当注明国别、市（县、州），并附具外文详细地址。其中申请人、专利代理机构、联系人的详细地址应当符合邮件能够迅速、准确投递的要求。

（5）填表说明。

1）实用新型专利申请表第①、②、③、④、⑤、⑥、㉒栏由国家知识产权局填写。

2）实用新型专利申请表第⑦栏实用新型名称应当简短、准确，一般不得超过25个汉字。

3）实用新型专利申请表第⑧栏发明人应当是个人。发明人有两个以上的应当自左向右顺序填写。发明人姓名之间应当用分号隔开。发明人可以请求国家知识产权局不公布其姓名。若请求不公布姓名，应当在该栏所填写的相应发明人后面注明"不公布姓名"。

4）实用新型专利申请表第⑨栏应当填写第一发明人国籍，第一发明人为中国内地居民的，应当同时填写居民身份证件号码。

5）实用新型专利申请表第⑩栏申请人是中国单位或者个人的，应当填写其名称或者姓名、地址、邮政编码、组织机构代码或者居民身份证件号码；申请人是外国人、外国企业或者外国其他组织的，应当填写其姓名或者名称、国籍或者注册的国家或者地区。申请人是个人的，应当填写本人真实姓名，不得使用笔名或者其他非正式的姓名；申请人是单位的，应当填写单位正式全称，并与所使用的公章上的单位名称一致。

6）实用新型专利申请表第⑪栏，申请人是单位且未委托专利代理机构的，应当填写联系人，并同时填写联系人的通信地址、邮政编码、电子邮箱和电话号码，联系人只能填写一人，且应当是本单位的工作人员。申请人为个人且需由他人代收国家知识产权局所发信函的，也可以填写联系人。

7）实用新型专利申请表第⑫栏，申请人指定非第一署名申请人为代表人时，应当在该栏指明被确定的代表人。

8）实用新型专利申请表第⑬栏，申请人委托专利代理机构的，应当填写该栏。

9）实用新型专利申请表第⑭栏，申请是分案申请的，应当填写该栏。申请是再次分案申请的,还应当填写所针对的分案申请的申请号。

10) 实用新型专利申请表第⑮栏,申请人要求外国或者本国优先权的,应当填写该栏。

11) 实用新型专利申请表第⑯栏,申请人要求不丧失新颖性宽限期的,应当填写该栏,并自申请日起两个月内提交证明文件。

12) 实用新型专利申请表第⑰栏,申请人要求保密处理的,应当填写该栏。

13) 实用新型专利申请表第⑱栏,申请人同日对同样的发明创造既申请实用新型专利又申请发明专利的,应当填写该栏。未作声明的,依照专利法第九条第一款关于同样的发明创造只能授予一项专利权的规定处理。(注:申请人应当在同日提交发明专利申请文件。)

14) 实用新型专利申请表第⑲、⑳栏,申请人应当按实际提交的文件名称、份数、页数及权利要求项数正确填写。

15) 实用新型专利申请表第㉑栏,委托专利代理机构的,应当由专利代理机构加盖公章。未委托专利代理机构的,申请人为个人的应当由本人签字或者盖章,申请人为单位的应当加盖单位公章;有多个申请人的由全体申请人签字或者盖章。

16) 实用新型专利申请表第⑧、⑩、⑮栏,发明人、申请人、要求优先权声明的内容填写不下时,应当使用规定格式的附页续写。

7. 缴费须知

(1) 申请人应当在缴纳申请费通知书(或费用减缓审批通知书)中规定的缴费日前缴纳申请费和申请附加费。申请人要求优先权的,应当在缴纳申请费的同时缴纳优先权要求费。

(2) 一件专利申请的权利要求(包括独立权利要求和从属权利要求)数量超过10项的,从第11项权利要求起,每项权利要求增收附加费150元;一件专利申请的说明书页数(包括附图页数)超过30页的,从第31页起,每页增收附加费50元,超过300页的,从301页起,每页增收附加费100元。

(3) 申请人请求减缓费用的,应当在提交申请文件的同时提交费用减缓请求书及相关证明文件。

(4) 各种专利费用可以直接到国家知识产权局缴纳,也可以通过邮局或者银行汇付。

(5) 通过邮局汇付的,收款人姓名:国家知识产权局专利局收费处商户客户号:110000860;并应当在汇款单附言栏中写明申请号、费用名称(或简称)及分项金额。

(6) 通过银行汇付的,户名:中华人民共和国国家知识产权局专利局,开户银行:中信银行北京知春路支行,账号:7111710182600166032;并应当在银行汇款单中写明申请号、费用名称(或简称)及分项金额。

(7) 对于只能采用电子联行汇付的,应当向银行付电报费,正确填写并要求银行至少将申请号及费用名称两项列入汇款单附言栏中同时发至国家知识产权局专利局。

(8) 应当正确填写申请号13位阿拉伯数字(注:最后一位校验位可能是字母),小数点不需填写。

(9) 费用名称可以使用下列简称：

印花费——印；

实用新型专利检索报告费——检（实检）；

著录事项变更费——变；

改正优先权要求请求费——改（改优）；

实用新型专利权无效宣告请求费——无（无效）；

延长费——延；

说明书附加费——说（说附）；

实用新型专利第 N 年年费——年 N（注：N 为实际年度，例如：实用新型专利第 8 年年费—年 8）；

实用新型专利申请费——申；

实用新型专利复审费——复；

优先权要求费——优；

恢复权利请求费——恢；

实用新型专利登记印刷费——登；

权利要求附加费——权（权附）；

实用新型专利年费滞纳金——滞（年滞）；

实用新型专利权评价报告请求费——评价。

(10) 费用通过邮局或者银行汇付遗漏必要缴费信息的，可以在汇款当日通过传真或电子邮件的方式补充。（传真电话：010-62084312；电子邮箱：shoufeichu@ sipo. gov. cn. ）补充完整缴费信息的，以汇款日为缴费日。当日补充不完整而再次补充的，以国家知识产权局收到完整缴费信息之日为缴费日。

补充缴费信息的，应当提供邮局或者银行的汇款单复印件、所缴费用的申请号（或专利号）及各项费用的名称和金额。同时，应当提供接收收据的地址、邮政编码、接收人姓名或名称等信息。补充缴费信息如不能提供邮局或者银行的汇款单复印件的，还应当提供汇款日期、汇款人姓名或名称、汇款金额、汇款单据号码等信息。

(11) 未按上述规定办理缴费手续的，所产生的法律后果由汇款人承担。

8. 撰写说明书示例

说 明 书

试电笔（题目）

[实用新型名称应简明、准确地表明实用新型专利请求保护的主题。名称中不应含有非技术性词语，不得使用商标、型号、人名、地名或商品名称等。名称应与请求书中的名

称完全一致，不得超过25个字，应写在说明书首页正文部分的上方居中位置。]

[依据《专利法》中第二十六条第三款及《专利法实施细则》中第十八条的规定，说明书应对实用新型作出清楚、完整的说明，使所属技术领域的技术人员，不需要创造性的劳动就能够再现实用新型的技术方案，解决其技术问题，并产生预期的技术效果。说明书应按以下五个部分顺序撰写：所属技术领域；背景技术；发明内容；附图说明；具体实施方式；并在每一部分前面写明标题。]

所属技术领域

本实用新型涉及一种指示电压存在的试电装置，尤其是能识别安全和危险电压的试电笔。

[所属技术领域：应指出本实用新型技术方案所属或直接应用的技术领域。]

背景技术

目前，公知的试电笔构造是由测试触头、限流电阻、氖管、金属弹簧和手触电极串联而成。将测试触头与被测物接触，人手接触手触电极，当被测物相对大地具有较高电压时，氖管启辉，表示被测物带电。但是，许多电器的金属外壳不带有对人体有危险的触电电压，仅表示分布电容和/或正常的电阻感应产生电势，使氖管启辉。一般试电笔不能区分有危险的触电电压和无危险的感应电势，给检测漏电造成困难，容易造成错误判断。

[背景技术：是指对实用新型的理解、检索、审查有用的技术，可以引证反映这些背景技术的文件。背景技术是对最接近的现有技术的说明，背景技术是作出实用技术新型技术方案的基础。此外，还要客观地指出背景技术中存在的问题和缺点，引证文献、资料的，应写明其出处。]

发明内容

[发明内容：应包括实用新型所要解决的技术问题、解决其技术问题所采用的技术方案及其有益效果。]

为了克服现有的试电笔不能区分有危险的触电电压和无危险的感应电势的不足，本实用新型提供一种试电笔，该试电笔不仅能测出被测物是否带电，而且能方便地区分是危险的触电电压还是无危险的感应电势。

[要解决的技术问题：是指要解决的现有技术中存在的技术问题，应当针对现有技术存在的缺陷或不足，用简明、准确的语言写明实用新型所要解决的技术问题，也可以进一步说明其技术效果，但是不得采用广告式宣传用语。]

本实用新型解决其技术问题所采用的技术方案是：在绝缘外壳中，测试触头、限流电阻、氖管和手触电极电连接，设置一分流电阻支路，使测试触头与一个分流电阻一端电连接，分流电阻另一端与一个人体可接触的识别电极电连接。当人手同时接触识别电极和手触电极，使分流电阻并联在测试触头、限流电阻、氖管、手触电极电路测试时，人手只和手触电极接触，氖管启辉，表示被测物带电。当人手同时接触手触电极和识别电极时，若被测物带有无危险高电势时，由于电势源内阻很大，从而大大降低了被测物的带电电位，则氖管不启辉,若被测物带有危险触电电压,因其内阻小,接入分流电阻几乎不降低被测物带电电位,则氖管保持启辉,达到能够区别安危电压的目的。

[技术方案:是指申请人对其要解决的技术问题所采取的技术措施的集合。技术措施通常是由技术特征来体现的。技术方案应当清楚、完整地说明实用新型的形状、构造特征,说明技术方案是如何解决技术问题的,必要时应说明技术方案所依据的科学原理。撰写技术方案时,机械产品应描述必要零部件及其整体结构关系;涉及电路的产品,应描述电路的连接关系;机电结合的产品还应写明电路与机械部分的结合关系;涉及分布参数的产品,应写明元器件的相互位置关系;涉及集成电路的产品,应清楚公开集成电路的型号、功能等。本例"试电笔"的构造特征包括机械构造及电路的连接关系,因此既要写明主要机械零部件及其整体结构的关系,又要写明电路的连接关系。技术方案不能仅描述原理、动作及各零部件的名称、功能或用途。]

本实用新型的有益效果是:可以在测试被测物是否带电的同时,方便地区分安危电压,分流支路中仅采用电阻元件,结构简单。

[有益效果:是指实用新型和现有技术相比较所具有的优点及积极效果,是由技术特征直接带来的,或者是由技术特征产生的必然的技术效果。]

附图说明

下面结合附图和实施例对本实用新型进一步说明。

图 1 是本实用新型的电路原理图(图略)。

图 2 是试电笔第一个实施例的纵剖面构造图(图略)。

图 3 是图 2 的 I—I 剖视图(图略)。

图 4 是试电笔第二个实施例的纵剖面构造图(图略)。

图中:1—测试触头;2—绝缘外壳;3—弹簧;4—同心电阻;5—限流电阻;6—分流电阻;7—识别电极;8—氖管;9—弹簧;10—后盖;11—手触电极;12—绝缘隔离层;13—弹簧。

[附图说明:应写明各附图的图名和图号,对各幅附图作简略说明,必要时可以将附图中标号所示零部件名称列出。]

具体实施方式

在图 1(图略)中,测试触头(1)、限流电阻(5)、氖管(8)与手触电极(11)串联,测试触头(1)与分流电阻(6)一端相连,分流电阻(6)另一端与识别电极(7)相连接。通常限流电阻阻值为几兆欧,为保证人身安全,分流电阻阻值不小于限流电阻阻值,最好取限流电阻阻值的 1~2 倍。

在图 2(图略)所示实施例中,测试触头(1)在绝缘外壳(2)一端伸入其中空腔,与弹簧(3)接触,弹簧(3)另一端与同心电阻(4)相接触,同心电阻(4)是纵剖面为 E 字形,其中间圆柱部分限流电阻(5)高于作为分流电阻(6)的圆管部分,使氖管

(8) 的一端与限流电阻 (5) 接触时不碰到分流电阻 (6), 弹簧 (9) 一端与氖管 (8) 相接触, 另一端与后盖 (10) 上的手触电极 (11) 相接触, 弹簧压力保证各元件之间可靠电连接。如图3 (图略) 所示的环状弹性金属片状识别电极 (7) 其边缘向中心伸出的接触爪卡住圆管状分流电阻 (6) 外表面, 其外边缘伸出并附于绝缘外壳外表面。

在图4 (图略) 所示的另一个实施例中, 测试探头 (1) 在绝缘外壳 (2) 一端伸入其中空腔, 同时与平行设置的限流电阻 (5) 和分流电阻 (6) 的一端相接触, 限流电阻 (5) 的另一端通过氖管 (8)、弹簧 (9) 与手触电极 (11) 电接触, 分流电阻通过弹簧 (13) 与识别电极电接触, 两电极之间设置一绝缘隔离层 (12)。

[具体实施方式: 是实用新型优选的具体实施例。具体实施方式应当对照附图对实用新型的形状、构造进行说明, 实施方式应与技术方案相一致, 并且应当对权利要求的技术特征给予详细说明, 以支持权利要求。附图中的标号应写在相应的零部件名称之后, 使所属技术领域的技术人员能够理解和实现, 必要时说明其动作过程或者操作步骤。如果有多个实施例, 每个实施例都必须与本实用新型所要解决的技术问题及其有益效果相一致。]

实例 6.1

一种车窗防盗装置

所属技术领域：

本发明涉及一种防盗技术领域, 特别涉及一种车窗防盗装置。

背景技术：

目前, 公知的小偷行窃的方法很多, 常常防不胜防, 百姓生存十分艰难。

例1：2007年1月3日凌晨2时, 在朝阳小区的停车场, 七辆高档轿车全部被人砸碎了副驾驶座附近的车窗玻璃, 车内的储物箱也被撬开了, 车内较为值钱的东西被洗劫一空。

例2：2007年11月28日下午16时许, 莞城公安分局反双抢中队伏击队在莞城金牛路段打伏击。突然, 一名形迹可疑的男子引起了伏击队员的注意。"我们发现这名男子在路上不停地徘徊, 时而趴在车窗上向车内看。"一位伏击队员向记者介绍当时的情况。由于该男子的反侦察能力很强, 为伏击队员跟踪、监视带来一定困难, 伏击队员暂时"收队", 并通知视频监控室利用监控系统对该男子进行跟踪。在确认自己"安全"之后, 该男子开始动手, 16时20分, 监控人员发现: 这名男子向一辆小汽车靠近, 随后从口袋中掏出一个弹弓, 瞬间将汽车旁侧车窗玻璃打碎, 探身从车内偷东西。

例3：10多天前, 刘先生在海口国贸建行提大笔现金时遭人跟踪, 当他把车停放在海口国贸交行附近的停车场进银行办事时, 劫匪砸碎车窗玻璃, 把车内10万元现金抢走。案件还在侦破中, 刘先生希望借此提醒广大市民小心。

诸如上述的例子还有许多。随着国家经济发展私家车进入千家万户的同时, 汽车失窃及汽车内贵重物品失窃案件数目明显上升,据警方统计,这些作案手法都很简单,基本是砸碎车窗玻璃或者撬坏门锁,盗走车内物品甚至盗走汽车。

现有的汽车的车门防盗技术已经十分成熟,但是却仍然无法阻止不法分子通过暴力砸碎车窗玻璃的手法强行取走车内物品甚至盗走汽车。

发明内容:

针对上述存在的不足,本发明提出解决问题的方法,其技术方案是:

车窗防盗装置由电机、减速器、传动齿轮组、三角滑槽、齿条、网托、防盗网窗、网栓组成。网托与齿条连接呈上下位置并支撑防盗网窗,电机输出动力使传动齿轮组带动齿条沿三角滑槽上下运动;汽车停靠时,车主可以设置防盗网窗从车门下端伸出至车门顶部,网栓置于车门顶部内与车门锁联动,当车主设置门锁锁上的同时,网栓拴住防盗网窗实现隔离车内与车外,即使车窗被砸碎,防盗网窗依然将不法分子隔离于车厢外,阻止不法分子通过暴力砸碎车窗玻璃的手法强行取走车内物品或者盗走汽车。

本发明的有益效果:

本发明具有安全可靠的特点,利用防盗网窗,阻止不法分子通过暴力砸碎车窗玻璃的手法强行取走车内物品或者盗走汽车。可以广泛用于警车,邮车,救护车,火车等车窗,甚至可以安装于家庭铝合金门窗、铁塑门窗内作防盗之用。其构思新颖,实用性强,能通过电机设置防盗网窗伸出或收入,升降自如,高雅时尚,能有效防止车内物品失窃造成精神和财产的损失,造福于千家万户,为构建和谐社会作出贡献。

附图说明:

下面结合附图及实施例对本发明作进一步说明(如图6-4所示):

图1是本发明车窗防盗装置的实施例的主视示意图。

图2是本发明车窗防盗装置的俯视示意图。

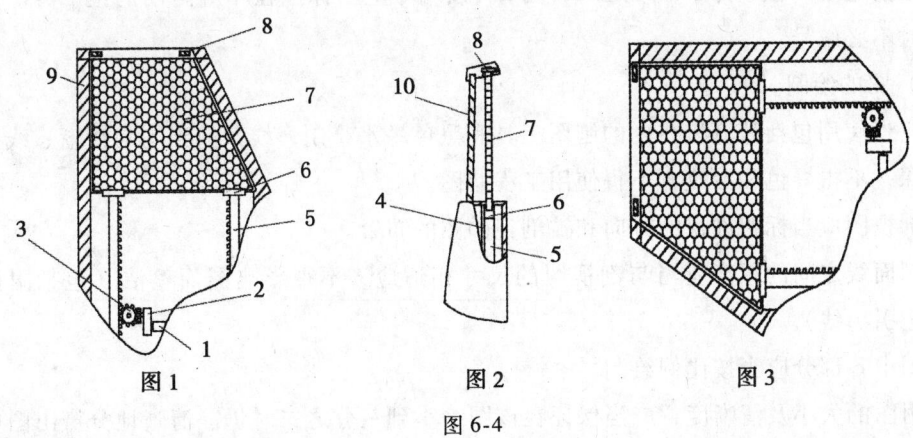

图6-4

图 6-4 中：1—电机；2—减速器；3—传动齿轮组；4—三角滑槽；5—齿条；6—网托；7—防盗网窗；8—网栓；9—车门；10—车窗玻璃。

具体实施方式：

在图1、图2所示的车窗防盗装置实施例中，网托（6）与齿条（5）连接呈上下位置并支撑防盗网窗（7），电机（1）通过减速器（2）降低输出转速并输出动力使传动齿轮组（3）带动齿条（5）沿三角滑槽（4）上下运动；汽车停靠时，车主可设置防盗网窗（7）从车门（9）下端伸出至车门（9）顶部，网栓（8）置于车门（9）顶部与车门锁联动，拴住防盗网窗（7）实现隔离车内与车外。

9．说明书附图制图要求和说明

（1）申请发明专利或者实用新型专利若有附图，应当提交说明书附图，一式一份。

（2）实用新型专利申请的说明书附图中应当有表示要求保护的产品的形状、构造或其结合的附图，不得仅有表示现有技术的附图，或不得仅有表示产品效果、性能的附图。

（3）附图首页用上述所论页，续页可以使用同样大小和质量相当的白纸。纸张只限使用正面，四周应当留有页边距：左侧和顶部各留 25mm，右侧和底部各留 15mm。

（4）图的布局。

①附图应当尽量竖向绘制在图纸上，彼此明显分开。当零件横向尺寸明显大于竖向尺寸必须水平布置时，应当将附图的顶部置于图纸的左边，一页图纸上有两幅以上的附图，且有一幅已经水平布置时，该页上其他附图也应当水平布置。

②一幅图无法绘制在一张纸上时，可以绘制在几张图纸上，但应当另外绘制一幅缩小比例的整图，并在该整图上标明各分图的位置。

（5）图的编号。

附图总数在两幅以上的，应当使用阿拉伯数字按顺序编号（编号与图的编页无关），并在编号前冠以"图"字，例如图1，图2。该编号应当标注在相应附图的正下方。只有一幅图时不必编号。

（6）图的绘制。

①应当使用包括计算机在内的制图工具和黑色墨水绘制，线条应当均匀清晰、线条着色足够深，不得着色和涂改，不得使用工程蓝图。

②剖视图应当标明剖视的方向和被剖视的图的布置。

③剖面线之间的距离应当与剖视图的尺寸相适应，不得影响图面整洁（包括附图标记和标记引出线）。

④图中各部分应当按比例绘制。

⑤附图的大小及清晰度，应当保证在该图缩小到三分之二时仍能清晰地分辨出图中各个细节，以能够满足复印、扫描的要求为准。

（7）图中文字，除一些必不可少的词语外，例如："水"、"蒸气"、"开"、"关"、

"A-A剖面",图中不得有其他的注释。

(8) 附图标记应当使用阿拉伯数字编号,申请文件中表示同一组成部分的附图标记应当一致,但并不要求每一幅图中的附图标记连续,说明书文字部分中未提及的附图标记不得在附图中出现。

(9) 说明书附图应当在每页下框线居中位置按顺序编写页码。

10. 说明书摘要实例

说明书摘要

一种车窗防盗装置,这种防盗装置是由电机、减速器、传动齿轮组、三角滑槽、齿条、网托、防盗网窗、网栓组成,本发明主要解决时下不少汽车停放时遭砸碎玻璃盗窃车内财物甚至汽车失窃的问题,主要提供一种可设置升降的车窗防盗装置;这种防盗装置构思新颖,实用性强,安全可靠。

本发明的优点是:网托与齿条连接呈上下位置并支撑防盗网窗,电机输出动力使传动齿轮组带动齿条沿三角滑槽上下运动;汽车停靠时,车主可设置防盗网窗从车门下端伸出至车门顶部,网栓置于车门顶部与车门锁联动,拴住防盗网窗实现隔离车内与车外,防止不法分子通过暴力砸碎车窗玻璃的手法强行取走车内物品甚至盗走汽车,为车主提供安全放心、安全舒适、安全保险的生活保障。

本发明可以广泛用于警车,邮车,救护车,火车等车窗,甚至可以安装于家庭铝合金门窗、铁塑门窗内作防盗之用。

本发明若能投入使用,必定能有效防止车内物品失窃,造成车主精神和财产的损失,造福于千家万户,为构建和谐社会作出贡献。

11. 说明书摘要撰写要求和说明

(1) 申请发明专利或者实用新型专利应当提交说明书摘要,一式一份。

(2) 说明书摘要文字部分应当打字或者印刷,字迹应当整齐清晰,黑色,符合制版要求,不得涂改,字高在3.5mm至4.5mm之间,行距在2.5mm至3.5mm之间。纸张应当纵向使用,只限使用正面,四周应当留有页边距:左侧和顶部各留25mm,右侧和底部各留15mm。

(3) 说明书摘要文字部分应当写明发明或者实用新型的名称和所属的技术领域,清楚反映所要解决的技术问题,解决该问题的技术方案的要点及主要用途。说明书摘要文字部分不得加标题,文字部分(包括标点符号)不得超过300个字,对于进入国家阶段的国际申请,其说明书摘要译文不限于300个字。

(4) 说明书摘要附图应当使用规定格式的表格绘制。

12. 发明专利请求书

发明专利请求书如表6-3所示。

表 6-3

发明专利请求书

请按照"注意事项"正确填写本表各栏　　　　　　　　此框内容由国家知识产权局填写

⑦发明名称				①申请号　　（发明）
				②分案提交日
⑧发明人				③申请日
				④费减审批
				⑤向外申请审批
⑨第一发明人国籍　　居民身份证件号码			⑥挂号号码	
⑩申请人	申请人(1)	姓名或名称	电话	
		居民身份证件号码或组织机构代码	电子邮箱	
		国籍或注册国家（地区）	经常居所地或营业所所在地	
		邮政编码　　　　　详细地址		
	申请人(2)	姓名或名称	电话	
		居民身份证件号码或组织机构代码		
		国籍或注册国家（地区）	经常居所地或营业所所在地	
		邮政编码　　　　　详细地址		
	申请人(3)	姓名或名称	电话	
		居民身份证件号码或组织机构代码		
		国籍或注册国家（地区）	经常居所地或营业所所在地	
		邮政编码　　　　　详细地址		
⑪联系人	姓名		电话	电子邮箱
	邮政编码		详细地址	
⑫代表人为非第一署名申请人时声明　　　　　特声明第____署名申请人为代表人				
⑬专利代理机构	名称		机构代码	
	代理人(1)	姓名	代理人(2)	姓名
		执业证号		执业证号
		电话		电话

续表

⑭分案申请	原申请号		针对的分案申请号		原申请日　年　月　日	
⑮生物材料样品	保藏单位		地址			
	保藏日期　年　月　日		保藏编号		分类命名	
⑯序列表	□本专利申请涉及核苷酸或氨基酸序列表			⑰遗传资源	□本专利申请涉及的发明创造是依赖于遗传资源完成的	
⑱要求优先权声明	原受理机构名称	在先申请日		在先申请号	⑲宽限期声明不丧失新颖性	□已在中国政府主办或承认的国际展览会上首次展出 □已在规定的学术会议或技术会议上首次发表 □他人未经申请人同意而泄露其内容
					⑳保密请求	□本专利申请可能涉及国家重大利益，请求按保密申请处理 □已提交保密证明材料
㉑□声明本申请人对同样的发明创造在申请本发明专利的同日申请了实用新型专利				㉒提前公布	□请求早日公布该专利申请	

㉓申请文件清单
1. 请求书　　　　　　份　　页
2. 说明书摘要　　　　份　　页
3. 摘要附图　　　　　份　　页
4. 权利要求书　　　　份　　页
5. 说明书　　　　　　份　　页
6. 说明书附图　　　　份　　页
7. 核苷酸或氨基酸序列表　份　页
8. 计算机可读形式的序列表　份

权利要求的项数　　　项

㉔附加文件清单
□费用减缓请求书　　　　　　份　共　页
□费用减缓请求证明　　　　　份　共　页
□实质审查请求书　　　　　　份　共　页
□实质审查参考资料　　　　　份　共　页
□优先权转让证明　　　　　　份　共　页
□保密证明材料　　　　　　　份　共　页
□专利代理委托书　　　　　　份　共　页
　总委托书(编号＿＿＿＿＿＿)
□在先申请文件副本　　　　　份
□在先申请文件副本首页译文　份
□向外国申请专利保密审查请求书　份　共　页
□其他证明文件(名称＿＿＿＿)　份　共　页

㉕全体申请人或专利代理机构签字或者盖章 　　　　　　　　　　　年　月　日	㉖国家知识产权局审核意见 　　　　　　　　　　　年　月　日

发明专利相关表格如表 6-4、表 6-5 所示。

表 6-4

发明专利英文信息表

发明名称	
发明人姓名	
申请人名称及地址	

表 6-5　　　　　　　　　　　　**发明专利请求书**

请按照"注意事项"正确填写本表各栏			此框内容由国家知识产权局填写	
⑦发明名称	×××		①申请号　　　（发明）	
			②分案提交日	
⑧发明人	×××，×××，×××		③申请日	
			④费减审批	
			⑤向外申请审批	
⑨第一发明人国籍　中国　居民身份证件号码　发明人身份证号码			⑥挂号号码	
⑩申请人	申请人(1)	姓名或名称　山东科技大学	电话	
		居民身份证件号码或组织机构代码	电子邮箱	
		国籍或注册国家（地区）　中国	经常居所地或营业所所在地	
		邮政编码　　　　详细地址		
	申请人(2)	姓名或名称	电话	
		居民身份证件号码或组织机构代码		
		国籍或注册国家（地区）	经常居所地或营业所所在地	
		邮政编码　　　　详细地址		
	申请人(3)	姓名或名称	电话	
		居民身份证件号码或组织机构代码		
		国籍或注册国家（地区）	经常居所地或营业所所在地	
		邮政编码　　　　详细地址		
⑪联系人	姓名		电话	电子邮箱
	邮政编码		详细地址	
⑫代表人为非第一署名申请人时声明			特声明第____署名申请人为代表人	
⑬专利代理机构	名称		机构代码	
	代理人(1)	姓名	代理人(2)	姓名
		执业证号		执业证号
		电话		电话

续表

⑭分案申请	原申请号		针对的分案申请号		原申请日年月日	
⑮生物材料样品	保藏单位		地址			
	保藏日期 年 月 日		保藏编号		分类命名	
⑯序列表	□本专利申请涉及核苷酸或氨基酸序列表		⑰遗传资源		□本专利申请涉及的发明创造是依赖于遗传资源完成的	
⑱要求优先权声明	原受理机构名称	在先申请日	在先申请号	⑲宽限期声明不丧失新颖性	□已在中国政府主办或承认的国际展览会上首次展出	
					□已在规定的学术会议或技术会议上首次发表	
					□他人未经申请人同意而泄露其内容	
				⑳保密请求	□本专利申请可能涉及国家重大利益，请求按保密申请处理	
					□已提交保密证明材料	

㉑□声明本申请人对同样的发明创造在申请本发明专利的同日申请了实用新型专利	㉒提前公布	□请求早日公布该专利申请

㉓申请文件清单	㉔附加文件清单
1. 请求书　　　　　　　　X份　Y页	☒费用减缓请求书　　　　　1份　共1页
2. 说明书摘要　　　　　　X份　Y页	☒费用减缓请求证明　　　　1份　共1页
3. 摘要附图　　　　　　　X份　Y页	☒实质审查请求书　　　　　1份　共1页
4. 权利要求书　　　　　　X份　Y页	□实质审查参考资料　　　　　份　共　页
5. 说明书　　　　　　　　X份　Y页	□优先权转让证明　　　　　　份　共　页
6. 说明书附图　　　　　　X份　Y页	□保密证明材料　　　　　　　份　共　页
7. 核苷酸或氨基酸序列表　X份　Y页	□专利代理委托书　　　　　　份　共　页
8. 计算机可读形式的序列表　X份	总委托书(编号_____)
	□在先申请文件副本　　　　　份
权利要求的项数　Z项	□在先申请文件副本首页译文　　份
	□向外国申请专利保密审查请求书　份　共　页
	□其他证明文件(名称_____)　份　共　页

㉕全体申请人或专利代理机构签字或者盖章　　　　　　　　　年 月 日	㉖国家知识产权局审核意见　　　　　　　　　年 月 日

第6章 专利文件的撰写方法 　　　　　　　　　　　　　　　　143

实例 6.2 发明专利请求书如表 6-6 所示。

表 6-6

发明专利请求书

			此框内容由专利局填写	
⑥实用新型名称	一种以太阳能为能源适用于野外或突发灾害时的净水系统		①申请号　　（实用新型）	
			②分案提交日	
⑦发明人	叶×、喻××、伍××、何×、苏××		③申请日	
			④费减审批	
			⑤挂号号码	
⑧申请人	第一署名申请人	姓名或名称　武汉大学（最好不以学校名申请）		
		单位代码或个人身份证件号码		
		国籍或居所地国家或地区　中国	电话	
		地址	邮政编码 430072	省、自治区、直辖市名称　湖北省	市（县）名称　武汉市
			城区（乡）、街道、门牌号　武昌区	
	第二申请人	姓名或名称　王××		
		国籍或居所地国家或地区　中国	电话 136071×××××	
		邮政编码 430072	地址　湖北省武汉市武汉大学工学部武汉大学工程训练中心	
	第三申请人	姓名或名称　×××		
		国籍或居所地国家或地区　中国	电话 1500719××××	
		邮政编码 430072	地址：湖北省武汉市武汉大学信息学部××栋×××舍	
⑨联系人	姓名　王××		电话 136071×××××	
	邮政编码 430072		地址：湖北省武汉市武汉大学工学部武汉大学工程训练中心	
⑩确定非第一署名申请人为代表人声明　特别声明第____署名申请人为申请人的代表人				
⑪代理	代理机构	名称		代　码
		邮政编码	电话	
		地址		
	代理人1	姓名	代理人2	姓名
		工作证号		工作证号
		电话		电话

续表

⑫分案申请	原申请号：	针对的分案申请号：	原申请日： 年 月 日

⑬实用新型名称	一种以太阳能为能源适用于野外或突发灾害时的净水系统

⑭要求优先权声明	在先申请国别或地区	在先申请日	在先申请号	⑮宽限期声明不丧失新颖性	□已在中国政府主办或承认的国际展览会上首次展出 □已在规定的学术会议或技术会议上首次发表 □他人未经申请人同意而泄露其内容

⑯申请文件清单 1. 请求书　　　　1份 每份2页 2. 说明书摘要　　1份 每份1页 3. 摘要附图　　　1份 每份1页 4. 权利要求书　　1份 每份1页 5. 说明书　　　　1份 每份2页 6. 说明书附图　　1份 每份1页 权利要求的项数　5 项	⑰附加文件清单 □费用减缓请求书　　　　　1份 每份1页 □费用减缓请求证明　　　　　 份 每份 页 □转让证明　　　　　　　　　 份 每份 页 □专利代理委托书　　　　　　 份 每分 页 □在先申请文件副本　　　　　 份数 共 页 □原申请文件副本　　　　　　 份 每份 页 □在先申请文件副本首页译文　 份 每份 页 □其他证明文件（注明文件名称） □ □
⑱全体申请人或专利代理机构签章 　　　　　　年　月　日	⑲专利局对文件清单的审核 　　　　　　年　月　日

13. 撰写发明专利申请文件的要求和说明

(1) 申请发明专利，应当提交发明专利请求书、权利要求书、说明书、说明书摘要，有附图的应当同时提交说明书附图及摘要附图。申请文件应当一式一份。（表格可以在国家知识产权局网站 www.sipo.gov.cn 下载）

(2) 发明专利申请表应当使用国家公布的中文简化汉字填写，表中文字应当打字或者印刷，字迹为黑色。外国人姓名、名称、地名无统一译文时，应当同时在请求书英文信息表中注明。

(3) 发明专利申请表中方格供填表人选择使用，若有方格后所述内容的，应当在方格内作标记。

(4) 发明专利申请表中所有详细地址栏，本国的地址应当包括省（自治区）、市（自治州）、区、街道门牌号码，或者省（自治区）、县（自治县）、镇（乡）、街道门牌号码，或者直辖市、区、街道门牌号码。有邮政信箱的，可以按规定使用邮政信箱。外国的地址应当注明国别、市（县、州），并附具外文详细地址。其中申请人、专利代理机构、联系人的详细地址应当符合邮件能够迅速、准确投递的要求。

(5) 填表说明。

1) 发明专利申请表第①、②、③、④、⑤、⑥、㉖栏由国家知识产权局填写。

2) 发明专利申请表第⑦栏发明名称应当简短、准确，一般不得超过 25 个汉字。

3) 发明专利申请表第⑧栏发明人应当是个人。发明人有两个以上的应当自左向右按顺序填写，发明人姓名之间应当用分号隔开。发明人可以请求国家知识产权局不公布其姓名。若请求不公布姓名，应当在第⑧栏所填写的相应发明人后面注明"（不公布姓名）"。

4) 发明专利申请表第⑨栏应当填写第一发明人国籍，第一发明人为中国内地居民者，应当同时填写居民身份证件号码。

5) 发明专利申请表第⑩栏申请人是个人者，应当填写本人真实姓名，不得使用笔名或者其他非正式的姓名；申请人是单位的，应当填写单位正式全称，并与所使用的公章上的单位名称一致。申请人是中国单位或者个人者，应当填写其名称或者姓名、地址、邮政编码、组织机构代码或者居民身份证件号码；申请人是外国人、外国企业或者外国其他组织的，应当填写其姓名或者名称、国籍或者注册的国家或者地区、经常居所地或者营业所所在地。

6) 发明专利申请表第⑪栏，申请人是单位且未委托专利代理机构的，应当填写联系人，并同时填写联系人的通信地址、邮政编码、电子邮箱和电话号码，联系人只能填写 1 人，且应当是本单位的工作人员。申请人为个人且需由他人代收国家知识产权局所发信函的，也可以填写联系人。

7) 发明专利申请表第⑫栏，申请人指定非第一署名申请人为代表人时，应当在该栏指明被确定的代表人。

8）发明专利申请表第⑬栏，申请人委托专利代理机构的，应当填写该栏。

9）发明专利申请表第⑭栏，申请是分案申请的，应当填写该栏。申请是再次分案申请的，还应当填写所针对的分案申请的申请号。

10）发明专利申请表第⑮栏，申请涉及生物材料的发明专利，应当填写该栏，并自申请日起4个月内提交生物材料样品保藏证明和存活证明。

11）发明专利申请表第⑯栏，发明申请涉及核苷酸或氨基酸序列表的，应当填写该栏。

12）发明专利申请表第⑰栏，发明创造的完成依赖于遗传资源的，应当填写该栏。

13）发明专利申请表第⑱栏，申请人要求外国或者本国优先权的，应当填写该栏。

14）发明专利申请表第⑲栏，申请人要求不丧失新颖性宽限期的，应当填写该栏，并自申请日起2个月内提交证明文件。

15）发明专利申请表第⑳栏，申请人要求保密处理的，应当填写该栏。

16）发明专利申请表第㉑栏，申请人同日对同样的发明创造既申请实用新型专利又申请发明专利的，应当填写该栏。未作说明的，依照《专利法》中第九条第一款关于同样的发明创造只能授予一项专利权的规定处理。（注：申请人应当在同日提交实用新型专利申请文件。）

17）发明专利申请表第㉒栏，申请人要求提前公布的，应当填写该栏。若填写该栏，不需要再提交发明专利请求，应提前公布声明。

18）发明专利申请表第㉓、㉔栏，申请人应当按实际提交的文件名称、份数、页数及权利要求项数正确填写。

19）发明专利申请表第㉕栏，委托专利代理机构的，应当由专利代理机构加盖公章。未委托专利代理机构的，申请人为个人的应当由本人签字或者盖章，申请人为单位的应当加盖单位公章；有多个申请人的由全体申请人签字或者盖章。

20）发明专利申请表第⑧、⑩、⑱栏，发明人、申请人、要求优先权声明的内容填写不下时，应当使用规定格式的附页续写。

14. 缴费须知

（1）申请人应当在缴纳申请费通知书（或费用减缓审批通知书）中规定的缴费日前缴纳申请费、公布印刷费和申请附加费。申请人要求优先权的，应当在缴纳申请费的同时缴纳优先权要求费。

（2）一件专利申请的权利要求（包括独立权利要求和从属权利要求）数量超过10项的，从第11项权利要求起，每一项权利要求增收附加费150元；一件专利申请的说明书页数（包括附图、序列表）超过30页的，从第31页起，每一页增收附加费50元，超过300页的，从301页起，每一页增收附加费100元。

（3）申请人请求减缓费用的，应当在提交申请文件的同时提交费用减缓请求书及相关证明文件。

（4）各种专利费用可以直接到国家知识产权局缴纳，也可以通过邮局或者银行汇付。

（5）通过邮局汇付的，收款人姓名：中华人民共和国国家知识产权局专利局收费处，商户客户号：110000860；并应当在汇款单附言栏中写明申请号、费用名称（或简称）及分项金额。

（6）通过银行汇付的，户名：中华人民共和国国家知识产权局专利局，开户银行：中信银行北京知春路支行，账号：7111710182600166032；并应当在银行汇款单中写明申请号、费用名称（或简称）及分项金额。

（7）对于只能采用电子联行汇付的，应当向银行付电报费，正确填写并要求银行至少将申请号及费用名称两项列入汇款单附言栏中，同时发至国家知识产权局专利局。

（8）应当正确填写申请号13位阿拉伯数字（注：最后一位校验位可能是字母），小数点不需填写。

（9）费用名称可以使用下列简称：

印花费——印； 发明专利申请费——申；

发明专利公布印刷费——文印；

发明专利实质审查费——审； 发明专利复审费——复；

发明专利登记费——登； 著录事项变更费——变；

优先权要求费——优； 改正优先权要求请求费——改（改优）；

恢复权利请求费——恢；

发明专利权无效宣告请求费——无（无效）；

延长费——延；

权利要求附加费——权（权附）；说明书附加费——说（说附）；

发明专利年费滞纳金——滞（年滞）；

发明专利第N年年费——年N。（注：N为实际年度，例如：发明专利第8年年费——年8）

（10）费用通过邮局或者银行汇付遗漏必要缴费信息的，可以在汇款当日通过传真或电子邮件的方式补充（传真电话：010-62084312；电子邮箱：shoufeichu@sipo.gov.cn）。补充完整缴费信息的，以汇款日为缴费日。当日补充不完整而再次补充的，以国家知识产权局收到完整缴费信息之日为缴费日。

补充缴费信息的，应当提供邮局或者银行的汇款单复印件、所缴费用的申请号（或专利号）及各项费用的名称和金额。同时，应当提供接收收据的地址、邮政编码、接收人姓名或名称等信息。补充缴费信息若不能提供邮局或者银行的汇款单复印件的，还应当提供汇款日期、汇款人姓名或名称、汇款金额、汇款单据号码等信息。

（11）未按上述规定办理缴费手续的，所产生的法律后果由汇款人承担。

15. 外观专利请求书

外观专利请求书如表6-7所示。

表6-7

外观专利请求书

请按照"注意事项"正确填写本表各栏			此框内容由国家知识产权局填写	
⑥使用外观设计的产品名称			① 申请号　　（外观设计）	
			② 分案提交日	
⑦ 设计人			③ 申请日	
			④ 费减审批	
⑧第一设计人国籍　　居民身份证件号码			⑤ 挂号号码	
⑨申请人	申请人(1)	姓名或名称	电话	
		居民身份证件号码或组织机构代码	电子邮箱	
		国籍或注册国家（地区）	经常居所地或营业所所在地	
		邮政编码	详细地址	
	申请人(2)	姓名或名称	电话	
		居民身份证件号码或组织机构代码		
		国籍或注册国家（地区）	经常居所地或营业所所在地	
		邮政编码	详细地址	
	申请人(3)	姓名或名称	电话	
		居民身份证件号码或组织机构代码		
		国籍或注册国家（地区）	经常居所地或营业所所在地	
		邮政编码	详细地址	
⑩联系人	姓名		电话	电子邮箱
	邮政编码		详细地址	
⑪代表人为非第一署名申请人时声明			特声明第____署名申请人为代表人	
⑫专利代理机构	名称		机构代码	
	代理人(1)	姓名	代理人(2)	姓名
		执业证号		执业证号
		电话		电话

续表

⑬分案申请	原申请号		针对的分案申请号		原申请日　年　月　日	
⑭要求我国优先权声明	原受理机构名称	在先申请日	在先申请号	⑮不丧失新颖性宽限期声明	□已在中国政府主办或承认的国际展览会上首次展出 □已在规定的学术会议或技术会议上首次发表 □他人未经申请人同意而泄露其内容	

⑯相似设计	□本案为同一产品的相似外观设计，其所包含的项数为_____项。

⑰成套产品	□本案为成套产品的多项外观设计，其所包含的项数为_____项。

| ⑱申请文件清单
1. 请求书　　　　份　　　页
2. 图片或照片　　份　　　页
3. 简要说明　　　份　　　页

　　图片或照片　　幅 | ⑲附加文件清单
□费用减缓请求书　　　　　份　共　页
□费用减缓请求证明　　　　份　共　页
□优先权转让证明　　　　　份　共　页
□专利代理委托书　　　　　份　共　页
　总委托书（编号_____）
□在先申请文件副本　　　　份
□在先申请文件副本首页译文　份
□其他证明文件（名称_____）份　共　页
□ |

| ⑳全体申请人或专利代理机构签字或者盖章

　　　　　　　年　月　日 | ㉑国家知识产权局审核意见

　　　　　　　年　月　日 |

外观设计专利英文信息表如表 6-8 所示。

表 6-8

外观设计专利英文信息表

使用外观设计的产品名称	
设计人姓名	
申请人名称及地址	

16. 撰写外观设计专利申请文件的要求和说明

（1）申请外观设计专利，应当提交外观设计专利请求书、外观设计图片或照片、以及外观设计简要说明。（表格可以在国家知识产权局网站 www.sipo.gov.cn 下载）

（2）外观设计专利申请表应当使用国家公布的中文简化汉字填写，表中文字应当打字或者印刷，字迹为黑色。外国人姓名、名称、地名无统一译文时，应当同时在外观设计专利英文信息表中注明。

(3) 外观设计专利申请表中方格供填表人选择使用,若有方格后所述内容的,应当在方格内作标记。

(4) 外观设计专利申请表中所有详细地址栏,本国的地址应当包括省(自治区)、市(自治州)、区、街道门牌号码,或者省(自治区)、县(自治县)、镇(乡)、街道门牌号码,或者直辖市、区、街道门牌号码。有邮政信箱的,可以按规定使用邮政信箱。外国的地址应当注明国别、市(县、州),并附具外文详细地址。其中申请人、专利代理机构、联系人的详细地址应当符合邮件能够迅速、准确投递的要求。

(5) 填表说明。

1) 外观设计专利申请表第①、②、③、④、⑤、㉑栏由国家知识产权局填写。

2) 外观设计专利申请表第⑥栏使用外观设计的产品名称应当与外观设计图片或照片中表示的外观设计相符合,准确、简明地表明要求保护的产品的外观设计。产品名称一般应当符合国际外观设计分类表中小类列举的名称。产品名称一般不得超过20个汉字。

3) 外观设计专利申请表第⑦栏设计人应当是个人。设计人有两个以上的应当自左向右按顺序填写。设计人姓名之间应当用分号隔开。设计人可以请求国家知识产权局不公布其姓名。若请求不公布姓名,应当在该栏所填写的相应设计人后面注明"不公布姓名"。

4) 外观设计专利申请表第⑧栏应当填写第一设计人国籍,第一设计人为中国内地居民者,应当同时填写居民身份证号码。

5) 外观设计专利申请表第⑨栏申请人是个人者,应当填写本人真实姓名,不得使用笔名或者其他非正式的姓名;申请人是单位的,应当填写单位正式全称,并与所使用的公章上的单位名称一致。申请人是中国单位或者个人的,应当填写其名称或者姓名、地址、邮政编码、组织机构代码或者居民身份证号码;申请人是外国人、外国企业或者外国其他组织的,应当填写其姓名或者名称、国籍或者注册的国家或地区、经常居住所在地或者营业所所在地。

6) 外观设计专利申请表第⑩栏,申请人是单位且未委托专利代理机构的,应当填写联系人,并同时填写联系人的通信地址、邮政编码、电子邮箱和电话号码,联系人只能填写一人,且应当是本单位的工作人员。申请人为个人且需由他人代收国家知识产权局所发信函的,也可以填写联系人。

7) 外观设计专利申请表第⑪栏,申请人指定非第一署名申请人为代表人时,应当在该栏指明被确定的代表人。

8) 外观设计专利申请表第⑫栏,申请人委托专利代理机构的,应当填写该栏。

9) 外观设计专利申请表第⑬栏,申请是分案申请的,应当填写该栏。申请是再次分案申请的,还应当填写所针对的分案申请的申请号。

10) 外观设计专利申请表第⑭栏,申请人要求外国优先权的,应当填写该栏。

11) 外观设计专利申请表第⑮栏,申请人要求不丧失新颖性宽限期的,应当填写该栏,自申请日起两个月内提交证明文件。

12) 外观设计专利申请表第⑯栏,同一产品两项以上的相似外观设计,作为一件申请提出时,申请人应当填写相关信息。一件外观设计专利申请中的相似外观设计不得超过10项。

13）外观设计专利申请表第⑰栏，用于同一类别并且成套出售或者使用的产品的两项以上外观设计，作为一件申请提出时，申请人应当填写相关信息。成套产品外观设计专利申请中不应包含某一件或者几件产品的相似外观设计。

14）外观设计专利申请表第⑱、⑲栏，申请人应当按实际提交的文件名称、份数、页数及图片或照片幅数正确填写。

15）外观设计专利申请表第⑳栏，委托专利代理机构的，应当由专利代理机构加盖公章。未委托专利代理机构的，申请人为个人的应当由本人签字或盖章，申请人为单位的应当加盖单位公章；有多个申请人的由全体申请人签字或者盖章。

16）外观设计专利申请表第⑦、⑨、⑭栏，设计人、申请人、要求外国优先权声明的内容填写不下时，应当使用规定格式的附页续写。

17. 注意事项

（1）申请外观设计专利应当提交图片或者照片。图片或照片应当清楚地显示要求专利保护的产品的外观设计。申请人请求保护色彩的外观设计专利申请，应当提交彩色图片或照片。

（2）图片或照片的首页用前述所论页，续页可以使用同样大小和质量相当的白纸。纸张只限使用正面，四周应当留有页边距：左侧和顶部各留 25mm，右侧和底部各留 15mm。

（3）对图片或照片的要求。

1）就立体产品的外观设计而言，产品设计要点涉及六个面的，应当提交六面正投影视图；产品设计要点仅涉及一个面或若干个面的，应当至少提交所涉及面的正投影视图和立体图，并应当在简要说明中写明省略视图的原因。就平面产品的外观设计而言，产品设计要点涉及一个面的，可以仅提交该面正投影视图；产品设计要点涉及两个面的，应当提交两个面的正投影视图。

2）必要时，申请人还应当提交该外观设计产品的展开图、剖视图、剖面图、放大图以及变化状态图。此外，申请人可以提交参考图，参考图通常用于表明使用外观设计的产品的用途、使用方法或使用场所等。

3）色彩包括黑、白、灰系列和彩色系列。对于简要说明中声明请求保护色彩的外观设计专利申请，图片的颜色应当着色牢固、不易褪色。

4）六面正投影视图的视图名称，是指主视图、后视图、左视图、右视图、俯视图和仰视图。各视图的视图名称应当标注在相应视图的正下方。其中主视图所对应的面应当是使用时通常朝向消费者的面或最大程度反映产品的整体设计的面。例如，带杯把的杯子的主视图应是杯把在侧边的视图。

5）①对于成套产品，应当在其中每件产品的视图名称前以阿拉伯数字按顺序编号标注，并在编号前加以"套件"字。例如，对于成套产品中的第4套件的主视图，其视图名称为：套件4主视图。②对于同一产品的相似外观设计，应当在每个设计的视图名称前以阿拉伯数字按顺序编号标注，并在编号前加以"设计"字。例如：设计1主视图。③组件产品，是指由多个构件相结合构成的一件产品。分为无组装关系、组装关系唯一或者组装关系不唯一的组件产品。对于组装关系唯一的组件产品，应当提交组合状态的产品视图；对于无组装关系或者组装关系不唯一的组件产品，应当提交各构件的视图，并在每个构件的视图名称前以阿拉伯数字按顺序编号标注，并在编号前加以"组件"字。例如，对于组件产品中的第 3 组件的左视图，其视图名称为：组件 3 左视图。④对于有多种变化状态的产品的外观设计，应当在其显示变化状态的视图名称后，以阿拉伯数字按顺序编号标注。

6）正投影视图的投影关系应当对应，比例应当一致。

7）图片绘制要求：

①图片应当参照我国技术制图和机械制图国家标准中有关正投影关系、线条宽度以及剖切标记的规定绘制。不得以阴影线、指示线、虚线、中心线、尺寸线、点划线等线条表达外观设计的形状。

②可以用两条平行的双点划线或自然断裂线表示细长物品的省略部分。图面上可以用指示线表示剖切位置和方向、放大部位、透明部位等，但不得有不必要的线条或标记。

③不得使用铅笔、蜡笔、圆珠笔绘制图片，也不得用蓝图、草图、油印件。

④用计算机绘制的外观设计图片，图面分辨率应当满足清晰的要求。

8）对照片的要求：

①照片应当清晰，避免因对焦等原因导致产品的外观设计无法清楚地显示。

②照片背景应当单一，避免出现该外观设计产品以外的其他内容。产品和背景应有适当的明度差，以清楚地显示产品的外观设计。

③照片的拍摄通常应当遵循正投影规则，避免因透视产生的变形，影响产品的外观设计的表达。

④照片应当避免因强光、反光、阴影、倒影等，影响产品的外观设计的表达。

⑤照片中的产品通常应当避免包含内装物或衬托物，但对于必须依靠内装物或衬托物才能清楚地显示产品的外观设计时，则允许保留内装物或衬托物。

18．外观设计简要说明

（1）申请外观设计专利的应当提交对该外观设计的简要说明。

（2）外观设计专利权的保护范围以表示在图片或照片中的该产品的外观设计为准，简要说明可以用于解释图片或照片所表示的该产品的外观设计。

（3）简要说明应当包括下列内容：

1）外观设计产品的名称。简要说明中的产品名称应当与请求书中的产品名称一致。

2）外观设计产品的用途。简要说明中应当写明有助于确定产品类别的用途。对于具有多种用途的产品，简要说明中应当写明所述产品的多种用途。

3）外观设计的设计要点。设计要点是指与现有设计相区别的产品的形状、图案及其结合，或者色彩与形状、图案的结合，或者部位。对设计要点的描述应当简明扼要。

4）指定一幅最能表明设计要点的图片或照片。指定的图片或照片用于出版专利公报。

此外，下列情形应当在简要说明中写明：

1）请求保护色彩或省略视图的情况。如果外观设计专利申请请求保护色彩，应当在简要说明中声明。如果外观设计专利申请省略了视图，申请人通常应当写明省略视图的具体原因,例如因对称或相同而省略;如果难以写明的,也可仅写明省略某视图,例如大型设备缺少仰视图,可以写为"省略仰视图"。

2)对同一产品的多项相似外观设计提出一件外观设计专利申请的,应当在简要说明中指定其中一项作为基本设计。

3)对于花布、壁纸等平面产品,必要时应当描述平面产品中的单元图案两方连续或四方连续等无限定边界的情况。

4)对于细长物品,必要时应当写明细长物品的长度采用省略画法。

5)如果产品的外观设计由透明材料或具有特殊视觉效果的新材料制成,必要时应当在简要说明中写明。

6)如果外观设计产品属于成套产品,必要时应当写明各套件所对应的产品名称。

简要说明不得使用商业性宣传用语,也不能用来说明产品的性能和内部结构。

19. 费用减免请求书

费用减免请求书如表6-9所示。

表6-9　　　　　　　　　费用减免请求书

请按照"注意事项"正确填写本表各栏

① 专利申请名称	申请号或专利号	此框由国家知识产权局填写 递交日 申请号条码 挂号条码
	发明创造名称	
	申请人或专利权人	
②请求费用减缓的理由(申请人为个人,请求减缓费用必须如实填写每个人年收入状况):		
③附件清单 □市级以上人民政府管理专利工作的部门出具的关于经济困难情况的证明 □		
④申请人(或专利权人)或专利代理机构签字或者盖章　　　　　　　　　　年　月　日		⑤国家知识产权局处理意见　　　　　　　　　　　　　　　年　月　日

20. 费用减免请求书填写说明

(1) 费用减免请求书应当使用中文填写，字迹为黑色，文字应当打字或印刷，提交一式一份。

(2) 费用减免请求书第①栏所填内容应当与该专利申请请求书中内容一致。其中，申请人或专利权人应为第一署名申请人或专利权人。如果该申请或者专利办理过著录项目变更手续，应当按照国家知识产权局批准变更后的内容填写。

(3) 费用减免请求书第②栏，应当写明请求减缓的理由。个人请求费用减缓的，必须如实填写个人年收入情况，两个以上个人共同申请专利应当填写每个人的年收入情况；单位请求费用减缓的，应当在费用减免请求书中如实填写经济困难情况，并附具市级以上人民政府管理专利工作的部门出具的证明。市级以上人民政府管理专利工作的部门出具的证明应当说明请求专利费用减缓的单位的性质是企业单位、事业单位还是机关团体，并说明其经济困难情况。填写不符合规定或者未提交有关证明的，不予减缓费用。

(4) 费用减免请求书第③栏中的方格供填表人选择使用，若有方格后所述的情况，应当在方格内作标记。

(5) 可以请求减缓的费用为申请费（公布印刷费、申请附加费不予减缓）、发明专利申请审查费、复审费、自授予专利权当年起（含当年）三年内的年费。

费用减免请求是在提出专利申请的同时提出的，可以一并请求减缓上述费用。提出专利申请之后只能请求减缓除申请费外尚未到期的费用，但该请求最迟应当在有关费用缴纳期限届满前两个半月之前提出。

(6) 进入国家阶段的国际申请可以请求减缓的费用为复审费和自授予专利权当年起（含当年）三年内的年费。

(7) 申请人或专利权人为个人者，可以请求减免缴纳85%的申请费、发明专利申请审查费和年费及80%的复审费。申请人或者专利权人为单位的，可以请求减免缴纳70%的申请费、发明专利申请审查费和年费及60%的复审费。两个或两个以上的个人或个人与单位共同申请专利的，可以请求减免缴纳70%的申请费、发明专利申请审查费、年费及60%的复审费。两个或两个以上的单位共同申请专利的，不予减免费用。

(8) 费用减免请求书由国家知识产权局或专利代办处审批。国家知识产权局或专利代办处将同意减免的比例通知申请人。未被批准的，申请人应当在《专利法》及其实施细则规定的期限内按规定数额缴足费用。

(9) 费用减免请求书第④栏，应当由申请人或专利权人签字或盖章，申请人或专利权人为多个的应当由全体申请人或专利权人签字或盖章。申请人或专利权人委托专利代理机构办理费用减免手续并提交声明的，可以由专利代理机构加盖公章。委托专利代理机构办理费用减免手续的声明可以在专利代理委托书中注明，也可以单独提交。

(10) 费用可以直接到国家知识产权局缴纳，也可以通过邮局或银行汇付。若通过邮局汇付，收款人姓名：国家知识产权局专利局收费处；商户客户号：110000860。若通过银行汇付，开户银行：中信银行北京知春路支行；户名：中华人民共和国国家知识产权局专利局；账号：7111710182600166032。

汇款时应当准确写明申请号、费用名称（或简称）及分项金额。未写明申请号和费用名称（或简称）的视为未办理缴费手续。

6.1.3 专利申请文件出现问题的补救措施

1. 补正书

补正书如表 6-10 所示。

表 6-10   补 正 书

请按照"注意事项"正确填写本表各栏

① 专利申请	申请号		此框由国家知识产权局填写 递交日 申请号条码 挂号条码
	发明创造名称		
	申请人		

②补正原因
□根据专利法实施细则第 51 条的规定，请求对上述申请进行修改。
□根据专利法实施细则第 44 条的规定，针对国家知识产权局于_____年__月__日发出的_____通知书（发文序号_____），进行补正。

③ 补 正 内 容	文件名称	文件中的位置	补 正 前	补 正 后

④附件清单
□已备案的证明文件名称：_____，证明文件备案编号：_____
□

⑤申请人或专利代理机构签字或者盖章	⑥国家知识产权局处理意见
年 月 日	年 月 日

2. 意见陈述书

意见陈述书如表 6-11 所示。

表 6-11   **意见陈述书**

请按照"注意事项"正确填写本表各栏

① 专利申请或专利	申请号或专利号	此框由国家知识产权局填写 递交日 申请号条码 挂号条码
	发明创造名称	
	申请人或专利权人	

②陈述事项：
□ 针对国家知识产权局于___年___月___日发出的_____通知书（发文序号_____）陈述意见。
□

③陈述的意见：

④附件清单
□ 已备案的证明文件名称：_____，证明文件备案编号：_____
□

⑤当事人或专利代理机构签字或者盖章 年　月　日	⑥国家知识产权局处理意见 年　月　日

3. 补正书、意见陈述书填表说明

（1）补正书、意见陈述书应当使用中文填写，字迹为黑色，文字应当打字或印刷，提交一式一份。

（2）补正书、意见陈述书第①栏所填内容应当与该专利申请请求书中内容一致。其中，申请人或专利权人应为第一署名申请人或专利权人。如果该申请或者专利办理过著录项目变更手续，应当按照国家知识产权局批准变更后的内容填写。

（3）补正书、意见陈述书第②栏中的"发文序号"位于国家知识产权局发出的通知书地址栏下方。

（4）补正书、意见陈述书第③栏，填写不下时，应当使用规定格式的附页续写。

（5）补正书、意见陈述书第②、④栏中的方格供填表人选择使用，若有方格后所述情况的，应当在方格内作标记。

（6）补正书、意见陈述书第⑤栏，委托专利代理机构的，应当由专利代理机构加盖公章。未委托专利代理机构的，申请人或者专利权人为个人的应当由本人签字或者盖章；申请人或者专利权人为单位的应当加盖单位公章；有多个申请人或者专利权人的由代表人签字或者盖章。

（7）申请文件修改替换的格式要求：

对权利要求修改的应当提交相应的权利要求替换项，涉及权利要求引用关系时，则需要将相应权项一起替换。如果申请人需要删除部分权项，申请人应该提交整理后连续编号的部分权利要求书。

对说明书修改的应当提交相应的说明书替换段，不得增加和删除段号，仅只能对有修改部分段进行整段替换。如果要增加内容，则只能增加在某一段中；如果需要删除一个整段内容，应该保留该段号，并在此段号后注明："此段删除"字样。段号以国家知识产权局回传的或公布/授权公告的说明书段号为准。

对说明书附图修改的应当以图为单位提交相应的替换附图。

对说明书摘要、摘要附图修改的应当提交相应的说明书摘要、摘要附图替换页。

同时，申请人应当在意见陈述书中写明修改涉及的权项、段号、图、页。

4. 发明专利实质审查请求书

发明专利实质审查请求书如表6-12所示。

5. 发明专利实质审查请求书填表说明

（1）发明专利实质审查请求书应当使用中文填写，字迹为黑色，文字应当打字或印刷，提交一式一份。

（2）发明专利实质审查请求书第①栏所填内容应当与该专利申请请求书中内容一致。其中，申请人应为第一署名申请人。如果该申请办理过著录项目变更手续的，应当按照国家知识产权局批准变更后的内容填写。

表 6-12　　　　　　　　　**发明专利实质审查请求书**

请按照"注意事项"正确填写本表各栏

① 专利申请	申请号		此框由国家知识产权局填写
	发明创造名称		递交日
			申请号条码
	申请人		挂号条码

② 请求内容：
　　根据专利法第 35 条的规定，请求对上述专利申请进行实质审查。

③ 附件清单
　□ 申请文件替换文件 _____
　□ 申请日前与本发明有关的参考资料
　□ 外国对该申请检索到的资料
　□ 外国对该申请审查结果的资料
　□

④ 备注
　□ 该申请为 PCT 国际申请，实质审查费不予减免
　□ 该申请为 PCT 国际申请，已由欧洲专利局、日本专利局、瑞典专利局作出国际检索报告，实质审查费减免 20%
　□ 该申请为 PCT 国际申请，已由中国作出国际检索报告及专利性国际初步报告，实质审查费减免 100%
　□

⑤ 申请人或专利代理机构签字或者盖章	⑥ 国家知识产权局处理意见
年　月　日	年　月　日

(3) 发明专利实质审查请求书第③栏中的方格供填表人选择使用，若有方格后所述情况的，应在方格内作标记。

1）申请文件修改替换的格式要求：

对权利要求修改的应当提交相应的权利要求替换项，涉及权利要求引用关系时，则需要将相应权项一起替换。如果申请人需要删除部分权项，申请人应该提交整理后连续编号的部分权利要求书。

对说明书修改的应当提交相应的说明书替换段，不得增加和删除段号，仅只能对有修改部分段进行整段替换。如果要增加内容，则只能增加在某一段中；如果需要删除一个整段内容，应该保留该段号，并在此段号后注明："此段删除"字样。段号以国家知识产权局回传的或公布/授权公告的说明书段号为准。

对说明书附图修改的应当以图为单位提交相应的替换附图。

对说明书摘要、摘要附图修改的应当提交相应的说明书摘要、摘要附图替换页。

同时，申请人应当在实质审查请求书中写明修改涉及的权项、段号、图、页。

2）对于申请日前与本发明有关的参考资料应是能说明发明背景技术的专利文献、期刊、杂志和其他文献资料。专利文献应注明国别、分类号、申请日、申请公布日、申请号或专利号；非专利文献资料应注明国别、名称、引用的文章标题、作者、出版者、出版日期、卷、页数。

(4) 发明专利实质审查请求书第④栏，进入中国国家阶段的国际申请可填写此栏。

(5) 发明专利实质审查请求书第⑤栏，委托专利代理机构的，应当由专利代理机构加盖公章。未委托专利代理机构的，申请人为个人应当由本人签字或者盖章；申请人是单位的，应当加盖单位公章；有多个申请人的由代表人签字或者盖章。

(6) 申请人应当在专利法实施细则规定的期限内缴纳实质审查费。进入中国国家阶段的国际申请，若由欧洲专利局，日本专利局，瑞典专利局作出国际检索报告或宣布不作出检索，实质审查费减免20%；若由中国作出国际检索报告或宣布不作出检索，并由中国作出专利性国际初步报告，实质审查费全免。

(7) 费用可以直接到国家知识产权局缴纳，也可以通过邮局或者银行汇付。如通过邮局汇付，收款人姓名：国家知识产权局专利局收费处；商户客户号：110000860。如通过银行汇付，开户银行：中信银行北京知春路支行；户名：中华人民共和国国家知识产权局专利局；账号：7111710182600166032。

汇款时应当准确写明申请号、费用名称（或简称）及分项金额。未写明申请号和费用名称（或简称）的视为未办理缴费手续。

6.1.4 专利查新

1. 专利查新

输入专利类别或专利名称以及专利人姓名。如图 6-5 所示。

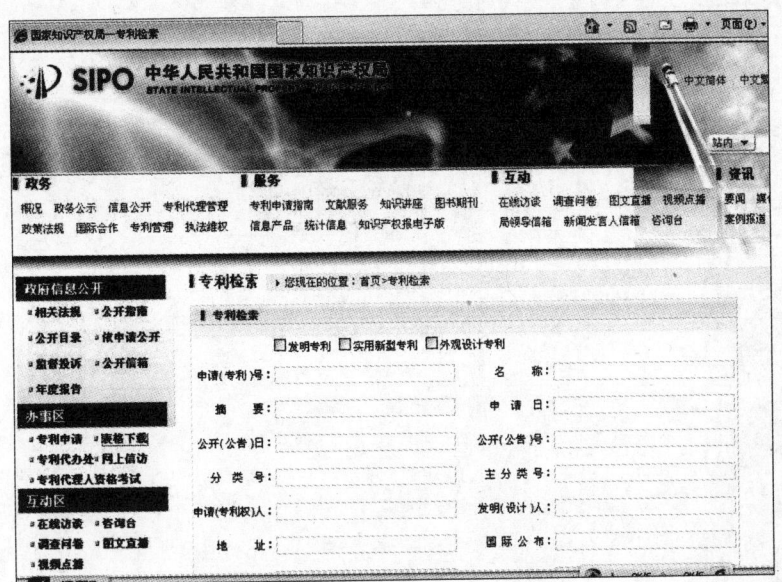

图 6-5

结果 1 （如图 6-6 所示）。

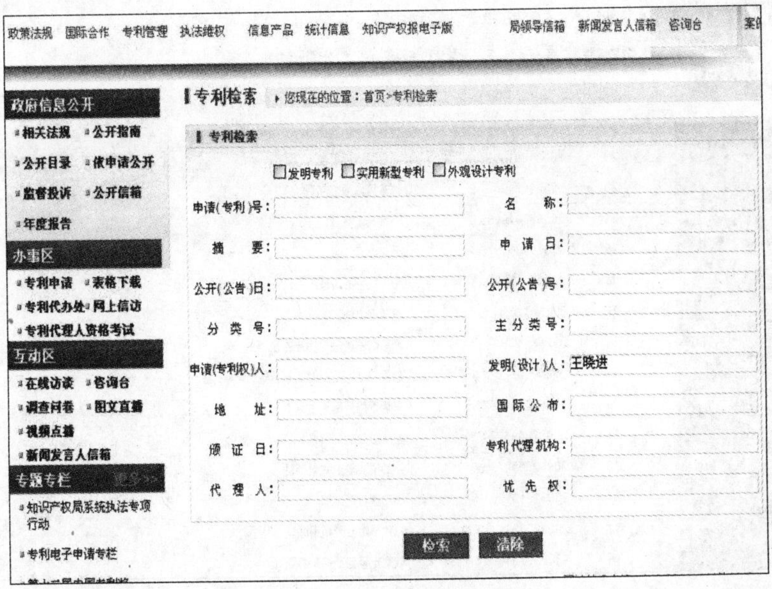

图 6-6

结果 2 （如图 6-7 ~ 图 6-9 所示）。

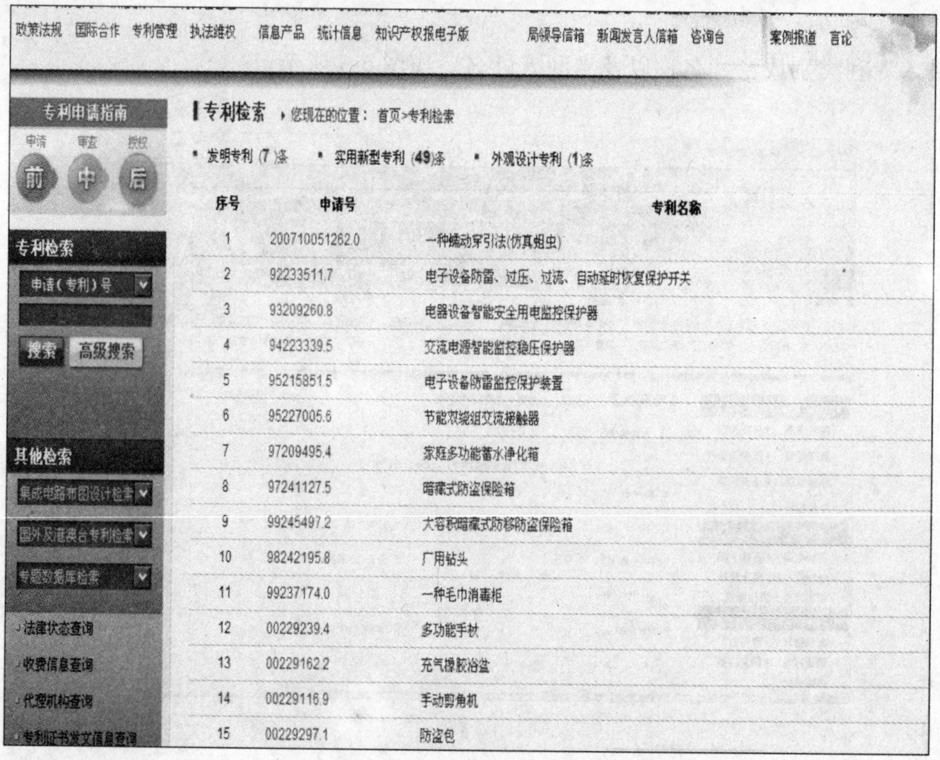

序号	申请号	专利名称
1	200710051262.0	一种蠕动穿引法(仿真蛆虫)
2	92233511.7	电子设备防雷、过压、过流、自动延时恢复保护开关
3	93209260.8	电器设备智能安全用电监控保护器
4	94223339.5	交流电源智能监控稳压保护器
5	95215851.5	电子设备防雷监控保护装置
6	95227005.6	节能双线组交流接触器
7	97209495.4	家庭多功能蓄水净化箱
8	97241127.5	暗藏式防盗保险箱
9	99245497.2	大容积暗藏式防移防盗保险箱
10	98242195.8	厂用钻头
11	99237174.0	一种毛巾消毒柜
12	00229239.4	多功能手杖
13	00229162.2	充气橡胶浴盆
14	00229116.9	手动剪角机
15	00229297.1	防盗包

图 6-7

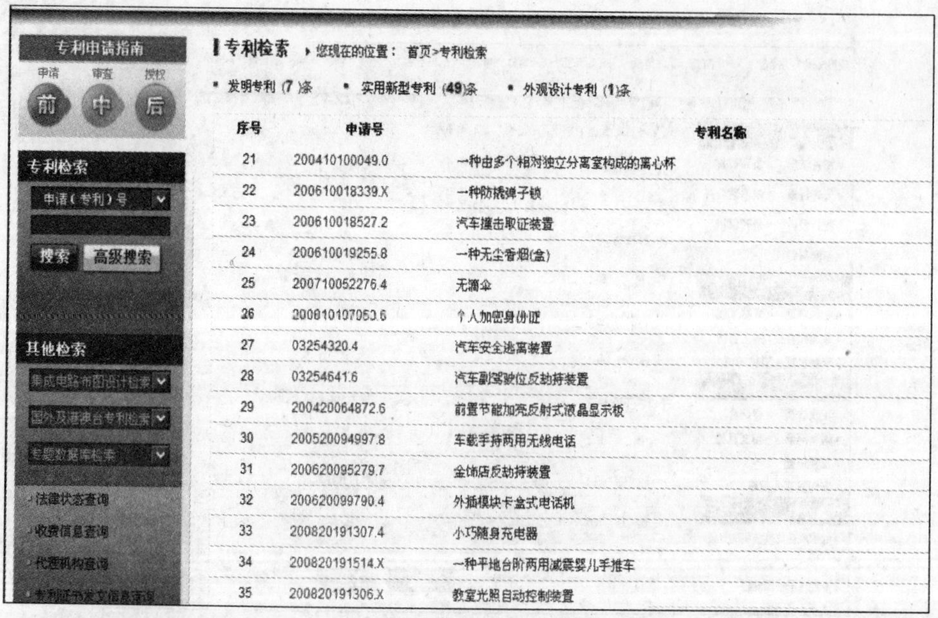

序号	申请号	专利名称
21	200410100049.0	一种由多个相对独立分离室构成的离心杯
22	200610018339.X	一种防挠弹子锁
23	200610018527.2	汽车撞击取证装置
24	200610019255.8	一种无尘香烟(盒)
25	200710052276.4	无滴伞
26	200810107053.6	个人加密身份证
27	03254320.4	汽车安全逃离装置
28	03254641.6	汽车副驾驶位反劫持装置
29	2004200064872.6	前置节能加亮反射式液晶显示板
30	200520094997.8	车载手持两用无线电话
31	200620095279.7	金饰店反劫持装置
32	200620099790.4	外插模块卡盒式电话机
33	200820191307.4	小巧随身充电器
34	200820191514.X	一种平地台阶两用减震婴儿手推车
35	200820191306.X	教室光照自动控制装置

图 6-8

图 6-9

2. 针对上述模板和撰写要求更正不足之处

实例 6.3

一种带电风扇的鞋

1. 所属技术领域：

本实用新型涉及属于日常用品技术领域，特别涉及一种带电风扇的鞋。

2. 背景技术：

目前的鞋类产品中，公知的许多款式的鞋在鞋面上添加了许多网眼，但是在炎热的夏天没有风的情况下，鞋的透气性不良。仍会让人们觉得脚上穿着鞋太热，而许多场合是不能穿拖鞋的，这样就会徒增炎热。所以希望寻求一种能自动产生风、更加凉爽的鞋。

3. 发明内容：

为了解决鞋在没有风的情况下会让人觉得酷热难耐的问题，本实用新型推出了一种带有电风扇的鞋，穿着该鞋不仅可以出入各种场合，而且透气性良好，在没有风的时候也可以让人觉得凉爽。让使用者不再为夏天脚部太热而担心。

针对上述存在的问题，本实用新型发明提出解决的办法及其技术方案是：

（1）在鞋底中间制造一个夹层，夹层里面可以放得下一个脚掌大小的电风扇，且架空层侧边的鞋身采用比较密集的网眼鞋面，相当于电风扇的进风口，夹层的下面封闭，上面接近脚的一面采用镂空式的结构让电风扇的风能顺利吹到脚上，而镂空式结构相当于电风扇的出风口，鞋垫则在对应的出风口上采用网眼结构，这样就能达到脚穿在鞋里舒服凉爽的效果。

(2) 电风扇的电池则放在鞋的跟部,当然电池和电扇本身都有自己对应的固定装置,电池使用一个比较薄的压力感应开关,只有当压力大于设定值时开关才能开动,避免鞋在不必要开关自动开启造成电的浪费。

(3) 鞋的根部与鞋体采用灵活可拆卸式,鞋后跟处电池的上部与鞋垫之间的鞋底可以拆卸,这样当电池使用完时可以更换电池。

4. 本实用新型发明的有益效果:

可以让脚部感觉更加凉爽,增加了鞋的透气性,让人在炎炎夏日也能感觉脚部的舒适。

5. 附图说明:

下面结合附图及实施例对本实用新型作进一步说明。

图 6-10 是本发明实施例的主视图,图 6-10 中:1—可拆卸部分的鞋底;2—电源电池;3—电风扇扇体;4—电风扇与鞋垫之间的镂空小孔;5—电源与电扇之间的电线。

具体实施方式:

在图 6-10 带电风扇的鞋的实例中,1 与 2 之间是一个压力感应开关,当人脚踩上去时,这个感应开关会显示开关闭合,这时电路接通,3 处的电风扇会自动启动,风就会通过 4 的镂空小孔吹到人的脚上,让人的脚部感觉凉爽。

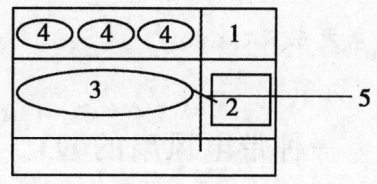

图 6-10 说明书附图

6.2 创新与实践实例

实例 6.4

多功能电脑桌

1. 所属技术领域:

本实用新型多功能电脑桌所属家具用品技术领域,特别涉及木质材料的结构及应用。

2. 背景技术:

通过缩小正常大小电脑桌的方式,设计出一种灵巧简单,可在床上使用的电脑桌,且具有多种实用功能。可以改变人们坐着使用电脑的单一、枯燥的方式,且可以有更舒适的方式和姿势来享受使用电脑的过程,给人以新鲜感,给生活带来了极大的便利和舒适。

3. 发明内容:

公知:由于现今大学生电脑桌使用普及,且功能较少,不能满足使用者以舒适的姿势体验电脑桌的需求,且现今流传于市面上的电脑桌款式过为单一,长时间使用会由于姿势不正规而腰部疼痛，许多人因为长时间以不正确的姿势使用电脑桌造成严重的后遗症，落下了腰间盘突出等遗患下半生的疾病，为了保证人们能以最舒适、最健康的姿势使用电脑桌，故特做此发明。

4. 发明内容（解决问题的方法）：

针对上述存在的问题，本实用新型多功能电脑桌使用防落钩的设计，同时采用可以增大摩擦的表面材料，可调节长短的桌腿，使电脑桌可以倾斜固定住电脑，本实用新型多功能电脑桌的有益效果是，可以供使用者平躺在床上以最舒适的姿势使用电脑。在电脑桌的一端附加防落钩以钩住电脑使其不会在电脑桌倾斜的时候滑落，且钩子采用可转动的设计以适应不同规格的电脑。另一端采用可伸缩式桌腿的设计，以插槽来调节后桌腿的长短，使电脑桌倾斜。

5. 附图说明：

下面结合附图以及实施例对本实用新型多功能电脑桌作进一步说明：

如图 6-11 所示，图 1 是本实用新型多功能电脑桌的主视图的结构示意图，考虑到大部分人群的身材比例，该电脑桌设计成宽约 45cm 高约 17cm。图 2 是本实用新型多功能电脑桌结构俯视图的示意图，电脑桌面宽 25cm，桌面上有方便放置杯子的原型槽，以及可以倾斜桌面卡住电脑的条形 25cm 长槽。

6. 具体实施方式：

如 6-11（图 3）所示，电脑桌的前腿采用可弯曲式设计，使用可弯曲但韧性十足的塑料材质，后腿结合处采用可旋转式设计，让整个电脑桌可以人为使之倾斜，其前方卡槽可以卡住电脑使其不会滑落。

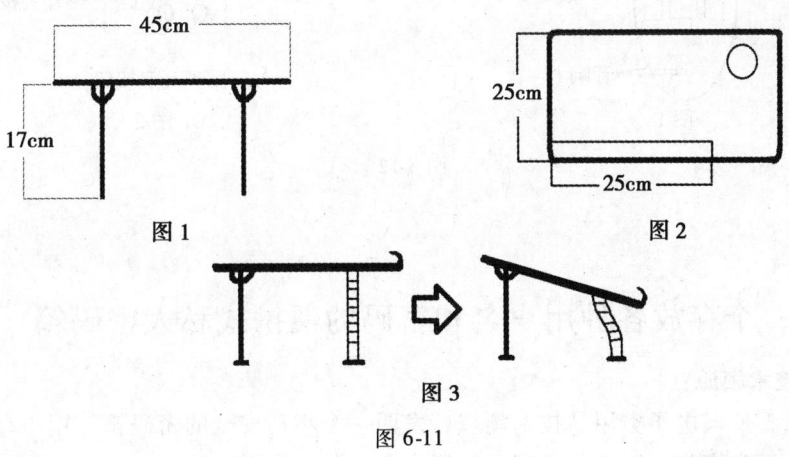

图 6-11

实例 6.5

一个绝对可以叫醒你的闹钟

1. 所属技术领域：

本实用新型所属家用小电器用具用品技术领域，设计一个音响与开关按钮分离的闹钟，让你不再为按时起床而担忧。

2. 发明内容：

当今社会生活节奏越来越快，各种学习工作都要求高效率地按时完成，然而一天之计在于晨，对于广大学生和上班一族来说，早起恐怕是难上加难，这就需要一个可靠的闹钟来叫醒熟睡中的人们。但是相信许多人都有这样的经历，把定好的闹钟放在床头，早晨闹钟响了，但是实在难以抵挡对睡眠的渴望，于是就顺手把闹钟关了继续睡，这一睡恐怕就一两个小时过去了，这就需要一个绝对可以叫醒你的闹钟。本设计就是设计一个音响与开关按钮分离的闹钟，把音响放在床头，而把开关按钮放在洗手间，这样就能避免顺手关闹钟的习惯了，逼迫你不得不下床走到洗手间关闹钟，相信在这个过程中你也就清醒了，从而达到早起不迟到的目的。

3. 技术背景：

基于现有的闹钟技术，将音箱设备和远程开关按钮分开设计，这其中要用到远程控制技术，在闹钟（只含音箱设备）和按钮中各安装一个控制芯片，在按钮中进行计时并设定程序，在规定的时刻按钮中的程序启动，通过远程控制向闹钟发送指令，启动闹钟，即达到响铃效果。在这项设计中，闹钟部分只是相当于一个显示器和影响，而对时间的设定和修改等操作则由按钮部分完成。

4. 附图说明：（如图 6-12 所示）：

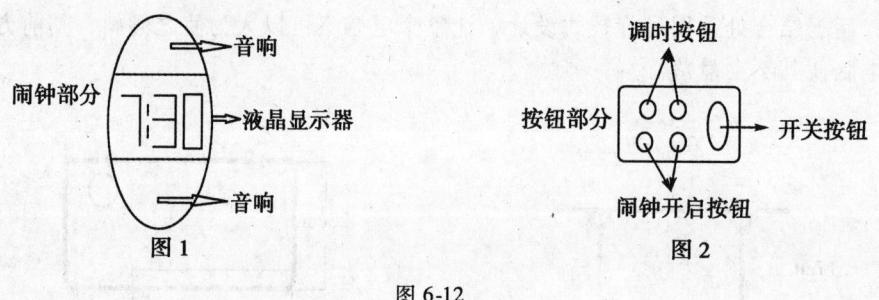

图 6-12

实例 6.6

一个存放各种用户名和密码的便携式私人密码箱

1. 所属技术领域：

本实用新型所属电子类用品技术领域，发明一个小巧安全的密码箱，用于存放各种密码和用户名，随身携带，以免忘记密码和用户名。

2. 发明内容：

当今社会人们的生活越来越被各种消费卡、银行卡和账户所占据，如：QQ、人人、微博、邮箱、支付宝、财付通、淘宝，等等，这么多的用户名和密码一一记起来肯定会忘记，然而只设定一个密码又太不安全，对于那些不经常使用的账户人们难免会忘记其用户名和密码，而当人们要用的时候就会带来麻烦，影响人们的生活和工作，但这又是一个很现实的问题,随着网络技术的运用,人们势必会被各种账户和密码所包围,这就急需发明一个安全性高的密码箱而且要方便携带,帮人们存储各种用户名和密码,在人们忘记时快速帮人们找到用户名和密码,以解决不必要的麻烦。本设计就是发明一个便携式密码箱,用户可以随时存储各种账户,而只需记住自己给密码箱设定的一个密码,每次使用时进行身份验证。

3. 技术背景:

该产品硬件部分包括一个液晶显示器和一个键盘,内部含有一个密码存储器和一个简单的 CPU 处理芯片,已进行数据处理和身份识别,此外还要用到无线电通信技术,在 CPU 系统内设定一个自杀式程序,当密码箱丢失时,用手机给密码箱发送指定信号,已启动系统内设定好的程序,该程序的任务就是格式化整个内存空间和硬盘空间,以销毁存储的数据,保障用户的财产安全以及人身安全,避免被他人捡到并对密码箱进行解码,造成隐私泄露带来的危害。

4. 附图说明(如图 6-13 所示):

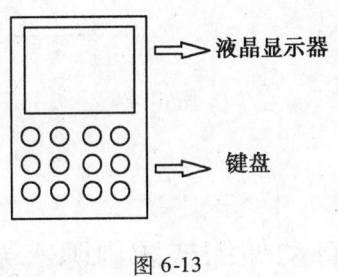

图 6-13

实例 6.7

环保无针订书机

1. 所属技术领域:

本实用新型涉及弹簧按压装置的一些简单的技术和原理。

2. 背景技术:

目前,人们平时所用到的订书机都是带有订书钉的,这样的订书机不够环保,也会给人们带来一些不必要的麻烦。首先,使用过的订书钉会变成污染环境的垃圾,其次,若在使用的过程中不够仔细,还会伤到自己的手指,而且若是订错了位置,利用各种工具将订书钉取下来也是一件很麻烦的事。

3. 发明内容:

为克服上述这些订书机的缺点和不足,本实用新型提供了一种无针环保的订书机,该订书机安全、环保、方便操作,装置简单且便于携带。

本实用新型解决其技术问题所采用的技术方案是:首先,订书机外观由塑料制成,由于人们利用弹簧的按压原理与技术,在该装置的上面要有按动的按钮,所以把外形做成像双层生日蛋糕一样。这块"蛋糕"底下有个细缝,只要把纸塞进这条细缝里,然后像按普通订书机一样轻轻一按,就能把纸张轻松"钉"在一起。这样能够装订纸张的原因是装订后,会有一个椭圆形的小孔,那是因为订书机把那部分的纸切开,并把那部分被切开的纸"扣"在纸面留下的,这样纸张就粘联在一起了。这样的订书机适用于纸张页数不多的情况。尤其适用于装订票据与简单文件。

4. 附图说明:

如图6-14(图1)所示,1部分为订书机的按动部分,按动上面即可压动位于内部的弹簧,使力量作用于内部的椭圆形小孔上,达到将纸张粘合的目的。2部分是将要粘合的纸张塞入此处。如图6-14(图2)所示,是纸张装订过后的效果图。1部分为装订过程中被切掉纸片后留下的空洞,2部分是装订后被留在纸张背面的椭圆形纸片。

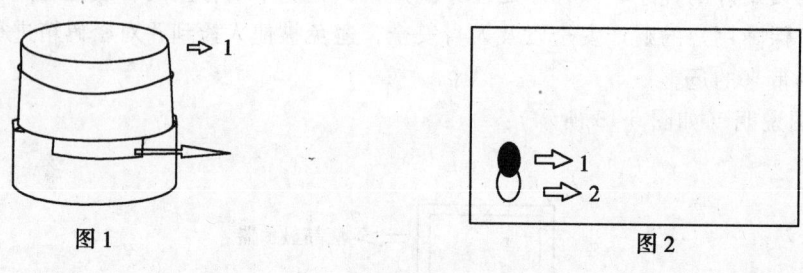

图6-14

实例6.8

自动伸缩式防雨晾衣架

1. 所属技术领域:

本实用新型涉及感应湿度、光度的传感器装置和伸缩衣架的控制传动机装置以及简单的单片机控制装置。

2. 背景技术:

现有的晾衣架类型主要有固定型、折叠伸缩式、手动升降型等若干种,这些装在户外的晾衣架为人们在晴天晾晒衣物提供了方便,但也会带来人们在外出时室外晾晒衣物被突降雨水淋湿的烦恼。同样,在夜晚降雨和湿度比较大的天气,衣物若不及时收进室内也会使衣物变潮、变湿。

3、发明内容:

为了克服衣物被雨水淋湿的烦恼与不便。本实用新型提供了一种智能晾衣架,利用简单的单片机芯片控制,再加上传感器来感知外部温度和天气的变化,研制出一种自动伸缩式的防雨晾衣架。

本实用新型解决其技术问题所采用的技术方案是:在晾衣架的外端安装湿度传感器和光强传感器,余部轴上卷绕防水雨布。湿度传感器和光强传感器感应外部天气变化,当大气湿度达到80%以上,或光强弱到一定数值时,传感器发出信号,通过控制电路控制电机的转动,通过传动机能够使晾衣架横杆缩回,同时电机带动雨布轴,将雨布伸出打开,包裹整个晾衣架;当天晴或者天亮时,晾衣横杆伸出。

本实用新型的有益效果是：在具有普通晾衣架功能的同时，能够自动感光，感应湿度，组合利用传感器和单片机，起到保护衣服不被淋湿的作用。

4. 附图说明：

如图 6-15 所示，图 1 是衣架的俯视图，其中 1、2 两部分是衣架的支杆上面安装有光度和湿度的传感器。图 2 是衣架的侧视图，其中 1 部分携带防雨布，且内部安装了电机和单片机等装置。当接收到传感器的信号时即启动防雨布。

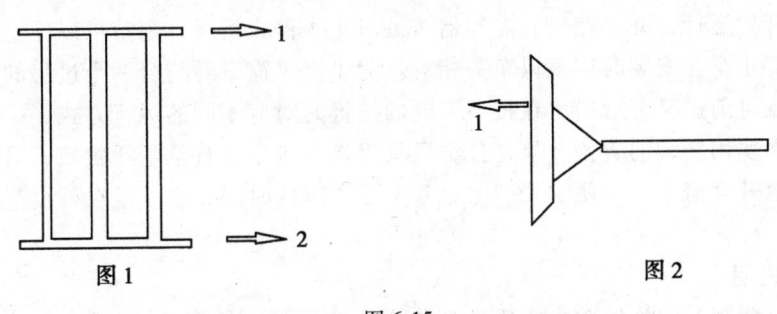

图 6-15

实例 6.9 （作品出自武汉大学数学与统计学院在校学生）

一种自动开关窗帘装置

1. 技术领域：

本实用新型涉及家庭用具技术领域，特别涉及自动开关窗帘装置。

2. 背景技术：

公知，随着时代的进步，居民的住房面积越来越大，于是想要从房间的一端走到另一端拉上窗帘或拉开窗帘都会花费不少时间，而人们更希望不在生活小事上面耗费时间。此外，遥控吸顶灯的普及也揭示了一个家居遥控化的整体趋势。现在市场上也有声控窗帘，但是声控窗帘成本较高，对使用者的普通话水平也有较高要求，不适合所有使用者，不利于推广和普及。

3. 发明内容：

本实用新型要解决的技术问题是要提供一种成本相对较低的遥控自动开关窗帘的装置。解决上述技术问题的方案是：一种自动开关窗帘的装置，包括带卡槽的窗帘轨道，一组小车和遥控器。小车的车轮固定在卡槽内，车尾的挂钩和第一个窗帘的挂钩相连接，小车的运行方式类似于玩具遥控车，可以前进，也于以后退。

下面对上述解决技术问题的方案进行说明：

（1）为使窗帘平稳地开合，安装窗帘轨道时要把一对轨道错位安装，并在中间位置重叠一部分，两条轨道之间要留出适当的距离，防止小车摩擦。另外轨道的端点是封闭式的，小车运行到端点时不会再前行。

（2）小车的车轮要固定在卡槽内。卡槽内侧面有一个长度比轨道长度略短、宽度比小车车轴的直径略宽的挖空部分，使小车车轴恰好穿过，车身在两槽之间而车轮在卡槽里面。为了使小车稳固地在轨道上运行,要在小车的底部和车轮之间留有一定的间隙,防止小车底部和卡槽摩擦导致磨损。

(3) 小车的宽度要和轨道的宽度相差不多,车身采用较轻的材料制作,以便延长其使用寿命。

(4) 小车的尾部安装有固定的挂钩,这个挂钩与窗帘的第一个挂钩相连接,小车启动时窗帘也会随动。为防止两个挂钩脱离,在连接好之后将两个挂钩完全封闭。

(5) 小车的内部安装有感应遥控的装置,其构造类似于玩具遥控车,在按下遥控器按键时小车开始运行,并且在松开遥控器按键时小车停止运行,窗帘可以停止在不同的位置。并且两部小车在安装时应该以车头相对。为了满足窗帘开与合两个过程的进行,遥控装置要满足既可前进又可后退,在按下不同的按键时对应不同的运行方式。

综上,本实用新型的有益效果是:将玩具遥控车应用于日常生活领域,只要按下遥控器按键就可以开合窗帘,方便了人们的日常生活,节约时间,成本也在可控范围内,可以推广使用。

4. 附图说明:

下面结合附图及实施例对本实用新型作进一步说明:如图 6-16 所示。图 1 是本实用新型的整体结构主视图的示意图;图 2 是本实用新型结构俯视图的示意图;图 3 是本实用新型的轨道侧视图的示意图;图 4 是本实用新型的轨道侧视图的示意图;图 5 是本实用新型的遥控器主视图的示意图。

图 6-16 中零部件的标号说明:

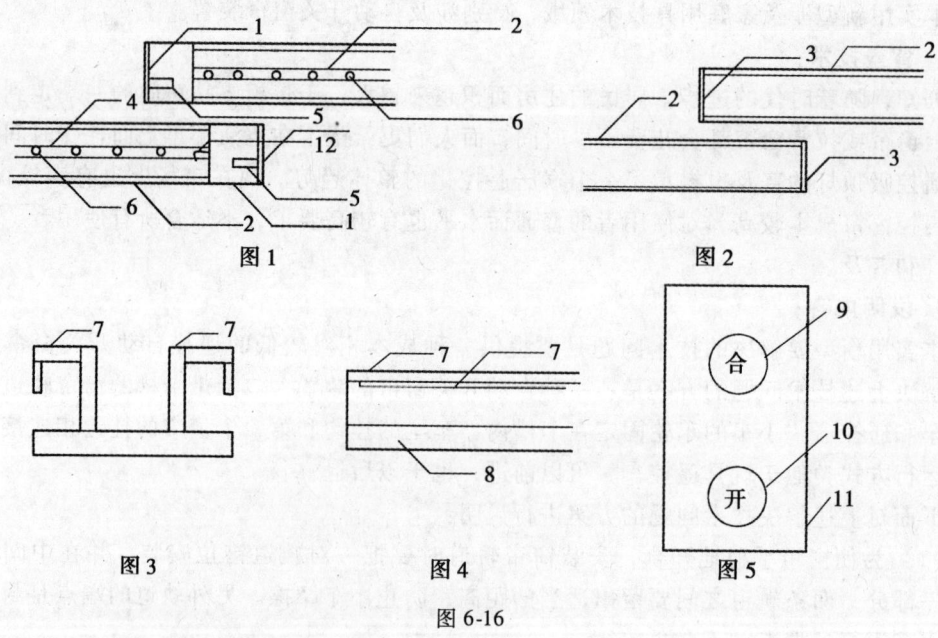

图 6-16

1—小车;2—小车轨道;3—挡板;4—窗帘轨道;5—电池仓;6—窗帘挂钩;7—卡

槽；8—挖空部分；9—"合"键；10—"开"键；11—遥控器主体；12—车尾挂钩。

5. 具体实施方式：

下面结合附图，对本实用新型解决上述技术问题采取的技术方案的有效方式做进一步说明：

在电池仓（5）内装入电池，此时窗帘是拉开的状态，按下遥控器的"合"键（9），两部小车（1）在轨道（2）上开始相向朝轨道（2）的挡板（3）运行，小车（1）尾部的挂钩（12）带动窗帘最靠近车尾的某个挂钩（6）向前运行，窗帘慢慢闭合，到小车（1）接近轨道（2）端点时，松开遥控器的"合"键（9），小车（1）在轨道（2）上停止，窗帘的第一个挂钩（6）停止向前，窗帘恢复静止状态，左半边窗帘的一边被右半边窗帘的一边遮挡。按下遥控器的"开"键（10），两部小车（1）在轨道（2）上反向而行，小车尾部的挂钩（12）带动窗帘的第一个挂钩（6）反向运行，窗帘慢慢拉开，当进光量合适时松开遥控器的"开"键（10），小车静止在轨道（2）上，窗帘随之静止。

实例 6.10 （作品出自武汉大学土木建筑工程学院在校学生）

一种改进的旱冰鞋

如图 6-17 所示，旱冰鞋有两种，双排轮旱冰鞋和直排轻旱冰鞋。我刚刚初学滑旱冰的时候是穿的双排旱冰鞋，看上去 4 个轮子应该是很稳的，可实际上初学者很难掌握平衡，经常摔跤。身体后仰，使重心偏后，就会让前排的轮子脱离地面，只剩后面的轮子支撑身体，这样轮子一滚动，人就会向后摔倒。往往速度快了，摔倒后会出现严重的后果，比如手臂骨折，我的一个同学就摔伤过。

直排旱冰鞋不会出现向后摔倒的情况，但只有一排轮子，初学者往往站不稳，脚会向左右崴；而且大多数溜冰场提供的溜冰鞋都是双排的。能不能改进一下双排旱冰鞋，使之能让初学者很安全地学习怎样滑旱冰呢？我想到儿童车后面的轮子两边都有小一点的轮子，这样儿童车歪倒时会支撑住，同样的道理，可以在双排旱冰鞋后跟的中间加上一个小一点的轮子，高度与前端的橡胶块平齐。这样，如果人往后仰，后面的小轮会着地支撑住，人就不会摔倒了。

（改进后的图不会画，老师见谅。）

（a）双排轮旱冰鞋　　　　　　　　（b）直排轮旱冰鞋

图 6-17

实例 6.11

一种多功能拖鞋

1. 所属技术领域:

本实用新型属于家用家居用品领域。

2. 背景技术:

目前,每个家庭都要面临打扫卫生的问题,而拖把是每家必不可少的工具,但是拖把占地面积太大,所以本发明将拖鞋和拖把结合起来,一物两用,节约空间。

3. 发明内容:

为了解决现有的家用品太多、太杂且占地面积太大的问题,特研制了一种多功能拖鞋。本实用新型解决其技术问题所采用的技术方案是:在一般拖鞋的鞋底加装拖把用料,这样平时在家里行走的时候就可以达到拖地的目的。本实用新型的有益效果是,可以在平时走动的时候就可以达到拖地的目的,一举两得。

4. 附图说明:

下面结合附图和实施例对本实用新型作进一步说明。如图 6-18 所示,是本拖鞋的结构图三视图中的两种视图,鞋底的部分可以拆卸。

5. 具体实施方式:

鞋底的部分可以轻松拆下清洗,方便循环使用。

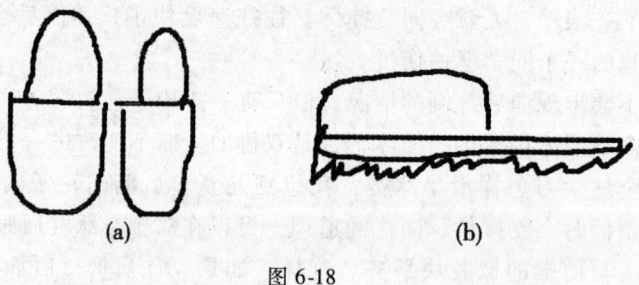

图 6-18

实例 6.12 (作品出自武汉大学水利水电学院在校学生)

一种可升降插线板

1. 所属技术领域:

本实用新型所属家用小电器用具用品技术领域。

2. 技术背景:

在学生寝室或室内,常由于电线长度不够或插孔过少而需使用插线板,但是插线板大多数情况下都只能放置于地面,即使放在桌面上也是十分碍事的。同时针对学生寝室,同学们常常需要在床上使用电器、电脑、电热毯、手机充电等,尤其是后两种用电器的插线普遍较短,但是若将插线板放置于床上也不卫生,且具有一定的安全隐患。因此设计一种带底座可以升降的插线板供使用。

3. 发明内容:

针对上述存在的问题，本实用新型提出一种带底座可以升降的插线板，为居住在寝室需要在床上使用电器的同学使用，同时在家居环境中，升高插线板的高度也可以减少因为地面潮湿而造成的线路老化和短路问题。

本实用新型解决其技术问题所采用的技术方案是：在传统接线板的基础上底部安装四个类似于收音机天线的结构，为拉伸结构；下部安装一嵌入式底座。需要升高插线板时，即首先将插线板向上做平动，底部平置的四根长度相等的拉伸结构便随之直立起来，之后便可以对插线板的拉伸结构进行拉伸抬高插线板的位置，这样的插线板可以水平放置，也可以倾斜放置，而底座便起到了平衡整体的作用，四根长度相同的拉伸结构也保证了插线板的稳定性。

4. 本实用新型的有益效果：

可以在上方使用的电器电线不够长，同时也不方便为插线板寻找支撑物的情况下，或者在家居或工作环境中，由于地面潮湿插线板不适宜放置于地面上的情况下，解决用户对插线板的使用难题。

5. 附图说明：

下面结合附图和实施例对本实用新型作进一步说明。如图 6-19 所示，图 1 是插线板正面构造示意图；图 2 是插线板底部构造示意图；图 3 是仿收音机天线拉伸结构示意图；图 4 是底座正面构造示意图；图 5 是底座正侧面透视示意图；图 6 是底座侧面构造示意图。

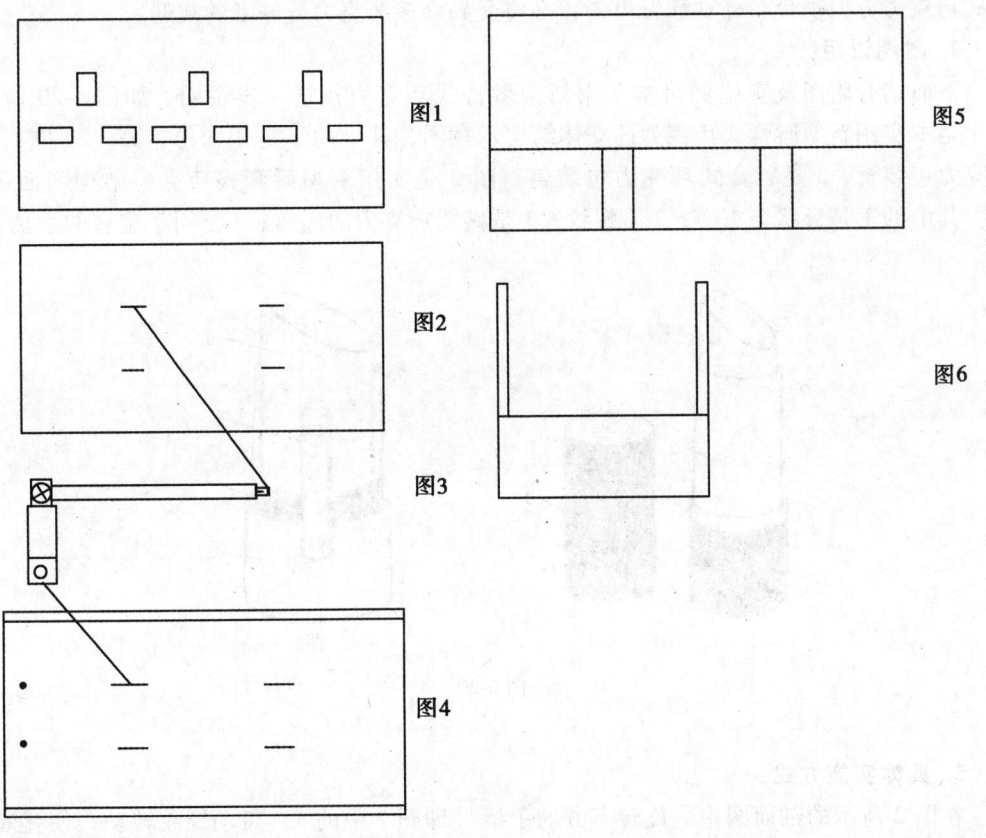

图 6-19

实例 6.13 （作品出自武汉大学文学院在校学生）

<h2 style="text-align:center">一种唇膏式巧克力</h2>

1. 所属技术领域：

本实用新型唇膏式巧克力所属日常生活技术领域，特别涉及一种唇膏式巧克力。

2. 背景技术：

公知，巧克力已成为东西方国家老少皆宜的食品。除直接食用之外，巧克力酱可以涂抹在面包与点心上，固态巧克力奶油也可以用于食物上的独特装饰。生活中人们面对非固态巧克力有诸多无可奈何之处。首先是使用不便，用勺子在瓶中取出涂抹食品上，费力同时也不卫生；而这种食物本身的状态和颜色也让众多人苦恼，不小心滴在衣物或桌布上，处理起来极其麻烦。

3. 发明内容：

针对上述存在地问题，本实用新型提出解决的办法及其技术方案是，让巧克力与人们常用的化妆品的使用方法无异，将巧克力制作成能自行成型的膏状形态，盛装于类似唇膏的容器中，方便人们使用。

本实用新型唇膏式巧克力的有益效果是：拿取时可以直接旋出或旋回，避免罐装巧克力酱被勺子的多次污染；同时，这种包装极其便于使用时涂抹和描画形状；其次，这种唇膏式巧克力方便携带，外观新奇可爱，必将受到众多巧克力爱好者的欢迎。

4. 附图说明：

下面结合附图及实施例对本实用新型唇膏式巧克力作进一步说明。如图 6-20 所示，图 1 是本实用新型唇膏式巧克力的立体结构示意图，其中的 1 是膏状巧克力；2 是唇膏式巧克力包装管；3 是唇膏式巧克力包装盖。图 2 是实用新型唇膏式巧克力结构剖面示意图。其中的 1 是膏状巧克力；2 是螺纹；3 是盛装巧克力的底座；4 是用于旋转的手柄。

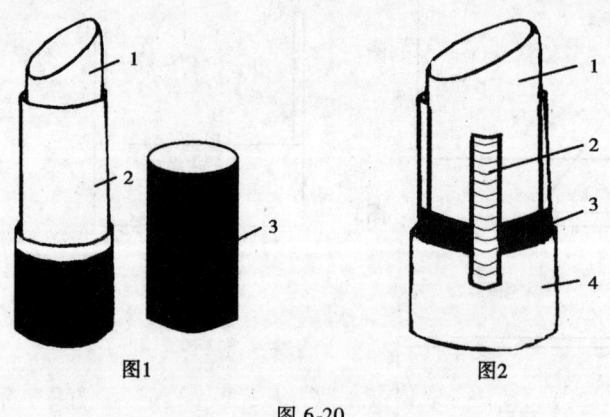

图 6-20

5. 具体实施方式：

在图 2 所示的剖面图中，旋转下方的手柄（即图 2 中的 4）带动螺纹转动，使盛装巧克力的底座（结构3）上升（或下降），从而带动粘结在其上方的巧克力上升（或下降），使巧克力具有和唇膏一样的使用方法。

图1的3是巧克力的包装盖，在使用时拔开即可，使用后可严密地盖在包装管上。

实例 6.14

一种减少风阻力的雨伞

1. 所属技术领域：

本实用新型一种减少风阻力的雨伞涉及雨伞的改进，特别涉及伞面的改进。

2. 背景技术：

本实用新型一种减少风阻力的雨伞是对现有雨伞的改进。雨天遇上风时，由于伞面的面积过大，雨伞就会产生较大的阻力。阻力过大，不仅持伞人觉得费力，而且影响雨伞的寿命，甚至，风力太大时会直接吹毁雨伞，给持伞人带来极大的不便。人们设计了许多种类的雨伞，但没有有效解决雨中风阻力的问题。

3. 发明内容：

本实用新型要解决的技术问题是可以在雨天减小风阻力的雨伞。

解决上述技术问题的方案是：一种减少风阻力的雨伞，包括伞孔，孔盖，圆片。

4. 附图说明：

下面结合附图对本实用新型作进一步的说明。如图6-21所示，图1，本实用新型整体结构俯视图；图2，本实用新型伞孔处结构俯视图；图3，本实用新型孔盖与圆片连接主视图；图4，本实用新型孔盖上小圆环与圆片上小圆环连接处主视图。

图6-21中零部件的标号说明：1—伞孔；2—圆片；3—孔盖；4—圆片上的小圆环；5—孔盖上的小圆环；6—挡片。

下面对上述解决技术问题的方案进行说明：

（1）伞孔，呈圆形，位于伞面上，是在伞面上开的小孔，位置如图6-21（图1）所示。其功能是当遇风时，风力可以从伞孔中通过。

（2）孔盖，同样呈圆形，面积稍大于伞孔，覆于伞孔上与圆片连接，功能是防止雨水从伞孔处落下。孔盖上部（该处以小圆环所在位置为上部）有一小圆环，小圆环与孔盖在同一平面，为扁形，用于与圆片的连接。孔盖的下半部稍重于上半部，以便孔盖可以落下。

（3）圆片，围于伞孔，用于固定伞孔，同时为伞盖提供附着点。圆片上部（以有小圆环处为上部）有一小圆环，垂直于圆片所在平面，恰能容下孔盖上的小圆环。小圆环上部有一挡片，以保证孔盖可以落下。

需要注意的是，伞孔的大小，若伞孔过大则影响雨伞的强度，若伞孔过小则减小阻力效果不佳。伞孔位置大约位于伞面中部偏上，此处结构强度较大，所受阻力也较大。孔盖的上、下部重量应该有所差异，确保孔盖可以落下。圆片上的小圆环应保证孔盖可以自由转动，而且转动角度在一定范围内。

综上，本实用新型的有益效果是：在满足雨伞防雨功能的同时，减小风的阻力，便于使用。尤其是孔盖与圆片组合,可以随风力大小改变伞孔打开的大小(控制孔盖与圆片的角度),不仅结构简单,便于生产,而且具有新颖性。

5. 具体实施方式:

下面结合图6-21,对本实用新型为解决上述技术问题所采取的技术方案的有效方式做进一步说明:图1中,未画出孔盖(3),伞孔(1)位于伞面上,位置如图6-21(图1)所示。图2中,孔盖(3)完全覆盖伞孔及圆片,其下部厚于上部。圆片(2)包裹着伞孔(1)。圆片上的小圆环(4)与圆片(2)垂直,孔盖上的小圆环(5)与孔盖(3)在一个平面上。图3中,孔盖上的小圆环(5)大部分与孔盖(3)相连接,其环半径(外圆半径减去内圆半径)等于圆片上的小圆环(4)的内圆半径。圆片上的小圆环(4)内圆上有挡片(6),当孔盖与孔盖上的小圆环转动到挡片时阻碍其转动。图4为孔盖上的小圆环与圆片上的小圆环连接处的放大图。

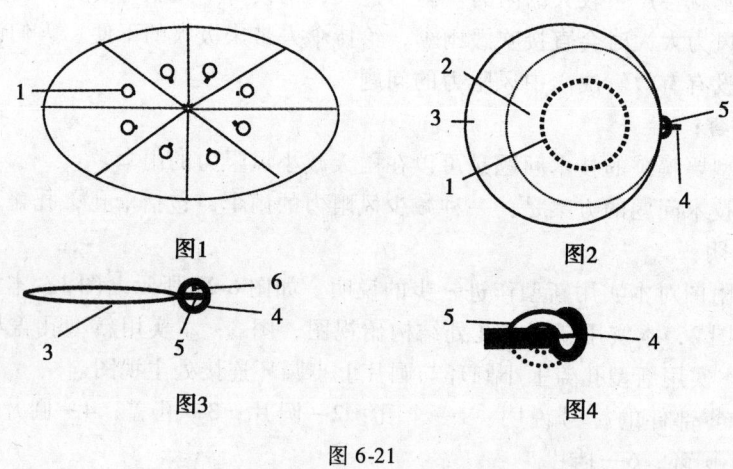

图 6-21

实例 6.15

一种新型自蔓延铝焊粉

1. 所属技术领域

本实用新型所属自蔓延焊接技术领域,特别涉及一种应急下的不停电焊接修复的新型自蔓延铝焊粉。

2. 背景技术:

公知,自蔓延铝焊粉是一种新型铝焊接材料,因为其焊接过程无需热源、电源、气源、能源,是属于典型的低碳型绿色焊接材料。其焊接冶金反应原理是还原性金属铝与另一种金属氧化物通过放热反应生成熔融的金属来实现焊接工艺。一般而言,自蔓延铝焊粉由高热剂、造渣剂、合金剂组成,普遍存在着难以引燃,反应时间较长以及焊缝金属渣液分离较差等缺点。

3. 发明内容:

为了克服上述不足,本实用新型专利提供新的解决方案。其技术方案是在自蔓延铝焊粉中加入了氯酸钾，一种无色片状结晶或白色颗粒粉末，是强氧化剂。常温下处于稳定状态，高温加热时分解释放氧气，特别说明该分解反应为放热反应。本实用新型的有益效果是，氯酸钾的加入可以提高自蔓延铝焊粉的可燃性、减少反应时间、提高渣液分离率。

4. 附图说明：

下面结合附图和实例对本实用新型作进一步说明。如图6-22所示，为本实用新型所应用的自蔓延铝焊粉实验的模具纵向剖面结构图。图6-22中标号：1—石墨模具；2—铝片；3—火药；4—焊粉；5—导流孔；6—焊接点。

5. 具体实施方式：

将石墨模具（1）清理干净，摆放在需焊接的母材之上，焊接点（6）对准母材焊缝的中间，方便焊粉反应后生成的铝水流入焊缝凝固；在铝片（2）处摆放一薄铝片防止倒入模具的焊粉通过导流孔（5）泄露；铝片（2）放好后将搅拌好的配方焊粉倒入模具（1）中，再在焊粉（4）上铺上火药（3）。反应时只需用点火枪点燃火药（3）即可使焊粉发生反应生成熔融铝水通过导流孔（5）流入与焊接点（6）对准的焊缝中凝固。

氯酸钾的添加可以分为三种：

第一种是在火药（3）与焊粉（4）之间铺上一层薄且均匀的氯酸钾，以氯酸钾作为引燃剂，降低焊粉的易燃点，其高温分解释放的氧气增加了焊粉的可燃性。

第二种是加入配方焊粉（4）中做供氧剂，将一定量的氯酸钾配方一起搅拌做成焊粉放入模具，点燃火药引燃焊粉发生反应，氯酸钾高温发生放热分解反应，为焊粉反应不断提供热量，氯酸钾分解生成的氯化钾可以作为造渣剂，提高焊粉反应生成的渣液分离率。

第三种是将前两种综合起来使用，做到效益双收。

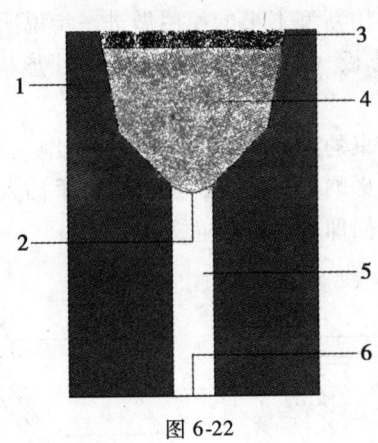

图6-22

实例6.16

一种可方便学生午休的书桌

1. 所属技术领域：

本实用新型涉及学生学习工具领域，尤其是涉及一种可方便学生午休的书桌。

2. 背景技术：

公知，在校学生常常因为中午时间短、校园面积大或天气等因素影响而不能回寝室午休，更多情况下只能是趴在教室或图书馆的书桌上小憩片刻。午休对学生的重要性不言而喻，但现有书桌通常较硬，趴在上面休息很容易造成手臂压迫而发麻，不仅极不舒服，而且大大影响了学生的午休质量。另外，冬天午休双手冰凉也一直是一个困扰学生的问题。因此，有必要在现有基础上，对学生书桌进行一定的改进，以方便学生在校午休。

3. 发明内容：

针对上述提到的问题，本实用新型学生书桌在现有书桌的基础上进行了改进。书桌的上层薄表面一块长方形区域板可以抽出，其下安置有一块同样形状大小的软垫，可供学生趴在上面休息。软垫的两侧各有一个可以将手伸入其中的圆柱形槽，可以解决冬天午休时双手发冷的问题。本实用新型学生书桌的有益效果是：解决了学生趴在书桌上休息会因长时间的压迫而造成手臂发麻，以及冬天休息时双手冰凉的问题，有效提高了学生午休的舒适度和质量。

4. 附图说明：

下面结合附图及实施例对本实用新型书桌作进一步说明，如图 6-23 所示，图 1 是本实用新型书桌的主视图的结构示意图，图 2 是本实用新型书桌上表面长方形薄板与书桌主体连接示意图。

图 6-23 中各部分标号说明：1—书桌主体；2—书桌上表面长方形薄板；3—软垫；4—圆柱形槽；5—抽放固定装置。

5. 具体实施方式：

下面结合图 6-23，对本实用新型书桌的使用做进一步说明。本实用新型书桌由书桌主体（1），书桌上表面长方形薄板（2），软垫（3），圆柱形槽（4），抽放固定装置（5）组成。

使用时，使用者只需将书桌的上表面的长方形板抽出，即可趴在其下的软垫上休息。如果是冬天，为防止双手冰凉影响休息质量，还可以将手插入软垫两侧的圆柱形槽内。午休后，只需将长方形板重新放回即可，简单且方便。

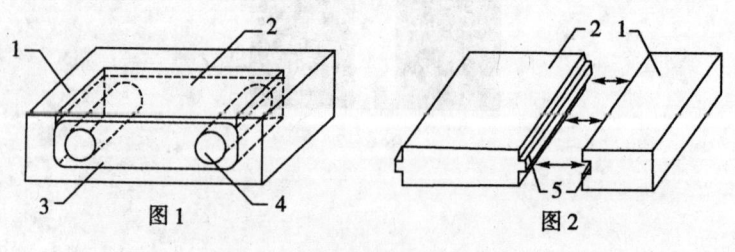

图 6-23

点评：

上述实例多来自在校创新与实践班学生之手，同学们积极思考，努力探索，从自己身边的事物入手，发现问题并制定出解决问题的办法，这种精神十分可贵，应充分发扬，坚持下去。但作为创新与实践的文字材料尚存在以下缺陷：
(1) 未严格按写作要求撰写。
(2) 绘图未严格按绘图要求绘图。
(3) 填表未严格按填表要求填表。
(4) 距离合格申请文件尚有一定距离。
希望同学们严格按写作要求撰写、补正。

6.3 发明创造先躯与当代学子

6.3.1 因发明创造而成名的名人

创新事例 6.1

中国导水之父

李 冰

李冰，今山西省运城市盐湖区解州镇郊斜村人。战国时期水利家李冰，对天文地理也有研究。秦昭襄王末年（约公元前 256—前 251 年）为蜀郡守，在今四川省都江堰市（原灌县）岷江出山口处主持兴建了中国早期的灌溉工程都江堰，因而使成都平原富庶起来。

据《华阳国志·蜀志》记载，李冰曾在都江堰安设石人水尺，这是中国早期的水位观测设施。他还在今宜宾、乐山境内开凿滩险，疏通航道，又修建汶井江（今崇庆县西河）、白木江（今邛崃南河）、洛水（今石亭江）、绵水（今绵远河）等灌溉工程和航运工程，以及修索桥，开盐井等。

李冰在治水的过程中，排除了种种迷信的阻挠，坚决用科学的方法来治理水患，而且他成功地解决了秦王的亲戚华阳侯的嫉妒以及制造的一系列的谣言和中伤事件；及时地处理了工程中的问题和紧急状况。

李冰学识渊博，"知天文地理"。他决定修建都江堰以根除岷江水患。李冰经过实地调查，发现开明所凿的引水工程渠首选择不合理，因而废除了开明开凿的引水口，把都江堰的引水口上移至成都平原冲积扇的顶部灌县玉垒山处，这样可以保证较大的引水量和形成通畅的渠首网。李冰创筑的都江堰，史籍记载甚为简略。但以这些记载为基础，结合现今都江堰工程结构分析，可以基本确定李冰修建的都江堰由鱼嘴、飞沙堰、宝瓶口及渠道网所组成。鱼嘴是在宝瓶口上游岷江江心修筑的分水堰，因堰的顶部形如鱼嘴而得名。《华阳国志》中记载：李冰"壅江作堋"的"堋"就是指鱼嘴。它将岷江分为内外江，起航运、灌溉与分洪的作用。飞沙堰是一个溢洪排沙的低堰，它与宝瓶口配合使用可保证内江灌区水少不缺，水大不淹。宝瓶口是控制内江流量的咽喉。《史记·河渠书》中记载"蜀守冰凿离堆，辟沫水之害"，就是指李冰开凿宝瓶口。因"崖峻阻险，不可穿凿，李冰乃积薪烧之",劈开玉垒山,凿成宝瓶口。宝瓶口不仅是进水口,而且以其狭窄的通道形成一道自动节水的水门,对内江渠系起保护作用。宝瓶口这一岩石渠道,十分坚固,千百年来在岷江激流冲击下,并未被冲毁,有效地控制了岷江水流。清宋树森"伏龙观观涨"一诗云:"我闻蜀守凿离堆,两崖劈破势崔巍,岷江至此画南北,宝瓶倒泻数如雷。"李冰修成宝瓶口之后,"又开二渠,由永康过新繁入成都,称为外江,一渠由永康过郫入成都,称为内江"。这两条主渠沟通成都平原上零星分布的农田灌溉渠,初步形成了规模巨大的都江堰水利工程的渠道网。

尾堰(都江堰唐代之名)在县西南二十五里,李冰作之以防江决。破竹为笼,圆径三尺,长十丈,以石实之。累而壅水。"该方法就地取材,施工、维修都简单易行。而且,笼石层层累筑,既可免除堤埂断裂,又可利用卵石间空隙减少洪水的直接压力,从而降低堤堰崩溃的危险。

(a) 李冰雕像　　　　　(b) 都江堰　　　　　(c) 汉代李冰雕像

图 6-24

创新事例 6.2

中国杂交水稻之父

袁隆平

袁隆平,农学家、杂交水稻育种专家。

袁隆平长期从事杂交水稻育种理论研究和制种技术实践。1964 年首先提出培育"不育系、保持系、恢复系"三系法,利用水稻杂种优势的设想并进行科学实验。1970 年与其助手李必湖和冯克珊在海南发现一株花粉败育的雄性不育野生稻,成为突破"三系"配套的关键。1972 年育成中国第一个大面积应用的水稻雄性不育系"二九南一号 A"和相应的保持系"二九南一号B",次年育成了第一个大面积推广的强优组合"南优二号",并研究出整套制种技术。1986年提出杂交水稻育种分为"三系法品种间杂种优势利用、两系法亚种间杂种优势利用到一系法远缘杂种优势利用"的战略设想。被同行们誉为"杂交水稻之父"。

(a)　　　　　　　　　　(b)　　　　　　　　　(c)

图6-25　袁隆平肖像

创新事例6.3

中国造铁路奇人

詹天佑

詹天佑,字眷诚,江西婺源人。

1861年(清咸丰十一年)出生在一个普通茶商家庭。儿时的詹天佑对机器十分感兴趣,常和邻里孩子一起,用泥土仿做各种机器模型。有时,他还偷偷地把家里的自鸣钟拆开,摆弄和琢磨里面的构件,提出一些连大人也无法解答的问题。1872年,年仅十二岁的詹天佑到香港报考清政府筹办的"幼童出洋预习班"。考取后,父亲在一张写明"倘有疾病生死,各安天命"的出洋证明书上画了押。从此,他辞别父母,怀着学习西方"技艺"的理想,来到美国就读。

在美国,出洋预习班的同学们,目睹北美西欧科学技术的巨大成就,对机器、火车、轮船及电讯制造业的迅速发展赞叹不已。有的同学由此对中国的前途产生悲观情绪,詹天佑却怀着坚定的信念说:"今后,中国也要有火车、轮船。"他怀着为祖国富强而发奋学习的信念,刻苦学习,于1877年以优异的成绩毕业于纽海文中学业。同年五月考入耶鲁大学土木工程系,专攻铁路工程。在大学的四年中,詹天佑刻苦学习,以突出成绩在毕业考试中名列第一。1881年,在120名回国的中国留学生中,获得学位的只有两人,詹天佑就是其中的一个。

回国后,詹天佑满腔热忱地准备把所学本领贡献给祖国的铁路事业。但是,清政府洋务派官员迷信外国,在修筑铁路时一味依靠洋人,竟不顾詹天佑的专业特长,把他差遣到福建水师学堂学驾驶海船。1882年11月又被派往旗舰"扬武"号担任驾驶官,指挥操练。1888年，詹天佑几经周折，转入中国铁路公司，担任工程师，这是他献身中国铁路事业的开始。刚上任不久，詹天佑就遇到了一次考验。当时从天津到山海关的津榆铁路修到滦河，要造一座横跨滦河的铁路桥。滦河河床泥沙很深，又遇到水涨急流。铁桥开始由号称世界第一流的英国工程师担任设计，但失败了；后来请日本工程师实行包工，也不顶用，最后让德国工程师出马，不久也败下阵来。詹天佑要求由中国人自己来设计，负责工程的英国人在走投无路的情况下，只得同意詹天佑来试试。

詹天佑是一个认真踏实的人，他分析总结了三个外国工程师失败的原因后，身着工作衣与工人一起实地调查缜密测量。夜晚，借着幽暗的油灯，又仔细研究滦河河床的地质构造，反复分析比较，最后才确定桥墩的位置，并且大胆决定采用新方法——"压气沉箱法"来进行桥墩的施工。詹天佑果然成功了，滦河大桥建成了。这件事震惊了世界：一个中国工程师居然解决了三个外国工程师无法完成的大难题。

詹天佑初战告捷后，立刻遇到了更为严峻的考验。1905年，清政府决定兴建我国第一条铁路京张铁路（北京至张家口）。英俄都想插手，由于中国人民的强烈反对，他们的企图没能得逞。英俄使臣以威胁的口吻说："如果京张铁路由中国工程师自己建造，那么与英俄两国无关。"他们原以为这么一来，中国就无法建造这条铁路了。在这关键时刻，詹天佑毫不犹豫地接下了这项艰巨的任务，全权负责京张铁路的修筑。消息传来，一些帝国主义分子及英国报刊挖苦说："中国能够修筑这条铁路的工程师还在娘胎里没出世呢！中国人想不靠外国人自己修铁路，就算不是梦想，至少也得五十年。"他们甚至攻击詹天佑担任总办兼总工程师是"狂妄自大"、"不自量力"。詹天佑顶着压力，坚持不任用一个外国工程师，并表示："中国地大物博，而于一路之工必须借重外人，我以为耻！""中国已经醒过来了，中国人要用自己的工程师和自己的钱来建筑铁路。"

1905年8月，京张铁路正式开工，紧张的勘探、选线工作开始了。詹天佑带着测量队，身背仪器，日夜奔波在崎岖的山岭上。一天傍晚，猛烈的西北风卷着沙石在八达岭一带呼啸怒吼，刮得人睁不开眼睛，测量队急着结束工作，填个测得的数字，就从岩壁上爬下来。詹天佑接过本子，一边翻看填写的数字，一边疑惑地问："数据准确吗"？"差不多"，测量队员回答说。詹天佑严肃地说："技术的第一个要求是精密，不能有一点模糊和轻率，'大概'、'差不多'这类说法不应该出于工程人员之口。"接着，他背起仪器，冒着风沙，重新吃力地攀到岩壁上，认真地复勘了一遍，修正了一个个误差。当他下来时，嘴唇也冻青了。

不久，勘探和施工进入最困难的阶段。在八达岭、青龙桥一带，山峦重叠，陡壁悬岩，要开四条隧道，其中最长的隧道达1000余米。詹天佑经过精确测量计算，决定采取分段施工法：从山的南北两端同时对凿，并在山的中段开一口大井，在井中再向南北两端对凿。这样既保证了施工质量，又加快了工程进度。凿洞时，大量的石块全靠人工一锹锹地挖，涌出的泉水要一担担地挑出来，身为总工程师的詹天佑毫无架子，与工人同挖石、同挑水，一身污泥一脸汗。他还鼓舞大家说："京张铁路是我们用自己的人、自己的钱修建的第一条铁路，全世界的眼睛都在望着我们，必须成功！"

京张铁路经过工人们艰苦奋斗，终于在1909年9月全线通车。原计划六年完成，结果只用了四年就提前完工，工程费用只及外国人估价的五分之一。一些欧美工程师乘车参观后啧啧称道，赞誉詹天佑了不起。但詹天佑却谦虚地说："这是京张铁路一万多员工的力量，不是我个人的功劳，光荣应该属于大家的。"

京张铁路建成后，詹天佑又继任了粤汉铁路督办兼总工程师。这时，美国决定授予他工科博士学位，要他亲自去美国参加授衔仪式。为了全力参加祖国铁路建设，他放弃了这一荣誉。

辛亥革命后，詹天佑为了振兴铁路事业，和同行们一起成立中华工程学会，并被推荐为会长。这期间，他对青年工程技术人员的培养倾注了大量心血，他除了以自己的行为作出榜样外，还勉励青年"精研学术，以资发明"，要求他们"勿屈己徇人，勿沽名而钓誉。以诚接物，毋挟褊私，圭璧束身，以为范例。"

詹天佑从事铁路事业三十多年，几乎和当时我国的每一条铁路都有不同程度的关系。到晚年，因积劳成疾，不幸于1919年病逝。周恩来总理曾高度评价詹天佑的功绩，说他是"中国人的光荣"。

(a) 詹天佑肖像　　　　(b) 詹天佑肖像邮票　　　　(c) 詹天佑铁路景邮票

图 6-26

创新事例 6.4

中国核科学的奠基人和开拓者

王淦昌　钱三强　彭桓武　邓稼先

王淦昌（1907—1998年）著名核物理学家、我国核科学的奠基人和开拓者之一、中国科学院资深院士、九三学社中央名誉主席、中国共产党优秀党员、原第二机械工业部副部长。

王淦昌江苏常熟支塘镇人。1929年毕业于清华大学物理系。1930年入德国柏林大学，1933年获博士学位。1934年4月回国，先后在山东大学、浙江大学任教授。1949年5月参加革命工作，1979年加入中国共产党，历任第二机械工业部（现中国核工业总公司）九院副院长，二机部副部长兼原子能研究所（现中国原子能科学研究院）所长，中国科学技术协会副主席,中国核学会理事长,九三学社中央参议委员会主任,第三届、第四届、第五届、第六届全国人大常委会委员。

王淦昌是我国实验原子核物理、宇宙射线及基本粒子物理研究的主要奠基人和开拓者,在国际上享有很高的声誉。在70年科研生涯中,他奋力攀登,取得了多项令世界瞩目的科学成就。1941年,他独具卓见地提出了验证中微子存在的实验方案并为实验所证实。1959年,他在苏联杜布纳联合原子核研究所领导一个研究小组,在世界上首次发现反西格马负超子,把人类对物质微观世界的认识向前推进了一大步。1964年,他独立地提出了用激光打靶实现核聚变的设想,是世界激光惯性约束核聚变理论和研究的创始人之一,也使我国在这一领域的科研工作走在当时世界各国的前列。1984年,他又领导开辟了氟化氪准分子激光惯性约束聚变研究的新领域。

王淦昌参与了我国原子弹、氢弹原理突破及核武器研制的试验研究和组织领导,是我国核武器研制的主要奠基人之一。由于他对我国科学技术事业和国防建设的卓越贡献,曾荣获两项国家自然科学一等奖、一项国家科学技术进步特等多项重要奖励。

王淦昌非常关心我国科学技术事业,特别是高科技事业的发展。1986年3月,他与王大珩、杨嘉墀、陈芳允一起提出了对我国高技术的发展有重要意义的建议,在邓小平的亲自批示和积极支持下,国务院在听取专家意见的基础上,制定了我国高技术发展的"863计划",为我国高技术发展开创了新局面。

王淦昌于1998年12月10日在北京逝世,享年92岁。

(a)   (b)   (c)   (d)

图6-27 王淦昌肖像

钱三强(1913—1992年),中国实验物理学家,浙江省吴兴县人。

钱三强1929年考入北京大学理科预科,1932年考入清华大学物理系,1936年于清华大学物理系毕业。1937年赴法国留学,在约里奥·居里夫妇指导下,在巴黎大学镭学研究所居里实验室和法兰西学院原子核化学实验室进行原子核物理的研究工作,1940年获法国国家博士学位,1942年底赴里昂等待乘船回国,由于太平洋航线中断,他滞留里昂大学任教,1944年和1947年起先后担任法国国家科学研究中心研究员和研究导师,1946年获法国科学院亨利·德巴微奖金。

1948年回国后,任清华大学物理系教授和北平研究院原子学研究所所长。中国科学院成立后历任近代物理研究所副所长、所长、计划局副局长、局长,学术秘书处秘书长,1956—1978 年任副秘书长、1958 年任原子能研究所所长,1978—1984 年任中国科学院副院长;1955 年受聘为数学物理学化学部(现为数学物理学部)学部委员,任中国科学院主席团成员,特邀顾问。1956—1978 年还担任国家第二机械工业部副部长。1951 年起被选为中国物理学会副理事长,1982 年被选为理事长。1978 年被选为中国人民政治协商会议第六届全国委员会常务委员。1992 年 6 月 28 日 0 时 28 分于北京病逝,终年 79 岁。

(a)　　　　　　　　(b)　　　　　　　　(c)

图 6-28　钱三强肖像

彭桓武,理论物理学家,湖北麻城人,1935 年毕业于清华大学物理系。1940 年获英国爱丁堡大学哲学博士学位。1945 年获该校理学博士学位。

(a)　　　　　　　　(b)　　　　　　　　(c)

图 6-29　彭桓武肖像

彭桓武曾任皇家爱尔兰科学院院士。1949 后,历任清华大学教授,中国科学院近代物理研究所、原子能研究所、高能物理研究所研究员和理论物理研究所研究员,中国科学院数学物理学学部委员。彭桓武 20 世纪 40 年代起研究固体物理，后转向量子场论的研究。开展了应用量子力学到金属、场、核、分子等方面的理论研究。20 世纪 60 年代初期参与了中国核武器的研制工作，是当时理论研究的主要主持人之一，为中国原子弹、氢弹的研制作出了重要贡献。

1956—1957 年在彭桓武的领导下邓稼先与何祚庥、徐建铭、于敏等合作发表一系列重要论文，为中国核物理研究做了开拓性工作。彭桓武 1982 年获国家自然科学奖一等奖。1985 年获国家科技进步特等奖。

邓稼先（1924—1986 年），中国核物理学家。

1924 年 6 月 25 日生于安徽省怀宁，祖父是清代著名书法家和篆刻家，其父是著名的美学家和美术史家。1937 年"七七"事变后，全家滞留北平，16 岁随其姐来到四川江津念完高中。1941—1945 年在西南联大物理系学习，受业王竹溪、郑华炽等著名教授。1945 年抗战胜利后，迁返北平，应聘于北京大学物理系任教。1948 年到美国印第安纳州普渡大学攻读研究生，被选入"留美科协"总会干事。中华人民共和国的诞生促使他决心尽早回到祖国。1950 年 8 月，在他取得学位后的第 9 天，冲破重重险阻登上了回国轮船。

1950 年 10 月在中国科学院近代物理研究所任助理研究员，从事原子核理论研究。1958 年 8 月调到新筹建的核武器研究所任理论部主任，负责领导核武器的理论设计，后历任核武器研究所副所长、所长，国家核工业部第九研究设计院副院长、院长，国家核工业部科技委副主任，国防科工委科技委副主任，邓稼先是我国核武器研制与发展的主要组织者和领导者。

(a)

(b)

(c)

图 6-30　邓稼先肖像

邓稼先 1956 年加入中国共产党，曾任中国共产党第十二届中共委员会委员，中国科学院委员。

1985 年 7 月患直肠癌，坚持工作直到生命的最后一刻，1986 年 7 月 29 日卒于北京，终年 62 岁。

创新事例 6.5

美国发明家

爱迪生

爱迪生（Edison，Thomas Alva（1847—1931 年））。

爱迪生，美国发明家。以创办工厂实验室、开辟使技术开发与科学研究紧密结合的途径而名垂史册。1847 年 2 月 11 日爱迪生出生于美国俄亥俄州的迈兰的一个荷兰移民家庭。1931 年 10 月 18 日于新泽西州西奥兰治逝世。爱迪生幼时只受过 3 个月正规教育。12 岁起做过报童、小贩、报务员等以自谋生计。因受 M. 法拉第的影响，一生从事电学实验研究和发明。

1868 年他发明了一台选票记录仪想推销给国会，但没有被采用。爱迪生的第一项发明没有找到市场使他更注意发明的实用性。1869 年，爱迪生由波士顿移居纽约。他改进了金指示器电报公司的电报机，得到公司经理的赏识，受聘月薪 300 美元（这在当时是很高的月薪）。1870 年，移居新泽西州，开始他的高效发明时期。1874 年改进了打字机。1876 年，给 A. G. 贝尔发明的电话加装了炭粒话筒，提高了受话的声响。

1876 年，爱迪生创办了他著名的实验室。在这个实验室里，他打破了以往科学家个人独自从事研究的传统，组织一批专门人才（包括 N. 特斯拉等人），由他出题目并分派任务，共同致力于一项发明，从而开创了现代科学研究的正确途径。1877 年，发明了留声机，这使他名扬四海。1878 年，开始白炽灯的研究，在十几个月中经过多次失败后，于 1879 年 10 月 21 日成功地点亮了白炽炭丝灯，这盏灯稳定地点亮了两整天。1882 年，爱迪生在纽约珍珠街创办世界第二座公用火电厂，建立起纽约市区电灯照明系统，成为现代电力系统的雏形。电照明的实现，不仅大大改善了人们生产劳动的条件，也预示着人们日常生活电气化时代即将到来。

1883 年，爱迪生在试验真空灯泡时，意外地发现冷、热电极之间有电流通过。这种现象后来称为爱迪生效应，成为电子管和电子工业的基础。1887 年，爱迪生移居西奥兰治，并于同年在该市创建规模更大、装备也更新的实验室，即著名的爱迪生实验室（后人称之为发明工厂）。在这里，爱迪生根据 G. 伊斯曼的发明，制作了自己的照相机。

1914 年，爱迪生用留声机和照相机制成了最早的有声电影系统。晚年，爱迪生的发明和革新包括蓄电池、水泥搅拌机、录音电话、双工式和多工式电报系统、铁路用制动器等。第一次世界大战期间，爱迪生任海军技术顾问委员会主席，指导鱼雷和反潜设备的研究，发明了数十种武器。为此，美国政府于 1920 年授予他卓越服务奖章，法国政府授予他军团荣誉勋位。

1928 年，美国国会授予他荣誉奖章。终其一生，爱迪生和他的实验室共获 1093 项发明专利权。爱迪生的一生发明众多，但他毕竟缺乏系统的科学知识，因而对现代技术的发展不能作出正确判断。19 世纪末，交流输电系统已经出现，但他仍坚持直流输电，并在与 G. 威斯汀豪斯发生的激烈竞争中丧失了承建尼亚加拉水电站的合同；他的实验室盲目试制磁力选矿设备，耗尽了发明电灯所得的资金，最后不得不放弃。但是，爱迪生在电力开发、电器制造推广电能应用等方面所作的贡献，使他成为人类历史上最伟大的发明家之一。

(a)　　　　　　　　　(b)　　　　　　　　　(c)

图 6-31　爱迪生肖像

创新事例 6.6

美国发明家

爱因斯坦

爱因斯坦，美籍德国犹太裔，理论物理学家，相对论的创立者，现代物理学奠基人。1921 年获诺贝尔物理学奖，1999 年被美国《时代周刊》评选为"世纪伟人"

阿尔伯特·爱因斯坦，世界十大杰出物理学家之一，现代物理学的开创者、集大成者和奠基人。同时也是一位著名的思想家和哲学家。爱因斯坦 1900 年毕业于苏黎世联邦理工学院，入瑞士国籍。1905 年获苏黎世大学哲学博士学位。曾在伯尔尼专利局任职，在苏黎世工业大学、布拉格德意志担任大学教授。1913 年返德国，任柏林威廉皇家物理研究所所长和柏林洪堡大学教授，并当选为普鲁士科学院院士。1933 年爱因斯坦在英国期间，被格拉斯哥大学授予荣誉法学博士学位。因受纳粹政权迫害，迁居美国，任普林斯顿高级研究所教授。从事理论物理研究，1940 年入美国国籍。

爱因斯坦 25 岁时敢于冲破权威圣圈，大胆突进，赞赏普朗克假设并向纵深引申，提出了光量子理论，奠定了量子力学的基础。随后又锐意破坏了牛顿的绝对时间和空间的理论，创立了震惊世界的相对论，一举成名，成了一个更伟大的权威。

19 世纪末期是物理学的大变革时期，爱因斯坦从实验事实出发。重新考查了物理学的基本概念，在理论上作出了根本性的突破。他的一些成就大大推动了天文学的发展。

爱因斯坦的广义相对论对天体物理学、特别是理论天体物理学有很大的影响。

近年来发现越来越多的高能物理现象，爱因斯坦创立的狭义相对论已成为解释这种现象的一种最基本的理论工具。其广义相对论也解决了一个天文学上多年的不解之谜——水星近日点的进动（这是牛顿引力理论无法解释的），并推断出后来被验证了的光线弯曲现象，还成为后来许多天文概念的理论基础。

(a)   (b)

图 6-32　爱因斯坦肖像

创新事例 6.7

空间物理学之父

哥白尼

尼古拉·哥白尼 1473 年出生于波兰。40 岁时，哥白尼提出了日心说，并经过长年的观察和计算完成了他的伟大著作《天球运行论》。1533 年，60 岁的哥白尼在罗马做了一系列的讲演，但直到他临近古稀之年才终于决定将《天球运行论》一书出版。1543 年 5 月 24 日哥白尼去世的那一天才收到出版商寄来的一部他写的书。哥白尼的"日心说"沉重地打击了教会的宇宙观，这是唯物主义和唯心主义斗争的伟大胜利。哥白尼是欧洲文艺复兴时期的一位巨人。他用毕生的精力去研究天文学，为后世留下了宝贵的遗产。哥白尼遗骨于 2010 年 5 月 22 日在波兰弗龙堡大教堂重新下葬。

(a)   (b)

图 6-33　哥白尼肖像

创新事例 6.8

叩诊法诞生

18 世纪，一位奥地利医生在给一个患者看病时，尚未确诊，患者突然死去。经过解剖发现，其胸腔化脓并积满了脓水。能否在解剖前诊断出胸腔是否积有脓水？积了多少？一天，在一个酒店里，这位医生看到伙计们正在搬啤酒桶，只见他们敲敲这只桶，敲敲那只桶，边敲边用耳朵听。他忽然领悟到，伙计们是根据叩击啤酒桶发出的声音来判断桶内还有多少啤酒的，那么人体胸腔的脓水的多少是否也可利用叩击的方法来判断呢？他大胆的做了试验，结果获得了成功。这样，一种新的诊断法——"叩诊法"从此诞生了。

6.3.2 因发明创造而获奖的学友

链接 6.6

2008 年武汉大学珞珈风云 10 佳学子之一麦晓明

四年前，他是那个以武汉大学当年在广州招收的理科生第一名的成绩考入武汉大学的"物理尖子"；四年后，他是那个拥有 23 项发明成果，包括 15 项国家专利中的 10 项实用新型专利以及保有待授权的 2 项发明专利、3 项外观设计专利的"发明大王"。

他，就是麦晓明，武汉大学动力与机械学院 2005 级本科生，一个行走在发明路上的阳光大男孩。

1. 曾经的"物理尖子"和迷茫的"大一新生"

麦晓明从小学到高中一直是优秀的学生，保送进入广东省实验中学的他在那里第一次受到了发明创造的启蒙。在老师的带领下，麦晓明参加了广州市青少年液体火箭设计比赛。火箭的设计与制作过程，让他感受到了发明创造的神奇，也让他爱上了永无止境的物理学，随后在学校组织的各种模型设计比赛中，他总能从众多学生中脱颖而出。初三的时候，麦晓明在物理老师的指导下，参加广州市力学竞赛荣获第一名；同年，他跟随高二学长们参加全国物理竞赛，取得了三等奖的成绩。中学的物理基础与对发明创造的浓厚兴趣，给麦晓明日后专利的发明创造打下了坚实的基础。

进入大学后，麦晓明在军训中就展现出了开朗阳光的一面，深得同学们的信任，被选为动力与机械学院 2005 级的学生会主席。在任期间，他积极组织各项学生活动，丰富同学们的业余生活，还主动联系工学部其他各院系的学生会，联合组织起一个覆盖整个工学部的活动。除了学生会的事务外，他还负责组织了校运动会的彩旗队，和院里同学一起参加了金秋舞蹈大赛并获得了二等奖的佳绩，深受老师和同学的好评。

但是在这丰富多彩的大一生活中，麦晓明却迷茫了，不知道自己未来的路要怎么走：从小出类拔萃的他在四周都是强人的武汉大学越发找不到自己的位置；感觉学习了许多基础知识和专业知识却无用武之地。那时的他，不知路在何方。

2. 不甘平庸，选择发明

生长在繁华开放的广州的麦晓明，在大学之前就接触了许多新奇的事物，造就了他一颗不甘平庸的心。他认为应该选择一条能展示自己风彩的路。不久之后，在工程训练中心

（a）麦晓明肖像　　　　（b）麦晓明获奖证书　　　　（c）麦晓明肖像

图 6-34

实习时，遇到了被称为"发明大王"的王晓进老师，坚定了他选择走发明之路的决心，由此开启了他的征程。迈出了第一步的麦晓明，选择坚持走下去。"其实发明时技术上的困难还好解决，自己有了想法以后不断实践，还有老师可以从旁指导"，因而他的第一项发明成果——齿轮带动活塞式充气筒在一个月的努力之后便成型了。

麦晓明说申请专利最折磨人的其实是专利说明书的格式，"一个标点、一个错别字，专利局都会把你的专利说明书打回来，而且一般只会'隐晦'地告诉你哪里有问题，要靠自己修改。而在等待专利局的反馈之前，你可能要等上很久才有回音。就拿麦晓明的第一项发明来说，麦晓明是 2006 年 10 月提交的专利说明书，2007 年 12 月才获得通过，2008 年 1 月才拿到证书。如果是发明专利则需要等更长的时间，因为发明专利的审核更严格，先要审核 18 个月，然后在专利局的网上公示一年，所以麦晓明申报的那项发明专利最早也要在他研究生入学时才能拿到证书。"这的确是非常考验耐心的事，但在王晓进老师的指导下，再加上自己逐渐适应了那严格的书写格式和规范，麦晓明现在写的专利说明书基本上能够被审核通过。但也是这样长期的等待，让他对自己的专利"又爱又恨"，反而能用一颗平常心来对待自己的成功。

发明的过程对麦晓明来说其实也是学习的过程，虽然本专业就是机械设计制造及自动化，但麦晓明仍觉得自己的理论积淀不够，于是他开始自主钻研各种 CAD、CAM、视频制作软件，为自己的发明成果进行三维建模、动画设计、宣传视频等制作，还亲自为宣传视频配音。这样，麦晓明从专利的设计到申请到宣传片的制作，整个流程，一手包办。他也因此不仅运用了所学专业知识，更让他学到了许多书本上学不到的实用技能。

麦晓明对于自己的专利都很自豪，没有高低之分："第一个专利当然是自己喜欢的，但觉得后面的发明的含金量越来越高，也很喜欢，就像自己的孩子，不可能更喜欢哪一个，没有最喜欢的啦。"更令他自己骄傲的是，他的发明涵盖了实用新型专利、外观设计专利以及发明专利三项，麦晓明说"也许我拥有专利的数量在学生中不是最多的，但应该是种类最全的。"

3. 未来：坚持经营自己的小小事业

正在准备研究生复试的麦晓明暂停了自己的发明研究，但在复试结束后，他立即回到自己的小小实验室，继续自己的发明研究之路。他选择机械设计及理论专业的研究生，也是希望自己在专业知识方面有所进步，能学以致用。

麦晓明目前的发明的灵感多是来源于生活，这必然离不开他对生活的细心观察和勇于质疑，但他也坦诚道："目前我的专业知识还不足以让我在发明创造方面更上一层楼，这也是我为什么选择读研的原因。当然，发明的东西应用性一定要强，脱离实际的东西对我来说毫无意义。"

麦晓明选择低调搞发明，高调过生活。在各家媒体争相报道这位"本科发明家"之前，身边的同学对他在做专利发明的事都知之甚少，但对阳光热爱运动的他却非常熟悉，也知道他有高超的photoshop技术。在他的事迹被宣传后，有许多公司联系他，想看看能否将他的发明转化为现实产品。面对各种机遇，他抱着一颗平常心："自己的发明有机会被生产出来当然很高兴，专利人的最终目的都是将专利转化。但是作为一个学生，我们更需要看到专利的潜在价值——国家对你的肯定以及自己在发明过程中学习到的东西。"

因为发明，麦晓明学会了如何找寻自己的未来、如何坚持自己的道路。低调发明，高调生活的麦晓明，如今依然坚定而自信地行走在创意与发明的道路上，期待着带给生活更多的奇迹。"终须有日龙穿凤"，麦晓明将继续绽放自己的无限光彩！

链接 6.7

武汉大学"发明大王"麦晓明——设计防滴雨伞

麦晓明发明的防滴雨伞撑起来时与普通雨伞一样，收起来时雨伞衣边缘紧收形成"口袋"，把雨水"锁"在伞面里，这是武汉大学机械设计与自动化专业大四学生麦晓明众多发明中的一项。目前，这个大男孩已经拥有发明成果23项，其中15项成功申请国家专利。

这种防滴雨伞看起来与普通伞差别不大，只是把伞衣边缘设计为夹层，夹层内有与伞衣边长一样长的松紧绳，用完雨伞后，只要把松紧绳拉紧，就可以防止雨水滴出伞外。

翻看麦晓明的一叠专利说明书，防风折叠衣架、弹力电插座、一次性电话纸衣等众多发明都与生活息息相关。麦晓明表示，他的多数灵感都从生活中来，包括防滴伞。

记者在网上搜索发现，目前在市场上销售的防滴雨伞是在普通雨伞的顶尖上加装一个盛水斗，相当于额外增加了一个附属物，携带起来不太方便。记者随后致电国内某知名品牌湖北地区经销商，该公司市场部相关人员表示，公司目前没有生产这种防滴雨伞。

因为沉醉于发明，麦晓明的业余时间几乎都待在寝室的"发明角"里。他的各科平均成绩为78分，从没拿过奖学金，不过在麦晓明自己看来，这算不上遗憾。他在研究生入学考试中，取得了不错的成绩。"读研是为了更好地搞发明。"麦晓明说。

链接 6.8

"海尔兄弟"——诗意的发明之路

李昕（2007级）、王振宇（2007级）武汉大学动力与机械学院 机械设计专业学生，拥有25项发明成果，18项专利申请，2项发明获国家专利。2009年武汉大学珞珈风云10佳学子人物，同学们亲切地称他们为"海尔兄弟"。

这是"海尔兄弟"最近的一项发明,也是最令他们满意的科研成果。这项发明名叫"基于 MIFARE 卡识别技术的学生宿舍身份识别系统"。这个识别系统的工作原理是,人员在经过"门洞"时会踩到一个垫板,其内置压力传感器,可以将压力信号转化为电信号送入缓存器中,信号经过处理后传给 MIFARE 卡检测装置,告诉该装置"来了几个人"。检测装置接到命令后开始检测,将携带 MIFARE 卡的学生的个人信息,送入计算机中和本宿舍人员信息数据库进行比对,若都是本宿舍人员,则做下记录;若出现不属于本宿舍的人员,则启动报警电路进行报警。这是一套用于学生宿舍防盗的系统,李昕、王振宇同学成功申请专利,至此,这两个刚刚 20 岁的年轻小伙子已坐拥 19 项专利,25 项发明成果了。

海尔兄弟中的"哥哥"李昕生长于河南一个小康之家;而"弟弟"王振宇成长在山西一个封闭的家庭环境里,因母亲身体不好,王振宇包揽家务,并做得一手好菜,深得父亲的真传。进入大学第一年,李昕、王振宇同学两个人相识不相知,性格也南辕北辙,"哥哥"性子沉稳老实、带着向上的冲劲儿,却又不爱表现。"弟弟"开朗健谈,四处寻找展示自己的舞台。于是各自依着自己的性子度过了他们在大学里忙碌的第一年。李昕加入了武大樱之音口琴社,一路做到副社长,还在班上担任班长,周旋于各种事务。而弟弟王振宇是院新生辩论赛的最佳辩手,院烹饪比赛的第一名;他喜欢唱歌,就带领着动力与机械学院学生合唱队首次拿到了武汉大学歌咏比赛第二名;他爱好文学,常常吟咏出深沉的佳作。暑假两人都带队参加了实践。进入大学一年多以来他们都做得很出色。

李昕、王振宇同学两个年轻人,有志向、有理想,更有条件,差的就是一个引路人。很幸运,号称"发明大王"的王晓进老师适时出现。王老师是学校"三创"教育领域的领军人物,指导学生们的工程实践训练,门下出了不少名扬华中的"发明小大王"。

2009 年 3 月中旬,李昕、王振宇同学两个人为一个大学生科研立项的项目积极准备,却在准备交材料时发现原来申报日期由四月改成了九月。忽然闲下来的两人向当时并不给他们带课的王晓进老师请教,老师耐心解答,鼓励二人把想法做成发明申请专利。二人动了心,便开始了他们的第一次发明。

李昕说:"我们发明的灵感都是来自于学生的日常生活,他们缺什么,觉得什么不方便都是我们想去通过发明解决的。"这也正是两人第一个发明——子母式手机防盗报警装置的来源。"子母式"就是有两个装置:随身携带的子机和粘在手机上的母机,两个装置通过无线电路互相收发信号。只有当两者的距离超过设定距离后,信号传输才会失败,这时二者都会报警。通过发出振动,灯光,铃音,母机能有效提醒用户,而子机可以提醒用户丢失的具体位置。如果人多,声音和灯光还可以使周围的人察觉,从而对小偷起到震慑的作用。他们还在子机和手机接触的地方安装了弹簧按钮开关防止小偷发现装置采取措施。当小偷取下装置后,按钮开关弹起,信号中断,从而母机也会报警。

就是这样一个发明,看似简单,对没有任何发明经验的他们来说却耗费了两个月的心血。发明过程中,免不了每天泡图书馆查阅资料。特别是要按照国家专利法典的要求对发明进行图解和文字解释。李昕从小学习绘画,便在自己电脑上安装了绘图软件没日没夜地摸索着画图,而笔上功夫了得的王振宇则承担了大部分的笔头工作。这是一个细致的活路,既要解释得清楚、专业,又要符合专利法典的要求,若稍不注意便会被寄回重写。加上审查标准因人而异,同一份申请书也可能得到通过或被要求补正的不同结果。二人互相审阅,向老师寻求帮助。费尽心力,两个人的子母式手机防盗报警装置终于换来了珍贵的专利证书。

在这一次合作的过程中,两个人对双方合作的高度契合十分满意,便一鼓作气走上发明这条道路。王老师告诉记者,他们俩做的是系列发明,其难处在于要把整块做完善需要更多的时间,动更多的脑筋。有一次,两人要在一个星期里完成一个包括四个发明的系列。他们每天早上6点钟起床开始做,白天上课,晚上回到宿舍接着做到熄灯后笔记本电脑没电为止。熬了一个星期,交作品当日,王振宇是满眼红血丝,而李昕则干脆病倒,高烧39度不退。两人也想到过放弃。但李昕无不感慨地说:"兴趣和事业的契合、和朋友的契合、和恩师的契合,这都是人生相当重要的体验,不管今后是不是会成功,这样的人生才是饱满的。"一份专利书十几页,他们经常在打印店一泡就是一个上午,两个人弓着腰像虾米一样整理满桌的资料,李昕笑说,记得出门的时候天还蒙蒙亮,打印店里也是灰灰的,等到上午闷头把东西整理清楚了出门,阳光就铺天盖地的倾泻在头上,路上还有背着包去上课的同学、叫卖的小贩,一瞬间恍如隔世。

下午5点,阳光很好,用来遮光的窗帘拉下来的一半,桌上放着几杯没喝完的饮料,两个年轻人生动的脸一半在阴影里一般在阳光下。王振宇带着点略微得意的神情,身体微微前倾对我说:"有一位老教授,1995年搞过发明,现在不了解递交申请发明材料的流程,还专门来函叫我给他发一份模板。这也算是一种肯定吧!"这自然是一种肯定了,现在的海尔兄弟在学生中已小有名气,一些远在信息学部、医学们的同样有志发明的人会闻讯找上门来,寻求合作或者帮助。"这就像是骨牌效应。"对此,王振宇笑说。

(a) 校领导颁奖照片　　(b) 李昕、王振宇与指导老师合影照片　　(c) "海尔兄弟"合影照片

图 6-35

链接 6.9

留学生韦凯腾:发明之路越走越 high

韦凯腾,武汉大学动力与机械学院机械设计制造及其自动化专业2009级学生,具有186项发明成果,14项专利授权。2010年武汉大学珞珈风云10佳学子人物。

韦凯腾,马来西亚籍留学生,就读于武汉大学动力与机械学院机械设计制造及其自动化专业。他别的不爱,独爱发明,被同学们称为"发明狂人"。便携式马桶、包红包机、汽车仿真人防盗装置、公交车自动换币机等,韦凯腾从他的 186 项发明成果中挑出 30 项闯关"天虹杯"第二届武汉发明创新大赛,一举拿下 1 项金奖,4 项优秀奖,成为首位参赛并获金奖的外国留学生。

初到武汉,韦凯腾前所未有地轻松。一天,韦凯腾穿着 T 恤和拖鞋,在大街上晃悠,令他惊奇的是,繁华的商业街上,居然没有公共厕所!内急的他,只好抱着一丝侥幸,拐进商业街旁的胡同,七穿八绕,在酿成悲剧前闯进了一家肮脏的收费公厕。

从偏僻胡同费尽口舌和腿功回到宿舍,韦凯腾心有余悸,发誓不再让历史重演。一只结实的垃圾桶、一张捡来的床单、一把雨伞、几枚小螺丝等,当韦凯腾把它们组合在一起,一只美观的多功能便携式马桶便诞生了:平时背着它出街,可以当购物桶;累了把它往地上一顿,就是一个小马扎,撑开雨伞,遮阳避雨随意;如果内急,大可不慌不忙找个宽敞地儿,撑开伞,拉开伞钩上挂着的床单,惬意地躲在帐篷般的安全空间里,坐在桶上安心方便,完事了扔掉垃圾袋,继续潇洒闯世界。

这只风光的马桶令韦凯腾尝到了甜头,他的留学生活开始变得有滋有味。可充电毛巾,既可披在身上御寒,又可在阴雨天气里令湿衣干爽;钥匙应答器,直径 100m 范围内,不需再为丢失钥匙烦恼;留学生同学爱吃蛋糕,韦凯腾将三根筷子绑在电风扇发动机上,就成了好用的奶油搅拌机,等等,韦凯腾的小创意,令烦恼的生活细节变得妙趣横生。

有些创意虽然美妙,但动手了才发现困难重重。大二下学期,幸运的韦凯腾选择了选修课——创新与实践,授课老师王晓进是一位资深发明发烧友,他对韦凯腾青睐有加。韦凯腾好比投师菩提祖师门下的孙悟空,武艺一日千里,从散兵游勇变成了像模像样的正规军。

韦凯腾常常参加中国人的婚礼,他发现,中国人很舍得送红包,谁的红包鼓谁的面子就大。有趣的是,有的客人匆匆赶到酒店,才发现忘了带红包,懊恼得恨不得撞墙,有的红包中竟然包假钞。很有爱心的韦凯腾经过反复实验,设计了一台外观小巧的包红包机,为忘记带红包的客人解决了燃眉之急。红包机里有空红包,客人只需放入钞票,一个周正的红包立等可取;当然,如果客人放入的钞票中有假钞,红包机里的女声就会温柔提醒,"请您重新放入钞票",一切尽在不言中。

受包红包机启发,韦凯腾设计了一系列防伪、防盗装置,涉及汽车、自行车、家居领域,王晓进老师最看好汽车仿真人防盗装置。这个装置听起来噱头很大,其实原理与"稻草人"差不多:车主离开汽车前,从椅座颈垫里拿出形如护颈枕的仿真人,插电充气,成型后放置在驾驶座上;车主返回汽车后,拔开仿真人放气孔,折叠好放入椅座颈垫即可。后来,韦凯腾又把仿真人改进了一下,使之可以"变脸",丰富表情与真人无异。如果小偷不死心,胆敢侵犯汽车,那就等着被烟雾、催泪喷射剂、呛人粉末等武器伺候吧。

会报警的自行车锁、人造海浪、公共汽车通风扇、自动换币机、可收藏物品的椅子,等等,韦凯腾的小创意渐成规模。有时,他在课堂上开小差,一节课就能想出两个点子,并绘制成详细图纸,只等回宿舍付诸实施。

韦凯腾的小发明累积到 154 项时,他挑选出 30 件,来到"天虹杯"第二届武汉发明创新大赛报名点。起初，工作人员还以为他是替学校报名，得知这些全是眼前这位长发小子的成果时，工作人员感到十分惊讶。

初赛、复赛、决赛，三轮角逐下来，如老师所料，"汽车伪装仿真人防盗装置"获金奖；包红包机、汽车落水易开门逃生、稻田减排甲烷、重力发电系统获优秀奖。捧着组委会颁发的4000元奖金，韦凯腾体验到经过努力获得成功的喜悦。

(a)　　　　　　　　　　　　(b)

图 6-36　韦凯腾照片

获奖后，同学眼中的宅男韦凯腾，突然成了公众人物，许多报纸、新闻媒体封他为"首获金奖的老外"、"留学生发明狂人"。一天，韦凯腾的马来西亚同学很神秘地告诉他，他上了马来西亚报纸，"太平华联独立中学出了一名'发明狂人'韦凯腾，中学时期成绩并不标青，如今却成了华联引以为荣的杰出校友"。

链接 6.10

创新为理想插上翅膀

祝浩　武汉东湖学院工学院2009级自动化专业学生
王龙　武汉东湖学院工学院2009级机电一体化专业学生

祝浩，男，汉族，1990年5月出生于湖北咸宁市咸安区的一个农民家庭，现为武汉东湖学院工学院自动化专业2009级的一名学生。王龙，男，汉族，1990年5月出生于湖北黄冈市的一个普通家庭，现为武汉东湖学院工学院机电一体化专业2009级的一名学生。

2010年9月下旬，进校不到一年时间，两位在校大学生拥有400余项小发明！武汉东湖学院工学院被称为"创新双杰"的2009级自动化专业1班祝浩、2009级机电一体化专业2班王龙，用实践作了最好的注释。新学期伊始，祝浩和王龙两位同学就曾受到武汉东湖学院董事长、校长及院领导的亲切接见和鼓励。并在该校第一届科研工作会议上作为唯一的学生代表进行演讲，同时被授予该校首批4个创新学分的奖励。目前，王龙已经成功提出申请20项发明成果，祝浩提出10项发明成果。在此期间，两位同学的事迹曾被"湖北日报"、"武汉晨报"、"新民晚报"等报纸进行了大篇幅的报道，并被"湖北卫视"、"武汉教育电视台"做了专题采访。同时其事迹一经报道便受到"人民网"、"新华网"、"中国日报网"、"凤凰网"等国内数十家主流网站争相转载。"此后在武汉东湖学院的积极组织下，为该院大一新生举行了"创新双杰报告会"巡回演讲，会后受到许多同学和老师的一致好评。

2010年春节，祝浩从贴春联中找到了灵感。接下来的几天，祝浩反复钻研设计方案、画图纸，最终发明了贴对联装置。祝浩说，"我在装置上安装了双面磁铁，这样对联很容易固定，省时又省力，方便更换又可反复使用。"晾衣架已是进入千万家庭的小发明，其品种琳琅满目，祝浩思考的是如何让晾衣架更完美。经过一番研究和改良，他设计出一种可以避免晾晒过程中形成褶皱的晒裤架。

此后，祝浩又接连设计出"一种拉链门帘"、"一种防漏水杯"、"一种空心浇筑砖"等310项实用性强的小发明。祝浩很留心观察周围的事物，一个水杯、一盏台灯都能带给我灵感，再运用发散思维考虑问题。以'新型闭合式座椅'为例，祝浩思考能不能在此基础上研发带垃圾桶的座椅、带雨伞的座椅。有时候一天脑子里涌出30多个新想法。祝浩说，做一个兴趣广泛的人，就会有新颖的创意。

祝浩为了研究一种飞机逃生装置，仅设计方案就作了5次修改。现在的逃生装置不灵活也难以实现，祝浩就想将整个机舱分为若干小节，分节安装降落伞。但是有的想法实施起来很困难，在实际操作中并不适用，设计过程中时常卡壳。为了这项发明，祝浩反复和授课老师王晓进讨论，听取同学们的意见，不断完善设计方案。最终，设计完成了带降落伞、充气式气垫及减震设备的新型飞机逃生装置。

顶着校园"创新双杰"的头衔，祝浩十分谦虚："是学校开设了'创新与实践'这门课，才成就了今天的我。为我们上课的王晓进老师思维活跃，教学方法独特，不仅强调理论知识，而且用图片和实例启发我们的想像力和创造力。"

在学习方面，自2009年入学以来，祝浩一直都未曾放弃过对于学习的追求，积极地以高标准来要求自己。两年来，祝浩一直保持自己所在系成绩第一和综合测评第一的成绩，并且获得了武汉东湖学院2009—2010年度的"单项奖学金"和"甲等奖学金"。社会实践，祝浩认为大学其实就是一个大舞台，我们应该勇敢地秀出自己最美丽自信的一面。所以为了追求自我的全面发展，祝浩也一直积极地参加学校所组织的各类活动。期间，他曾获得"湖北省第三届服装模特大赛"优秀奖，和由世界中文作家协会和湖北文联联合举办的"第七届全国大学生文学作品大赛"二等奖，至今已获得各级的文艺比赛奖励10余项。

来自机电一体化专业的王龙，从高中起，脑海里就有了许多发明创造的点子。"直到大二下学期上了王晓进老师的课我才知道，所有的想法付诸实践才会有成功的机会。"王龙说。几乎所有的课余时间，王龙都用于搞小发明。在一次上课的路上，突然下起了雨，这让王龙郁闷不已，"天气突变，很多人被淋成了落汤鸡。其实雨水完全可以利用起来发电，又可以给行人遮雨。"根据这个想法，王龙研发了"雨水发电机"，利用氢气将一个大型漏斗式模型升空，其高度可以自行控制，再安插管子，利用雨水落下的势能发电。有的发明是在娱乐的过程中酝酿的。运用空气对流的原理，在鞋内安装类似音乐盒的电机，就可以在溜冰的同时自由选择并享受自己喜欢的音乐。一种太阳能灭蟑螂装置、一种座椅式降落伞、一种万能临摹笔，等等，王龙的小发明总能让人眼前一亮。王龙说，"多和身边的人交流，哪怕是同学的一句话都会激发灵感。"

晚上夜深人静时容易想出好点子，有些好的创意浮现在脑海时，时常激动得睡不着。短短半年多时间，王龙设计出了130项小发明，其中已申请专利的有20项。"虽然我是专科生，但是找工作不用愁，用人单位大多青睐实践能力和动手能力兼备的应用型人才。我的每一项发明，都会为我的简历加分。"王龙自信地说。

生活中，王龙同学一直是同学口中的发明大王，同时他也积极地参加各项活动。获得过校级奖励多项，譬如他曾获得"武汉东湖学院未来之星创新大赛"的三等奖，并且代表学校参加了2010年的"（中南地区及港澳特区）第五届机械创新设计制造大赛"，并夺得一等奖。即将毕业的王龙，已提前"试水"职场。他做了一份电子简历，介绍了自己的发明成果和实践经历，投了3家公司都收到了面试通知。能得到用人单位的肯定，王龙说自己的努力没有白费！

（a）"双雄"合影照片　　　　（b）与指导老师讨论方案照片

图 6-37

点评： 一个人的伟大不是他会发明而伟大，而是因他发现了生活中存在的不足能用一种方法去解决这种不足才呈现出他的伟大。

我们的国家正处于发展中国家，需要千千万万会发现问题，解决问题的发明家。

我们的国家正在建立创新型国家，需要大量的创新型人才去建立、改变我们的祖国；我们的国家正处在由中国制造向中国创造的变革中；我们的国家正处在积极向上，奋发图强的年代和发展时机，更需要学会用创新的方法，创造的技巧去改变自己的人生，用发明去建设我们的祖国，用发明去证实自己的伟大。

6.4　创新发明作品实例与剖析

实例 6.17

一种可加热的茶香空气加湿器

1. 技术领域：

本实用新型所属小电子、电器技术领域，尤其涉及一种可加热的茶香空气加湿器。

2. 背景技术：

公知，随着现代人生活水平的提高，空调走入了千万家，但是人们发现在使用空调时皮肤会变得很干燥，所以人们发明了空气加湿器。但是人们发现一般的空气加湿器基本都是加入清水，所以形成的水雾也是无色无味的。茶叶是人们熟悉的一种物质，茶叶不仅具有其独特的清香味，同时也具有一定的杀菌作用。如图 6-38 所示，现在市面上并没有出现一种用能将茶叶水作为水分来源的空气加湿器。

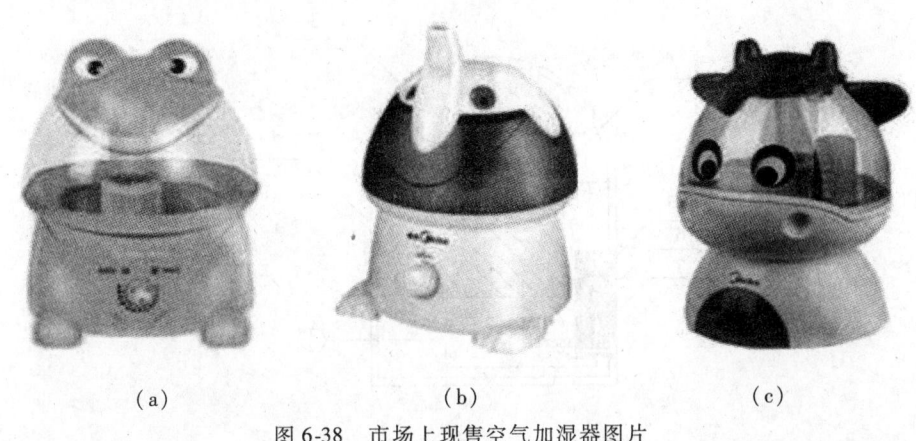

图 6-38　市场上现售空气加湿器图片

3. 发明内容：

针对上述存在的问题，本实用新型提出了解决的办法，其技术方案是：

本实用新型是一种可加热的茶香空气加湿器：使用时，人们只需打开外壳上的可拆卸水盒，并且将茶叶连同水一起通过其上的进水口加入其中。这样当接通电源后，可拆卸水盒底部的加热器就可以对其进行加热，而形成的茶叶水可以通过导管传送给加湿器主体装置，并且通过加湿器主体装置将茶叶水变成蒸汽的形式通过开在外壳顶部的出气孔散发出去，使室内空气中漂散着一种清淡的茶香。本实用新型的有益效果是：这种可加热的茶香空气加湿器具有使用简单、可以充分利用茶叶等优点。

4. 附图说明：

下面结合附图和实施例对本实用新型做进一步说明，如图 6-39 所示：

1—电源线；2—外壳；3—出气孔；4—加湿器主体装置；5—进水口；6—加热器；7—可拆卸储水盒；8—导管。

5. 具体实施方式：

在图中，出气孔设置在外壳的顶部，在外壳的下部安装有一个可拆卸水盒，进水口安装在可拆卸水盒上部。加热器固定安装在可拆卸水盒的底部，可拆卸水盒通过导管和空气加湿器主体装置相连接。电源线的一端与空气加湿器主体装置相连接，另外一端延伸出外壳的外部。

点评：空气加湿器在我国还属新兴的小家电用具用品，虽然外观活泼多样、色彩艳丽、品种繁多，但内在的核心一样，就是电加热、水变气、无色又无味。上述作品利用发明方法中的"变一变法"巧妙的将"味"与"形"结合起来就是创新方法运用的佳品。"味"的品种有很多,发明者多选用香味来掩盖室内的异味,即,一味压倒一味,上述作品的亮点在于选用"茶"味为空气加湿器的"味",为该作品今后的商业运用打下了良好的基础。

建议思考:上述作品还可以再完善,外观设计可以选择生活中相对不常移动的物品作为改进对象,如:台灯、鱼缸、茶几、挂件等。

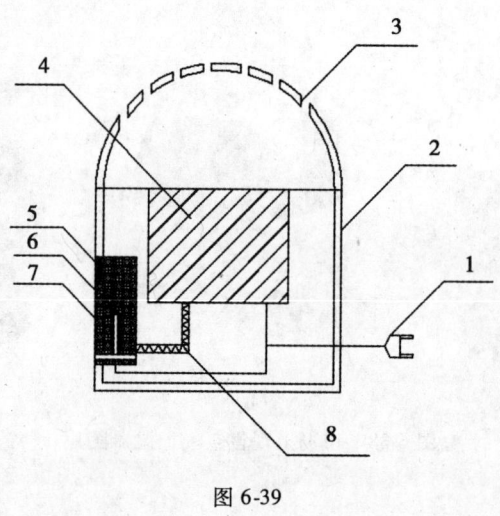

图 6-39

实例 6.18

一种卷筒式草稿纸

1. 技术领域:

本实用新型所属办公用品技术领域,尤其涉及一种卷筒式草稿纸。

2. 背景技术:

公知,草稿纸是人们用来计算、书写的必备之物。人们普通使用的草稿纸都是单张的、不连续的,如图6-40所示。当人们计算、书写完了之后不便于整理。如果将草稿纸设计成卷筒纸式的,这样就使得整理起来十分方便,而且每一张纸之间可以保持连续。

3. 发明内容:

针对上述存在的问题,本实用新型提出了解决的办法,其技术方案是:

本实用新型是一种卷筒式草稿纸,纸张与纸张之间设置有撕开处,通过撕开处将纸张分离开来。而纸张是卷在卷芯上的。使用时,人们可以一边使用,一边将用过的纸反向卷起来,这样当一卷纸的一面使用完了,就可以换到其反面进行书写和计算。这种卷筒式草稿纸具有使用方便、设计新颖、便于整理、易于撕开等优点。

4. 附图说明:

下面结合附图和实施例对本实用新型做进一步说明,如图6-41所示,图1是本实用新型一种卷筒式草稿纸的整体示意图。图2是本实用新型一种卷筒式草稿纸使用时的示意

第6章 专利文件的撰写方法

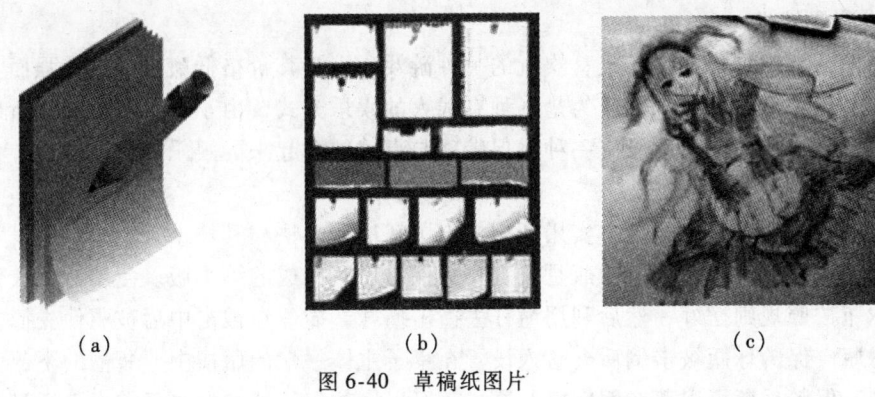

图 6-40 草稿纸图片

图。图 6-41 中，1—卷芯；2—纸张；3—撕开处。

5. 具体实施方式：

在图 1 中，纸张通过缠绕的方式卷在卷芯上，纸张和纸张之间设置有撕开处。在图 2 中，人们可以将卷芯套在一个横轴上，这样便于使用和收集。

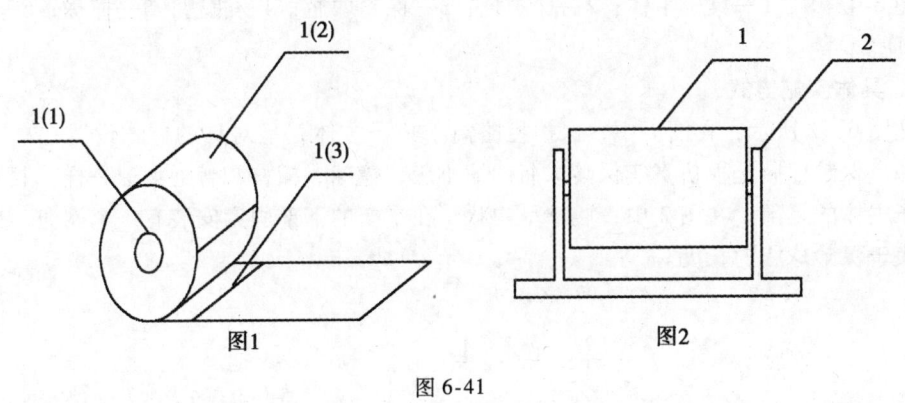

图 6-41

点评：上述作品的灵感取自于日常生活中的小事情——草稿纸，并从计算、书写的实际中发现"不能连贯"的不便。在计算机大量运用的今天，用手算的人已不多了，但对于习惯于手写、心算的人来说，手写笔算是一种快乐与享受的过程，也是一种自己的笔迹、手稿收藏与保留的过程。

如今能当草稿纸的纸张种类很多，如：作业纸、信纸、材料纸、广告宣传单等，但具有连续性、易收藏性、可读性的卷轴的草稿纸还真不多。上述作品从用途中满足了部分使用者爱撕纸的喜好，为人们的文化生活增添新的用途、新的乐趣。

实例 6.19

一种桌上保龄球

1. 技术领域：

本实用新型所属娱乐设施技术领域，尤其涉及一种桌上保龄球。

2. 背景技术：

公知，桌球是现在许多人喜欢玩的一种游戏，因为其价格低廉、趣味性强而为人们所喜爱。说到保龄球，大家都认为是一种有钱人的娱乐方式，由于其价格较贵，所以一般人不会涉及。而现在市面上没有一种将保龄球与桌球结合起来的娱乐装置。

3. 发明内容：

针对上述存在的问题，本实用新型提出了解决的办法，其技术方案是：

这种桌上保龄球，保龄球瓶是仿真实的保龄球瓶做成的缩小版。使用时，人们只需将保龄球瓶按照规则摆好，然后利用撞杆去撞击撞球，撞球在被击中后被驱使去撞击摆好的保龄球瓶。保龄球瓶被击倒后会落入设置在桌子主体一端的瓶槽中。瓶槽的下部安装有一个网兜，保龄球瓶可以落在网兜里。这样就可以模仿保龄球的打法而在桌上通过撞杆来击打保龄球。为了防止撞球在前进时冲出桌外，在桌子主体的两侧设置有保护栏。这种桌上保龄球具有新颖、有趣、价格低廉等优点。

4. 附图说明：

下面结合附图和实施例对本实用新型做进一步说明，如图6-42所示，图1是本实用新型一种桌上保龄球的整体示意图。图2是本实用新型一种桌上保龄球的局部放大示意图。图6-42中，1—桌子主体；2—保护栏；3—保龄球瓶；4—瓶槽；5—撞球；6—撞杆；7—网兜。

5. 具体实施方式：

如图6-42所示，在图1中，保护栏略高于桌子主体，呈对称的方式设置在桌子主体的两侧。保龄球瓶是模仿真实保龄球瓶的缩小版，撞球、撞杆和普通桌球一样。瓶槽设置在桌子主体的尾部。在图2中，瓶槽呈沟状，在平槽的下部固定安装有一个网兜，平槽的宽度大于保龄球瓶的长度。

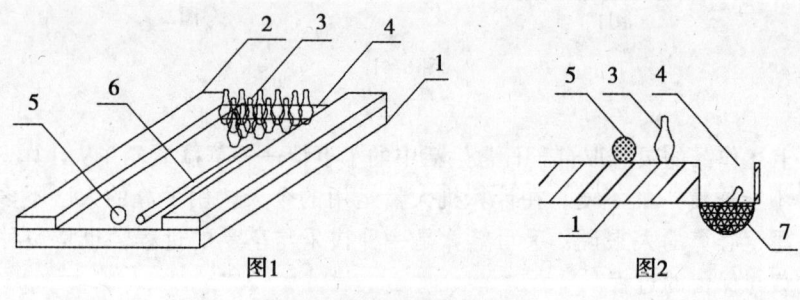

图6-42

点评： 上述作品的灵感取自于日常生活中的体育健身用品，从人们习已为常的琐事中发掘存在的不足，这就是发明者的可贵之处。

站着打球，蹲着打珠是男孩的童趣，但随着城市化进程的加速，孩子越来越少，越少越珍贵，人们对孩子的健康与卫生要求越来越高，"蹲着打珠"也就需改进。保龄球由地上玩移居桌上玩就是一种时代的进步，就是创新的结果。

建议思考： 保龄球的形状都一样，毫无生命气息，若用QQ表情加以美化、用色彩加以区分,用声光武装,保龄球将会更加生动有趣,创意无限,创造产生价值。
实例 6.20

一种桌面弹珠游戏

1. 技术领域:

本实用新型所属娱乐装置技术领域,尤其涉及一种桌面弹珠游戏。

2. 背景技术:

公知,小时候,许多男孩子都玩过弹珠。那时候玩弹珠一般都是趴在地面上玩,所以经常弄得是满身泥土。而台球也是许多人喜欢玩的一种游戏,台球不仅价格低廉、而且娱乐性强,所以受到人们的欢迎。如果人们能将弹珠游戏与台球相结合,就可以形成一种新的娱乐方式。

3. 发明内容:

针对上述设想,本实用新型提出了解决的办法,其技术方案是:

本实用新型是一种桌面弹珠游戏:球洞设置在桌子主体的表面。人们可以将弹珠做成台球的大小,并且利用球杆来实现弹珠的驱动。这样人们就可以在台球桌上玩弹珠的游戏。这种桌面弹珠游戏具有卫生、方便、新颖、有趣等优点。

4. 附图说明:

下面结合附图和实施例对本实用新型做进一步说明,如图 6-43 所示,图 1 是本实用新型一种桌面弹珠游戏的整体示意图。图 2 是本实用新型一种桌面弹珠游戏的局部放大示意图。图 6-43 中,1—桌子主体;2—球洞;3—球杆;4—弹珠。

5. 具体实施方式:

如图 6-43 所示,在图 1 中,球洞设置在桌子主体的中间位置,弹珠的大小和普通台球的大小一致,球杆类似于普通的台球的球杆。在图 2 中,球洞被制作成凹槽状,其洞口比弹珠较大,弹珠可以落入其中。

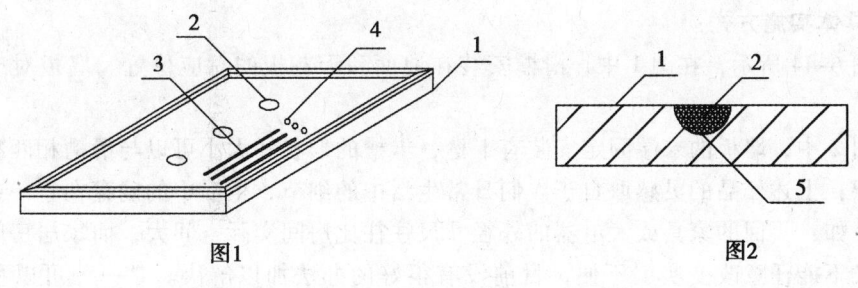

图 6-43

点评:上述作品的灵感取自于日常生活中的体育健身用品和童趣实践,蹲着"打珠"不卫生、不健康,理应改之,这就是创新的动力。

建议思考:

1. 怎样解决孩子身高不一致造成的不便?

2. 怎样解决消毒与保洁问题？

3. 怎样解决球弹飞起造成的意外伤害问题？

可以考虑增添灯光辅助照明、电子判分、电子奖罚等装置，提高孩子们玩中"学"、玩中"思"的能力，从而促进孩子们的健康成长。

实例 6.21

一种可以移动的墙板

1. 技术领域：

本实用新型所属建筑材料技术领域，尤其涉及一种可以移动的墙板。

2. 背景技术：

公知，人们现在家庭内部房间的格局一般都是固定的，因为房间的格局基本都是由装修时的布置做好的，所以是不可移动的。对于有些家庭而言，可能对于当前的布局人们已经厌倦了，所以想换一种其他的格局来进行布置，但是碍于先前的装修而无法实现。现在还没有一种可以随意布局的房间结构。

3. 发明内容：

针对上述存在的问题，本实用新型提出了解决的办法，其技术方案是：

本实用新型是一种可以移动的墙板：使用时，人们只需预先在天花板和地面安装好对应的滑槽，然后将墙板放置在上面。由于在墙板的顶部和底部均安装有卡槽，所以可以配合滑槽将墙板安装在其间。这样，就可以实现对于房间的布局。当人们需要更改房间的布局时，只需重新安装滑槽，再将墙板移置过去即可。这种可以移动的墙板具有使用简单、价格低廉、可随意布局等优点。

4. 附图说明：

下面结合附图和实施例对本实用新型做进一步说明，如图 6-41 所示，图 1 是本实用新型一种可以移动的墙板整体示意图。图 2 是本实用新型一种可以移动的墙板局部放大示意图。图 6-44 中，1—墙板；2—滑槽；3—卡槽。

5. 具体实施方式：

如图 6-44 所示，在图 1 中，滑槽安装在地面和天花板的对应位置。墙板对应放置在滑槽中。

在图 2 中，墙板的末端固定安装有卡槽，卡槽的形状和大小可以与滑槽相匹配。

点评：上述作品的灵感取自于人们日常生活中的细节，生活中的确存在着一些不方便的地方。如：买回的家具或大电器的外径寸尺往往比房间实际空间大，而家居房间的大小尺寸却又不能任意改变实属不便，目前没有很好的办法加以解决。"一种可以移动的墙板"却为解决上述问题找到了很好的解决办法。"一种可以移动的墙板"是一种自拼式活动墙板，可根据用途自拼，是一种很好的创意，有着很好的市场前景。

建议思考："一种可以移动的墙板"是一项很好的发明，但也存在不少问题，如：

1. 地槽与地板是一对矛盾，如何解决？（可设凸凹条解决）

2. 地槽内卫生如何保证？

3. 地槽内防水如何解决？

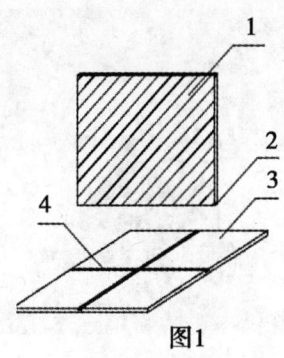
图1

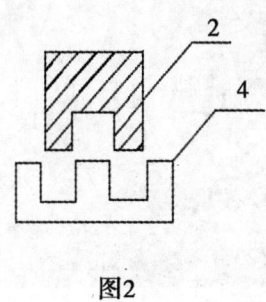
图2

图 6-44

4. 地槽与地板如何保证遇水变形的问题？

实例 6.22

一种豪华影院大巴

1. 技术领域：

本实用新型所属交通运输技术领域，尤其涉及一种豪华影院大巴。

2. 背景技术：

公知，当人们乘坐长途汽车时，有时候一坐可能就是 10 余个小时，在这 10 余个小时的时间里一般都很无聊，不知道干什么才好。如图 6-45 所示，现在大巴上的娱乐设施并不健全，即使有电视，也基本没什么人看。而电影是一种男女老幼都爱的娱乐方式，如果可以将大巴和电影院结合起来，那么漫长的旅途也就显得更加的轻松了。

3. 发明内容：

针对上述存在的问题，本实用新型提出了解决的办法。其技术方案是：

本实用新型是一种豪华影院大巴，驾驶室设置在大巴的前部，主要提供给驾驶者使用；而服务室及卫生间设置在大巴的尾部，主要提供车上的餐饮和卫生间等服务。人们可以通过车门进入车内，并且通过走道到达放映室，再经过另外的一个车门进入到放映室内部的观众区就座，并且通过幕布墙观看影片放映。这一种豪华影院大巴具有方便实用，老少皆宜的特点。

4. 附图说明：

下面结合附图和实施例对本实用新型做进一步说明，如图 6-46 所示，图 1 是本实用新型一种豪华影院大巴侧视图。图 2 是本实用新型一种豪华影院大巴俯视图。图 6-46 中，1—驾驶室；2—放映室；3—幕布墙；4—观众区；5—服务室和卫生间；6—车门；7—走道。

5. 具体实施方式：

如图 6-46 所示，在图 1 中，驾驶室和服务室及卫生间的部分为放映室。幕布墙安装在驾驶室的后部，观众区呈阶梯状排列。在图 2 中，在驾驶室侧边的车身上设置有一个车

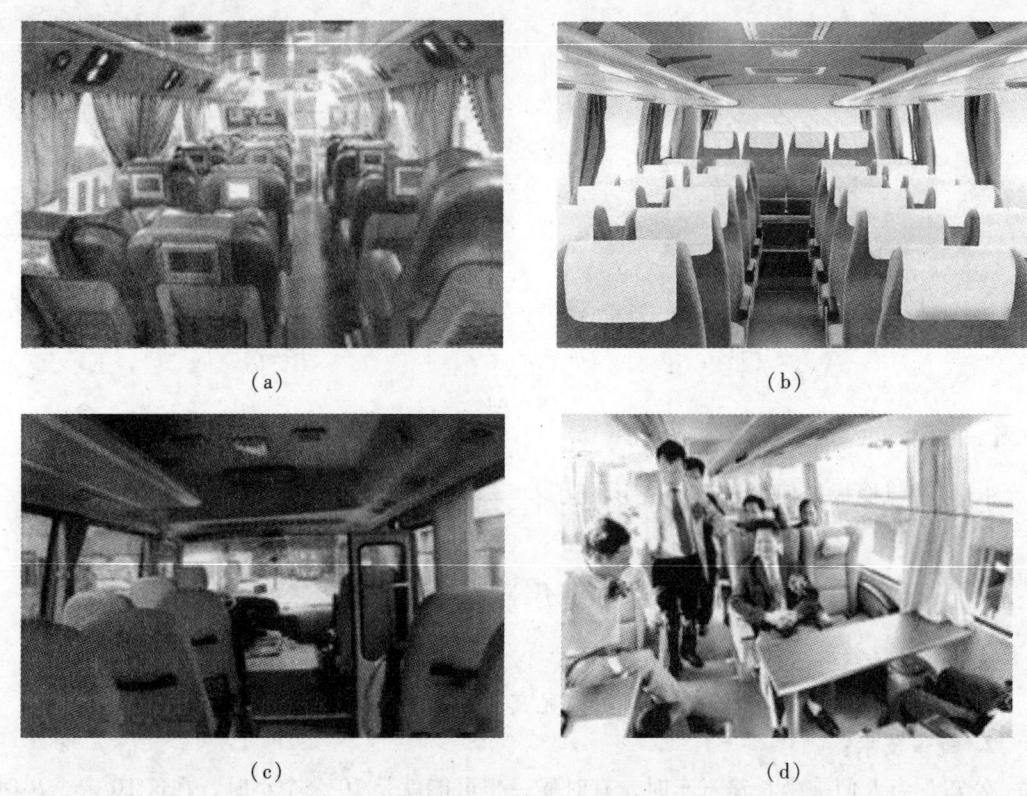

图 6-45 豪华大巴内置图

门,由该车门可以进入车体。而驾驶室、放映室、服务室和卫生间的空余部分设置为走道,主要供旅客行走。在走道的尽头,设置有另外的一个车门,经由该车门可以进入到放映室。

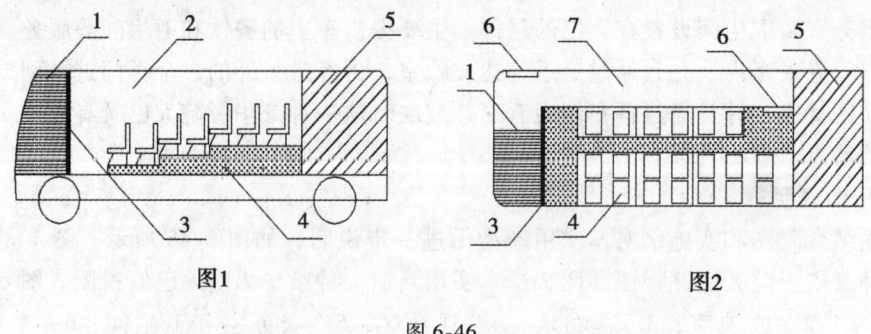

图 6-46

点评:自从高铁、动车开通以来,500公里左右的客运市场受到极大冲击,如何解决其矛盾还真是不好解决?"一种豪华影院大巴"的创意为解决上述问题找到了很好的办法。

建议思考:
1. 如何解决选择影片问题?
2. 如何给这种豪华影院大巴起一个好名?如:××陆航公司;××地航客运等。

实例 6.23

一种鱼竿式伸缩吊灯

1. 技术领域:

本实用新型所属灯具技术领域,尤其涉及一种鱼竿式伸缩吊灯。

2. 背景技术:

公知,人们一般家庭所用的灯具都是固定安装在墙壁上的,或者是以台灯的形式。而安装在墙上的灯具是不可移动的,台灯又不可远距离的使用。现在没有哪一种灯具可以自由的伸长、缩短,且不用安装在墙体上。

3. 发明内容:

针对上述存在的问题,本实用新型提出了解决的办法,其技术方案是:

本实用新型是一种鱼竿式伸缩吊灯,当人们需要将灯具延长使用时,只需要通过伸缩杆进行延长,并且可以通过底座上的转动轴调整其角度,直到人们需要的距离和角度为止,灯的拉绳绕在转动轴上,可以随着伸缩杆的延长而调节线长。灯泡通过伸缩杆前端的吊环悬吊在伸缩杆的末端。收线时,可以通过摇杆装置来进行操作。这种鱼竿式伸缩吊灯具有使用方便、可伸缩等优点。

4. 附图说明:

下面结合附图和实施例对本实用新型做进一步说明,如图 6-47 所示,图 1 是本实用新型一种鱼竿式伸缩吊灯的使用时的示意图。图 2 是本实用新型一种鱼竿式伸缩吊灯的收起时的示意图。图 6-47 中,1—摇杆装置;2—拉绳;3—转动轴;4—伸缩杆;5—底座;6—吊环;7—灯泡。

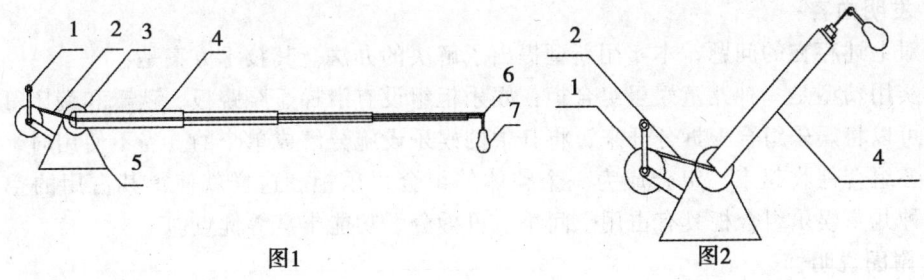

图 6-47

5. 具体实施方式:

如图 6-47 所示,在图 1 中,伸缩杆通过转动轴安装在底座上,并且可以绕底座进行转动。摇杆装置的一端焊接在底座上,其上盘绕有拉绳,拉绳与伸缩杆的末端相连。吊环安装在伸缩杆的末端,灯泡悬挂在吊环上。在图2中,伸缩杆收起,拉绳卷起在摇杆装置上。

点评:"行灯"乃生活中小器物,多用于移动照明,多见在工厂设备维修之用或小商贩夜间路边大排档照明之用。

"一种鱼竿式伸缩吊灯"的灵感取自于日常生活,该作品通过移动作文章,将摇杆装置、拉绳、转动轴、伸缩杆、底座、吊环、灯泡有益的串在一起,并利用三角形基座为基点,通过手控摇柄控制灯杆立卧,利用灯的伸缩杆的长短变化实现鱼竿式伸缩吊灯的实用性,是一次成功的再创作。

发明的目的就是要解决生活中的不便,同学们就应当从平淡琐碎的小事中寻找发明创新点,并加以解决,这就是发明之乐!

建议思考:

1. "一种鱼竿式伸缩吊灯"创作选题很好,但也存在一些不足,如:基座较重一般小个儿女孩搬不动怎么办?能否增添移动轮?

2. 电线连接使用时易绊倒路人怎么办?能否将三角形基座改为既是基座又是充电式电瓶的存放地。

3. 为了解决安全问题,防止电线连接处破损造成触电伤人,建议改为低压电源和低压灯泡。

实例 6.24

一种儿童娱乐组合娱乐柜

1. 技术领域:

本实用新型所属娱乐设施技术领域,尤其涉及一种儿童娱乐组合柜。

2. 背景技术:

公知,孩子的天性是爱玩的,特别是对于类似于滑梯、秋千一类的项目。而这些设施一般属于公共设施的范畴,由于其体积较大不适合在家中安装,故小朋友也只能在外面才能玩到。现在没有这么一种可以将户外的娱乐设施移置到家庭里去的产品。

3. 发明内容:

针对上述存在的问题,本实用新型提出了解决的办法。其技术方案是:

本实用新型是一种儿童娱乐组合柜:娱乐柜组设有滑梯、跷跷板、秋千和蹦床等。使用时,可以将娱乐组合柜拆分开来,将其中的娱乐设施分解成单个的。当不使用时,可以将上述各组合件收起来,组合成为一个整体的组合娱乐柜。这样就使得其占用的空间减小。这种儿童娱乐组合柜具有占用空间小、可拆分、功能丰富等优点。

4. 附图说明:

下面结合附图和实施例对本实用新型做进一步说明,如图6-48所示,图1是本实用新型一种儿童娱乐组合柜拆分时的示意图。图2是本实用新型一种儿童娱乐组合柜收起时的示意图。图6-48中,1—滑梯;2—跷跷板;3—秋千;4—蹦床。

5. 具体实施方式:

如图6-48所示,在图1中,组合娱乐柜可以拆分为若干个单件,分别为滑梯、跷跷板、秋千和蹦床。在图 2 中，收起时，蹦床是作为其底部，秋千作为其顶部，而滑梯和跷跷板分别作为其左右两边的挡板。

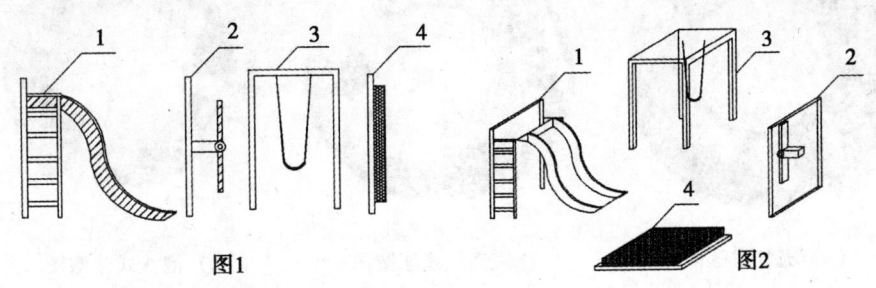

图 6-48

点评：目前众多家庭只有一个孩子，如何安全哺养一直困惑着许多家庭，能否提供安全的儿童玩耍地，是当前乃至今后都需亟待解决的问题。

1. 上述作品"一种儿童娱乐组合柜"选题非常好，通过家庭为单位建立儿童玩耍之处，既安全又卫生，市场潜力极大。

2. 上述作品为专利市场提供了广阔的空间，为家俱生产商找到了谋财之路。

建议思考：还可增添一些木制拼接、拼装的小玩具。

实例 6.25

一种粘带式漂浮圈

1. 技术领域：

本实用新型所属救生设施技术领域，尤其涉及一种粘带式漂浮圈。

2. 背景技术：

公知，夏天游泳是许多人喜爱的一项运动，一般，不会游泳的人们都会采用救生圈来进行保护。如图 6-49 所示，由于救生圈体积较大，携带在身上不是很方便。如果可以将一个大游泳圈分解成若干个小游泳圈，将其绑在学习游泳者的手脚上。可以无需用手去拿，而且其体积也小很多，这样会显得较为方便。

3. 发明内容：

针对上述存在的问题，本实用新型提出了解决的办法，其技术方案是：

本实用新型是一种粘带式漂浮圈，在充气式橡胶套的两侧分别设置有粘带。使用时，先往充气式橡胶套的充气孔中充入一定量的空气，然后使用者可以通过其两侧的粘带将其绑在手上和脚上。这样借助充气式橡皮圈的浮力就可以使人保持漂浮的状态，而不至于溺水。这种粘带式漂浮圈具有结构简单、体积小、使用方便、可粘贴等优点。

4. 附图说明：

下面结合附图和实施例对本实用新型做进一步说明，如图 6-50 所示，图 1 是本实用新型一种粘带式漂浮圈的剖视图。图 2 是本实用新型一种粘带式漂浮圈作用时的示意图。图 6-50 中，1—粘带；2—充气式橡胶套；3—充气孔。

（a）充气式泳圈图　　　　（b）充气式泳圈图　　　　（c）泡沫式泳圈图

图 6-49

5. 具体实施方式：

如图 6-50 所示，图 1 中，充气孔呈竖向设置在充气式橡皮圈的上端，充气式橡皮圈展开时呈矩形，其内部中空，可以充入空气。粘带分别设置在其两侧的对应位置。图 2 中，充气式橡皮圈的两侧的粘带可以互相粘贴在一起，并且使得充气式橡皮圈形成一个圆环状。

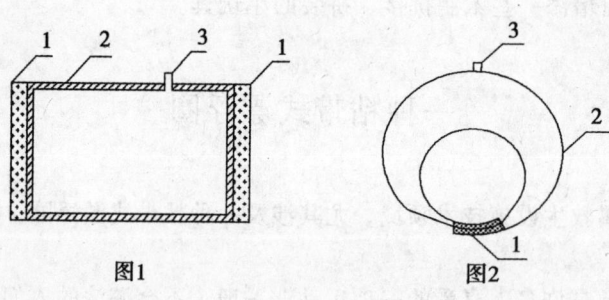

图1　　　　　　　　　图2

图 6-50

点评："一种粘带式漂浮圈"的选题非常好，观察事物非常心细，值得肯定。实际生活中，人们认为游泳圈是圆的很正常，没有可改之处，说明这些人缺乏观察事物、发现事物不足的能力，也就难以成为创新型人才。

上述作品巧妙利用"形"之变，将圆形泳圈变成直簿泳圈就很好地解决了泳圈的携带难问题，该作品的成功创作说明：发明不是将简单的事物复杂化就增添其价值，而是将简单的事物更简便这才是发明者的魅力。

有一些发明爱好者有一个误解，总认为："平淡的生活中无发明之灵感，发明已被别人思索完了，自己无创作之处"。其实，发明就是一种解脱，发明创造是发明者将观察中的事物经过思索、联想得出的"改造之物"经相关部门认同的一个过程。

建议思考：

1. "粘带式漂浮圈"的张紧度没有"扣式"或"绳式"安全，因此建议"联用"。

2. "粘带式漂浮圈"的外观设计还可以增添服装之灵感,如背芯式或条式衣裤。

实例 6.26

<h2 style="text-align:center">一种香囊式泡茶器</h2>

1. 技术领域:

本实用新型所属日常生活用具用品技术领域,尤其涉及一种香囊式泡茶器。

2. 背景技术:

公知,茶叶是我国的传统饮品之一,其历史源远流长,茶道文化博大精深。现在这个时代,人们的生活节奏十分紧张,许多人喜欢以一种速冲茶包的形式来品味茶,似乎这已成为一种趋势。如图 6-51 所示,茶包很简陋,茶包的一个很大好处是可以有效地防止茶叶沉积在杯底。但是现在茶包在这一点上并不能充分满足人们的需求,现在市面上也没有一种类似于茶包的金属装置。

(a)　　　　　　　　　(b)　　　　　　　　　(c)

图 6-51　香包图

3. 发明内容:

针对上述存在的问题,本实用新型提出了解决的办法,其技术方案是:

本实用新型是一种香囊式泡茶器,使用时,人们只需打开球形茶叶囊,将茶叶囊上部和下部打开,然后将茶叶放置于球形茶叶囊中,将茶叶囊上部和茶叶囊下部进行闭合,茶叶就被包裹在球形茶叶囊中。在球形茶叶囊上设置有若干进水孔,由于进水孔很小,所以茶叶不能从中漏出。通过球形茶叶囊上面的链子将球形茶叶囊放入杯中进行浸泡。人们可以用手通过链子一端的圆环去控制球形茶叶囊的位置。当泡完后,只需通过圆环将球形茶叶囊取出,打开球形茶叶囊,将其中的废弃茶叶取出即可。这种香囊式泡茶器具有使用简单,可反复使用,精致美观等优点。

4. 附图说明:

下面结合附图和实施例对本实用新型做进一步说明,如图 6-52 所示,图 1 是本实用新型一种香囊式泡茶器的正视图。图 2 是本实用新型一种香囊式泡茶器的球形茶叶囊的放大图。图 6-52 中,1—球形茶叶囊;2—链子;3—圆环;4—茶叶囊上部;5—茶叶囊下部;6—进水孔。

5. 具体实施方式:

如图6-52所示,图1中,圆环套在链子的一端,链子的另外一端和球形茶叶囊相连接。图2中,球形茶叶囊由进水孔、茶叶囊上部和茶叶囊下部组成。进水孔均匀设置在球形茶叶囊上部和茶叶囊下部、茶叶囊上部和茶叶囊下部的一端呈转动连接。

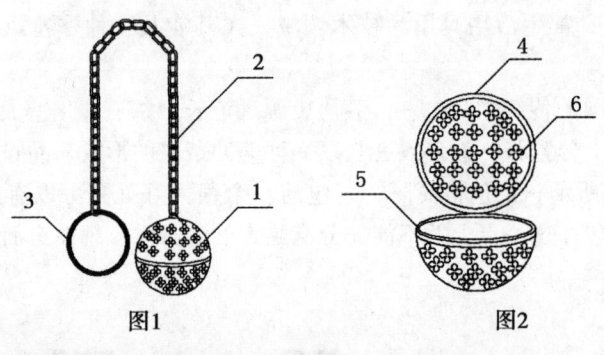

图6-52

实例6.27

一种带尺子功能的粘胶

1. 技术领域:

本实用新型所属办公用具技术领域,尤其涉及一种带尺子功能的粘胶。

2. 背景技术:

公知,粘胶是人们日常生活、工作中常用的物品,因为其具有体积小、粘附性能好的特点而受到人们的欢迎,如图6-53所示。现在人们所使用的尺子一般是硬尺,即使是软尺其体型一般也不是很小、不轻便。当人们需要标注某一物体时,由于尺子不具备粘贴的功能,所以只能用手工去标注。这样就显得比较麻烦,特别是用在标注一个物体的实际尺寸时。

(a)　　　　　　　　　　(b)　　　　　　　　　　(c)

图6-53 玻璃胶纸图

3. 发明内容:

针对上述存在的问题,本实用新型提出了解决的办法,其技术方案是:

本实用新型是一种带尺子功能的粘胶：粘带绕制在卷芯上，在粘带的边沿上印制有刻度。使用时，人们只需将粘带的一端与物件的起始端对齐，并且小心地拉至物件的末端，使用剪刀将其剪断即可。这样，就可以通过物体两端的刻度直接读出物体的尺寸，并且可以一直将其保留在物体上，其说服力更强。这种带尺子功能的粘胶具有结构简单、使用方便、带有刻度等优点。

4. 附图说明：

下面结合附图和实施例对本实用新型做进一步说明，如图6-54所示，是本实用新型一种带尺子功能的粘胶的整体示意图。图6-54中，1—粘带；2—刻度；3—卷芯。

5. 具体实施方式：

如图6-54所示，刻度通过印刷的方式印制在粘带的表面，粘带盘绕在卷芯上。

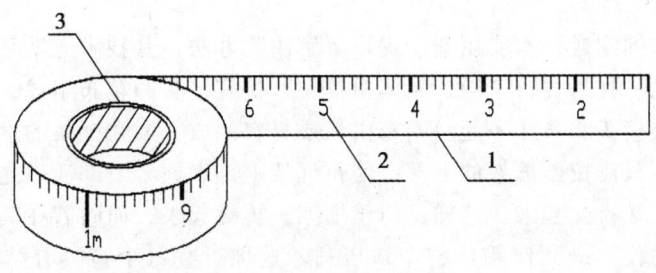

图6-54

点评：玻璃胶纸大家十分熟悉，也都用过，但很少有人关注它，并发现其不足。上述作品巧妙地利用发明方法中的"组合法"，把尺寸数字标注在玻璃胶纸上从而提高了玻璃胶纸的新用途。

建议思考：

1. 怎样解决玻璃胶纸数字重复使用的问题？
2. 怎样解决玻璃胶纸数字准确性的问题？

实例 6.28

一种折叠行李箱

1. 技术领域：

本实用新型所属箱包技术领域，尤其涉及一种折叠行李箱。

2. 背景技术：

公知，行李箱是人们外出旅行时的必备物品。如图6-55所示，行李箱的容量较大，有时候当人们携带的东西较少时，带着一个大体积行李箱实在也很麻烦。对于住校的学生，寝室的空间有限，行李箱很占地方。如果有一种在人们不使用时可以变小的行李箱自然会给人们带来许多方便。而现在的行李箱不能做到这一点。

(a)   (b)   (c)

图 6-55   行李箱图

3. 发明内容：

针对上述存在的问题，本实用新型提出了解决的办法，其技术方案是：

本实用新型是一种折叠行李箱，箱体由框架、折叠接头和箱布组成，框架上部和框架下部之间通过折叠接头联系在一起。箱布由软质材料制成，蒙在框架的上面。当人们需要将行李箱折叠时，只需按压框架的上部，使得框架上部和框架下部通过之间的折叠接头可以动作，使得框架被折叠起来。这样，由于框架被折叠起来，而附着在其上的箱布也可以实现同步的折叠动作，进而使箱体整个被压扁。这种折叠行李箱具有结构简单、轻便实用、可折叠等优点。

4. 附图说明：

下面结合附图和实施例对本实用新型做进一步说明，如图 6-56 所示，图 1 是本实用新型一种折叠行李箱的框架部分示意图。图 2 是本实用新型一种折叠行李箱作用时的示意图。图 6-56 中，1—框架；2—折叠接头；3—箱布。

5. 具体实施方式：

如图 6-56 所示，在图 1 中，框架的上部和下部呈矩形，框架上部和下部之间的框架均连接在折叠接头上，并且可以通过折叠接头实现折叠的动作。

图 2 中，箱布由软质材料制成，并且直接蒙在框架和折叠接头的表面。作用时，框架可以通过折叠接头的作用实现折叠，进而使得箱体被压缩。

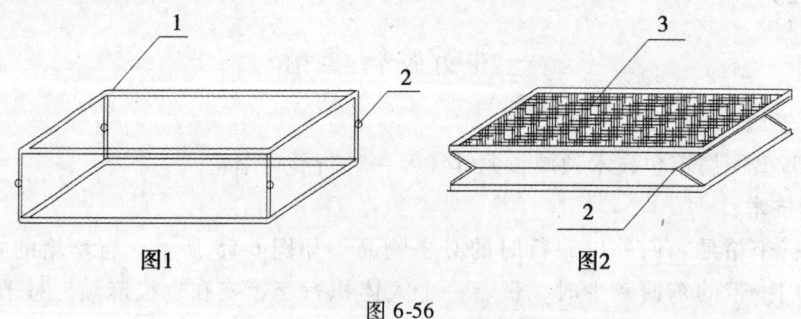

图1   图2

图 6-56

点评：上述作品的灵感取自于日常生活中的小用品行李箱。该作者生活十分仔细并从平凡琐事中寻找到发明创新灵感,十分了不起。

"一种折叠行李箱"的创意来源于数学中的几何形状变形,用来解决压缩行李箱空间问题是一次成功的创新实践,行李箱的体积变化通过压缩和展开来实现调节其空间大小。

建议思考:"一种折叠行李箱"通过压缩和展开来实现行李箱上下调节其空间的大小,但左右空间大小的变化未实现自由调节,同学们还需努力。

实例 6.29

一种翻面后带枕头的桌子

1. 技术领域:

本实用新型所属办公家具技术领域,尤其涉及一种翻面后带枕头的桌子。

2. 背景技术:

公知,中午人们一般都会感觉到睡意绵绵,所以会选择在桌子上趴一趴。但是现在的桌子一般都是由硬木制成,所以人趴在上面会感觉到很硬,睡起来也不是很舒服,如图 6-57 所示。现在的桌子不能提供给人们一个柔软舒适的环境。

图 6-57 午睡枕头图

3. 发明内容:

针对上述存在的问题,本实用新型提出了解决的办法,其技术方案是:

本实用新型是一种翻面后带枕头的桌子,平时不用时,枕头是通过固定带固定在桌板下面。当需要使用时,由于桌板与桌子主体之间是不互相连接的,人们只需将桌板反面固定有枕头的一端翻转过来即可。这样，人们就可以躺在舒适柔软的枕头上面休息一下。这种翻面后带枕头的桌子具有使用简单，新颖实用，柔软舒适等优点。

4. 附图说明：

下面结合附图和实施例对本实用新型做进一步说明，如图6-58所示，图1是本实用新型一种翻面后带枕头的桌子的结构示意图。图2是本实用新型一种翻面后带枕头的桌子作用时的示意图。图6-58中，1—桌板；2—枕头；3—固定带；4—桌子主体。

5. 具体实施方式：

如图6-58所示，图1中，桌板呈矩形，枕头通过固定带固定在桌板的反面，固定带的两端分别固定在桌板上。桌板和桌子主体之间可以分离。图2中，不使用时，桌板带有枕头的一面朝下，而没有东西的一面朝上，这样可以方便办公。使用时，将桌板带有枕头的一面翻转过来即可。

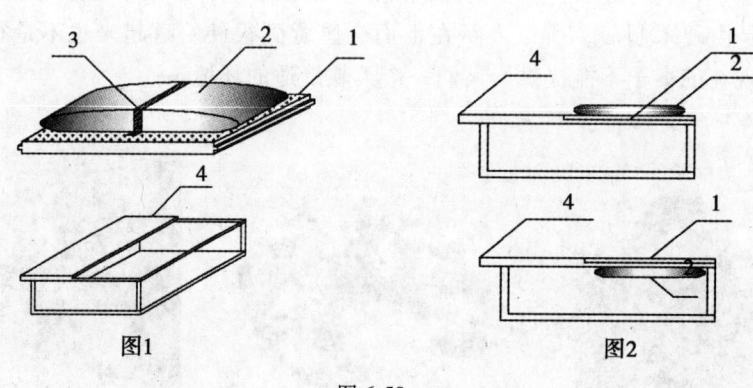

图6-58

点评：上述作品灵感取自于学习生活，并从创新与实践课中学会了解决问题的方法，巧妙利用"危情求索法"解开了午休难的具体问题。

建议思考：

1. "午睡枕"属个人生活用品，长时间使用就会"污化"，怎样解决清洗、消毒？还需完善其发明。

2. 午睡怕吵闹怎样解决？能否考虑设计一个头套，达到"视而不见、听则不鸣"的午休目的还值得同学们思考。

实例6.30

一种可以收起的帐篷床

1. 技术领域

本实用新型所属日常生活用品、用具技术领域，尤其涉及一种可以收起的帐篷床。

2. 背景技术：

公知，一般人睡觉时都希望能有一个安静的、光线较暗的环境。因为这样的环境可以使人更加容易进入睡眠状态。有时候，人们可能刚好处于一个光线较强，或者是较为喧闹的环境，那么人们的睡眠就成了一个问题。如图 6-59 所示，这类便携式帐篷不能解决上述问题。

（a） （b） （c）

图 6-59　便携式帐篷图

3. 发明内容：

针对上述存在的问题，本实用新型提出了解决的办法，其技术方案是：

本实用新型是一种可以收起的帐篷床：不使用时，可以将其收起并放置在床体尾部的收起槽中。当需要使用时，可以将其从收起槽中拉起，框架可以在拉起的过程中散开，形成一个半球形的空间。框架上蒙有一层可以隔音、遮光的蒙布，可以为睡在其中的人提供一个相对较为安静和黑暗的环境。这种可以收起的帐篷床具有结构简单，使用方便，可以收起，隔音，遮光等优点。

4. 附图说明：

下面结合附图和实施例对本实用新型做进一步说明，如图 6-60 所示，图 1 是本实用新型一种可以收起的帐篷床收起时的示意图。图 2 是本实用新型一种可以收起的帐篷床打开时的示意图。图 6-60 中，1—床体；2—可收起帐篷；3—收起槽；4—蒙布；5—框架；6—轴芯。

5. 具体实施方式：

如图 6-60 所示，图 1 中，收起槽呈矩形槽状，设置在床体的尾部。可收起帐篷收起后可以放在其中。图 2 中，打开后，可收起帐篷床的框架呈扇形展开，其上蒙有一层蒙布。蒙布紧贴在框架上，并且具有隔音、遮光的功能。

点评： 上述作品灵感取自于野外生活，并从创新与实践课中学会了解决问题的方法，巧妙利用"危情求索法"解开了"野外休息"难的具体问题。

建议思考：

1. 采用扇形支撑是能解决撑帐篷问题，但方便携带问题仍然没有解决。
2. 支撑杆可以考虑采用粗细不一的滑动拉伸、折叠铰链等其他形式来实现收藏问题。
3. 借鉴一下别人在支撑杆上的设计优点。

发明创造是"持续观望，借鉴学习，总结更正，完善创新"的一个过程，其周期因人而异、结果各不相同。但每个人的社会地位不同、发明的出发点不同，其目的却相同就是要解决其技术问题。

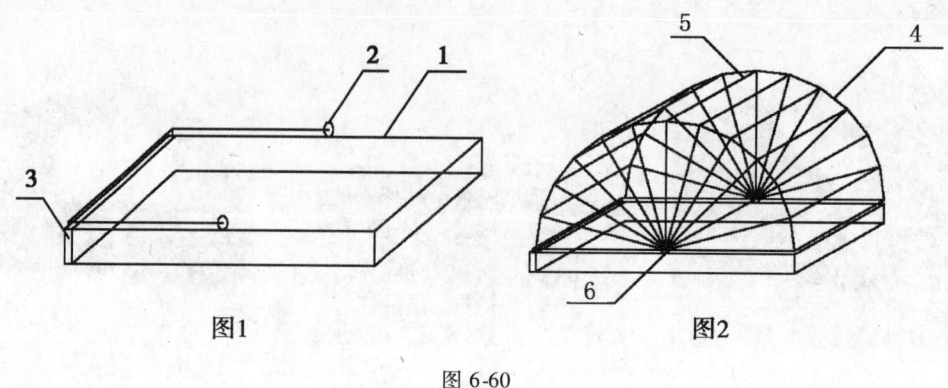

图1　　　　　　　　　　　　图2

图 6-60

实例 6.31

一种可以用做书写的门

1. 技术领域：

本实用新型所属家具技术领域，尤其涉及一种可以用做书写板的门。

2. 背景技术：

公知，小孩都有一种好奇的心理，总是喜欢在门上写写画画，如图 6-61 所示，他们的这种行为一般引来的是家长的批评。其实这是小孩的天性、只是有时候家长觉得这样把门画得乱七八糟的。如果能有一种这样的门，可以任意地随孩子们涂鸦，且可以方便的清理干净就好啦。

　　（a）　　　　　　　　　　（b）　　　　　　　　　　（c）

图 6-61　幼儿涂鸦图

3. 发明内容：

针对上述存在的问题，本实用新型提出了解决的办法，其技术方案是：

本实用新型是一种可以用做书写板的门，在门体的表面安装了一层书写板。人们可以通过油性笔在其上进行写画。当需要清理时，只需要利用黑板擦进行擦除即可。由于使用的是油性笔,所以其没有粉尘。在门体的侧边设置有一个支架,支架可以用来装油性笔和黑板擦,也可以将其用来留言。

这种可以用做书写板的门具有使用方便、构造简单、无粉尘等优点。

4. 附图说明:

下面结合附图和实施例对本实用新型做进一步说明,如图6-62所示,是本实用新型一种可以用做书写板的门的正视图的示意图。图6-62中,1—门体;2—书写板;3—支架;4—油性笔;5—黑板擦。

5. 具体实施方式:

如图6-62所示,书写板和门体均成长方形,书写板安装在门体的中间位置。支架固定安装在门体的侧边中间位置,油性笔和黑板擦可以放置在支架上。

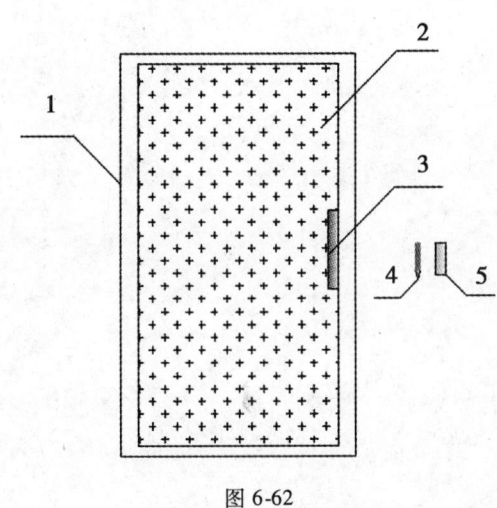

图 6-62

点评:"孩子涂画是天性,画出童心画出悟,大人小孩都爱涂,区分只是涂错处"。小孩在家乱涂乱画确实害人,但孩子乱涂乱画没有错,错只错在家长没有提供适合孩子涂解心闷的地方。

"一种可以用做书写板的门"的发明创新正好解决了上述存在的问题,为家中有小孩的人们找到了解决这一难题的好办法。

建议思考:把黑板引回了家是一个好办法,但怎样吸引孩子只在黑板上画而不涂它处倒是一难题,能否把黑板升级注入"声光"控制,变成只涂写黑板处而有效避免涂写其他处,值得大家思考。

本 章 小 结

本章教学旨在使学生认识专利申请规则与专利申请规范要点,告诫同学们申请专利有哪些小技巧,哪些方法可以实际运用及拓展。告诫同学们发明创造是一条成才路、成功路,发明能改变人生,但必须积极参与,早参与、早发明、早获得成功的道理。

复习与思考题6

1. "发明是条通天路,其理尤如种棵树,多付出还需多关注,不愁长不成参天树。""风云人物"的造就如同种树,思考如何励志创新,创出佳绩成大树。

2. 试对照韦凯腾、祝浩同学的发明题材及实例解剖意见选择自己熟悉的领域创造出属于自己的发明作品。

附录 I

《中华人民共和国专利法实施细则全文(2010 修订)》

(2001 年 6 月 15 日中华人民共和国国务院令第 306 号公布)

根据 2002 年 12 月 28 日《国务院关于修改〈中华人民共和国专利法实施细则〉的决定》第一次修订；根据 2010 年 1 月 9 日《国务院关于修改〈中华人民共和国专利法实施细则〉的决定》第二次修订)

第一章 总 则

第一条 根据《中华人民共和国专利法》(以下简称专利法)，制定本细则。

第二条 专利法和本细则规定的各种手续，应当以书面形式或者国务院专利行政部门规定的其他形式办理。

第三条 依照专利法和本细则规定提交的各种文件应当使用中文；国家有统一规定的科技术语的，应当采用规范词；外国人名、地名和科技术语没有统一中文译文的，应当注明原文。

依照专利法和本细则规定提交的各种证件和证明文件是外文的，国务院专利行政部门认为必要时，可以要求当事人在指定期限内附送中文译文；期满未附送的，视为未提交该证件和证明文件。

第四条 向国务院专利行政部门邮寄的各种文件，以寄出的邮戳日为递交日；邮戳日不清晰的，除当事人能够提出证明外，以国务院专利行政部门收到日为递交日。

国务院专利行政部门的各种文件，可以通过邮寄、直接送交或者其他方式送达当事人。当事人委托专利代理机构的，文件送交专利代理机构；未委托专利代理机构的，文件送交请求书中指明的联系人。

国务院专利行政部门邮寄的各种文件，自文件发出之日起满 15 日，推定为当事人收到文件之日。

根据国务院专利行政部门规定应当直接送交的文件，以交付日为送达日。

文件送交地址不清，无法邮寄的，可以通过公告的方式送达当事人。自公告之日起满 1 个月，该文件视为已经送达。

第五条 专利法和本细则规定的各种期限的第一日不计算在期限内。期限以年或者月计算的，以其最后一月的相应日为期限届满日；该月无相应日的，以该月最后一日为期限届满日；期限届满日是法定休假日的，以休假日后的第一个工作日为期限届满日。

第六条 当事人因不可抗拒的事由而延误专利法或者本细则规定的期限或者国务院专利行政部门指定的期限，导致其权利丧失的，自障碍消除之日起 2 个月内，最迟自期限届满之日起 2 年内，可以向国务院专利行政部门请求恢复权利。

除前款规定的情形外，当事人因其他正当理由延误专利法或者本细则规定的期限或者国务院专利行政部门指定的期限，导致其权利丧失的，可以自收到国务院专利行政部门的通知之日起 2 个月内向国务院专利行政部门请求恢复权利。

当事人依照本条第一款或者第二款的规定请求恢复权利的，应当提交恢复权利请求书，说明理由，必要时附具有关证明文件，并办理权利丧失前应当办理的相应手续；依照本条第二款的规定请求恢复权利的，还应当缴纳恢复权利请求费。

当事人请求延长国务院专利行政部门指定的期限的，应当在期限届满前，向国务院专利行政部门说明理由并办理有关手续。

本条第一款和第二款的规定不适用专利法第二十四条、第二十九条、第四十二条、第六十八条规定的期限。

第七条 专利申请涉及国防利益需要保密的，由国防专利机构受理并进行审查；国务院专利行政部门受理的专利申请涉及国防利益需要保密的，应当及时移交国防专利机构进行审查。经国防专利机构审查没有发现驳回理由的，由国务院专利行政部门作出授予国防专利权的决定。

国务院专利行政部门认为其受理的发明或者实用新型专利申请涉及国防利益以外的国家安全或者重大利益需要保密的，应当及时作出按照保密专利申请处理的决定，并通知申请人。保密专利申请的审查、复审以及保密专利权无效宣告的特殊程序，由国务院专利行政部门规定。

第八条 专利法第二十条所称在中国完成的发明或者实用新型，是指技术方案的实质性内容在中国境内完成的发明或者实用新型。

任何单位或者个人将在中国完成的发明或者实用新型向外国申请专利的，应当按照下列方式之一请求国务院专利行政部门进行保密审查：

（一）直接向外国申请专利或者向有关国外机构提交专利国际申请的，应当事先向国务院专利行政部门提出请求，并详细说明其技术方案；

（二）向国务院专利行政部门申请专利后拟向外国申请专利或者向有关国外机构提交专利国际申请的，应当在向外国申请专利或者向有关国外机构提交专利国际申请前向国务院专利行政部门提出请求，

向国务院专利行政部门提交专利国际申请的，视为同时提出了保密审查请求。

第九条 国务院专利行政部门收到依照本细则第八条规定递交的请求后，经过审查认为该发明或者实用新型可能涉及国家安全或者重大利益需要保密的，应当及时向申请人发出保密审查通知；申请人未在其请求递交日起 4 个月内收到保密审查通知的，可以就该发明或者实用新型向外国申请专利或者向有关国外机构提交专利国际申请。

第十条 专利法第五条所称违反法律的发明创造，不包括仅其实施为法律所禁止的发明创造。

第十一条 除专利法第二十八条和第四十二条规定的情形外，专利法所称申请日，有

优先权的,指优先权日。

本细则所称申请日,除另有规定的外,是指专利法第二十八条规定的申请日。

第十二条 专利法第六条所称执行本单位的任务所完成的职务发明创造,是指:

(一)在本职工作中作出的发明创造;

(二)履行本单位交付的本职工作之外的任务所作出的发明创造;

(三)退休、调离原单位后或者劳动、人事关系终止后1年内作出的,与其在原单位承担的本职工作或者原单位分配的任务有关的发明创造。

专利法第六条所称本单位,包括临时工作单位;专利法第六条所称本单位的物质技术条件,是指本单位的资金、设备、零部件、原材料或者不对外公开的技术资料等。

第十三条 专利法所称发明人或者设计人,是指对发明创造的实质性特点作出创造性贡献的人。在完成发明创造过程中,只负责组织工作的人、为物质技术条件的利用提供方便的人或者从事其他辅助工作的人,不是发明人或者设计人。

第十四条 除依照专利法第十条规定转让专利权外,专利权因其他事由发生转移的,当事人应当凭有关证明文件或者法律文书向国务院专利行政部门办理专利权转移手续。

专利权人与他人订立的专利实施许可合同,应当自合同生效之日起3个月内向国务院专利行政部门备案。

以专利权出质的,由出质人和质权人共同向国务院专利行政部门办理出质登记。

第二章 专利的申请

第十五条 以书面形式申请专利的,应当向国务院专利行政部门提交申请文件一式两份。

以国务院专利行政部门规定的其他形式申请专利的,应当符合规定的要求。

申请人委托专利代理机构向国务院专利行政部门申请专利和办理其他专利事务的,应当同时提交委托书,写明委托权限。

申请人有2人以上且未委托专利代理机构的,除请求书中另有声明的外,以请求书中指明的第一申请人为代表人。

申请人有2人以上且未委托专利代理机构的,除请求书中另有声明的外,以请求书中指明的第一申请人为代表人。

第十六条 发明、实用新型或者外观设计专利申请的请求书应当写明下列事项:

(一)发明、实用新型或者外观设计的名称;

(二)申请人是中国单位或者个人的,其名称或者姓名、地址、邮政编码、组织机构代码或者居民身份证件号码;申请人是外国人、外国企业或者外国其他组织的,其姓名或者名称、国籍或者注册的国家或者地区;

(三)发明人或者设计人的姓名;

(四)申请人委托专利代理机构的,受托机构的名称、机构代码以及该机构指定的专利代理人的姓名、执业证号码、联系电话;

(五)要求优先权的,申请人第一次提出专利申请(以下简称在先申请)的申请日、申请号以及原受理机构的名称;

（六）申请人或者专利代理机构的签字或者盖章；
（七）申请文件清单；
（八）附加文件清单；
（九）其他需要写明的有关事项。

第十七条 发明或者实用新型专利申请的说明书应当写明发明或者实用新型的名称，该名称应当与请求书中的名称一致。说明书应当包括下列内容：

（一）技术领域：写明要求保护的技术方案所属的技术领域；

（二）背景技术：写明对发明或者实用新型的理解、检索、审查有用的背景技术；有可能的，并引证反映这些背景技术的文件；

（三）发明内容：写明发明或者实用新型所要解决的技术问题以及解决其技术问题采用的技术方案，并对照现有技术写明发明或者实用新型的有益效果；

（四）附图说明：说明书有附图的，对各幅附图作简略说明；

（五）具体实施方式：详细写明申请人认为实现发明或者实用新型的优选方式；必要时，举例说明；有附图的，对照附图。

发明或者实用新型专利申请人应当按照前款规定的方式和顺序撰写说明书，并在说明书每一部分前面写明标题，除非其发明或者实用新型的性质用其他方式或者顺序撰写能节约说明书的篇幅并使他人能够准确理解其发明或者实用新型。

发明或者实用新型说明书应当用词规范、语句清楚，并不得使用"如权利要求……所述的……"一类的引用语，也不得使用商业性宣传用语。

发明专利申请包含一个或者多个核苷酸或者氨基酸序列的，说明书应当包括符合国务院专利行政部门规定的序列表。申请人应当将该序列表作为说明书的一个单独部分提交，并按照国务院专利行政部门的规定提交该序列表的计算机可读形式的副本。

实用新型专利申请说明书应当有表示要求保护的产品的形状、构造或者其结合的附图。

第十八条 发明或者实用新型的几幅附图应当按照"图1，图2，……"顺序编号排列。

发明或者实用新型说明书文字部分中未提及的附图标记不得在附图中出现，附图中未出现的附图标记不得在说明书文字部分中提及。申请文件中表示同一组成部分的附图标记应当一致。

发明或者实用新型说明书文字部分中未提及的附图标记不得在附图中出现，附图中未出现的附图标记不得在说明书文字部分中提及。申请文件中表示同一组成部分的附图标记应当一致。

附图中除必需的词语外，不应当含有其他注释。

第十九条 权利要求书应当记载发明或者实用新型的技术特征。

权利要求书有几项权利要求的，应当用阿拉伯数字顺序编号。

权利要求书中使用的科技术语应当与说明书中使用的科技术语一致，可以有化学式或者数学式，但是不得有插图。除绝对必要的外，不得使用"如说明书……部分所述"或者"如图……所示"的用语。

权利要求中的技术特征可以引用说明书附图中相应的标记,该标记应当放在相应的技术特征后并置于括号内,便于理解权利要求。附图标记不得解释为对权利要求的限制。

第二十条 权利要求书应当有独立权利要求,也可以有从属权利要求。

独立权利要求应当从整体上反映发明或者实用新型的技术方案,记载解决技术问题的必要技术特征。

第二十一条 发明或者实用新型的独立权利要求应当包括前序部分和特征部分,按照下列规定撰写:

(一)前序部分:写明要求保护的发明或者实用新型技术方案的主题名称和发明或者实用新型主题与最接近的现有技术共有的必要技术特征;

(二)特征部分:使用"其特征是……"或者类似的用语,写明发明或者实用新型区别于最接近的现有技术的技术特征。这些特征和前序部分写明的特征合在一起,限定发明或者实用新型要求保护的范围。

发明或者实用新型的性质不适于用前款方式表达的,独立权利要求可以用其他方式撰写。

一项发明或者实用新型应当只有一个独立权利要求,并写在同一发明或者实用新型的从属权利要求之前。

第二十二条 发明或者实用新型的从属权利要求应当包括引用部分和限定部分,按照下列规定撰写:

(一)引用部分:写明引用的权利要求的编号及其主题名称;

(二)限定部分:写明发明或者实用新型附加的技术特征;

从属权利要求只能引用在前的权利要求。引用两项以上权利要求的多项从属权利要求,只能以择一方式引用在前的权利要求,并不得作为另一项多项从属权利要求的基础。

第二十三条 说明书摘要应当写明发明或者实用新型专利申请所公开内容的概要,即写明发明或者实用新型的名称和所属技术领域,并清楚地反映所要解决的技术问题、解决该问题的技术方案的要点以及主要用途。

说明书摘要可以包含最能说明发明的化学式;有附图的专利申请,还应当提供一幅最能说明该发明或者实用新型技术特征的附图。附图的大小及清晰度应当保证在该图缩小到4厘米×6厘米时,仍能清晰地分辨出图中的各个细节。摘要文字部分不得超过300个字。摘要中不得使用商业性宣传用语。

第二十四条 申请专利的发明涉及新的生物材料,该生物材料公众不能得到,并且对该生物材料的说明不足以使所属领域的技术人员实施其发明的,除应当符合专利法和本细则的有关规定外,申请人还应当办理下列手续:

(一)在申请日前或者最迟在申请日(有优先权的,指优先权日),将该生物材料的样品提交国务院专利行政部门认可的保藏单位保藏,并在申请时或者最迟自申请日起4个月内提交保藏单位出具的保藏证明和存活证明;期满未提交证明的,该样品视为未提交保藏;

(二)在申请文件中,提供有关该生物材料特征的资料;

(三)涉及生物材料样品保藏的专利申请应当在请求书和说明书中写明该生物材料的

分类命名（注明拉丁文名称）、保藏该生物材料样品的单位名称、地址、保藏日期和保藏编号；申请时未写明的，应当自申请日起4个月内补正；期满未补正的，视为未提交保藏；

第二十五条 发明专利申请人依照本细则第二十四条的规定保藏生物材料样品的，在发明专利申请公布后，任何单位或者个人需要将该专利申请所涉及的生物材料作为实验目的使用的，应当向国务院专利行政部门提出请求，并写明下列事项：

（一）请求人的姓名或者名称和地址；

（二）不向其他任何人提供该生物材料的保证；

（三）在授予专利权前，只作为实验目的使用的保证。

第二十六条 专利法所称遗传资源，是指取自人体、动物、植物或者微生物等含有遗传功能单位并具有实际或者潜在价值的材料；专利法所称依赖遗传资源完成的发明创造，是指利用了遗传资源的遗传功能完成的发明创造。

就依赖遗传资源完成的发明创造申请专利的，申请人应当在请求书中予以说明，并填写国务院专利行政部门制定的表格。

第二十七条 申请人请求保护色彩的，应当提交彩色图片或者照片。

申请人应当就每件外观设计产品所需要保护的内容提交有关图片或者照片。

第二十八条 外观设计的简要说明应当写明外观设计产品的名称、用途，外观设计的设计要点，并指定一幅最能表明设计要点的图片或者照片。省略视图或者请求保护色彩的，应当在简要说明中写明。

对同一产品的多项相似外观设计提出一件外观设计专利申请的，应当在简要说明中指定其中一项作为基本设计。

简要说明不得使用商业性宣传用语，也不能用来说明产品的性能。

第二十九条 国务院专利行政部门认为必要时，可以要求外观设计专利申请人提交使用外观设计的产品样品或者模型。样品或者模型的体积不得超过30厘米×30厘米×30厘米，重量不得超过15公斤。易腐、易损或者危险品不得作为样品或者模型提交。

第三十条 专利法第二十四条第（一）项所称中国政府承认的国际展览会，是指国际展览会公约规定的在国际展览局注册或者由其认可的国际展览会。

专利法第二十四条第（二）项所称学术会议或者技术会议，是指国务院有关主管部门或者全国性学术团体组织召开的学术会议或者技术会议。

申请专利的发明创造有专利法第二十四条第（一）项或者第（二）项所列情形的，申请人应当在提出专利申请时声明，并自申请日起2个月内提交有关国际展览会或者学术会议、技术会议的组织单位出具的有关发明创造已经展出或者发表，以及展出或者发表日期的证明文件。

申请专利的发明创造有专利法第二十四条第（三）项所列情形的，国务院专利行政部门认为必要时，可以要求申请人在指定期限内提交证明文件。

申请人未依照本条第三款的规定提出声明和提交证明文件的，或者未依照本条第四款的规定在指定期限内提交证明文件的，其申请不适用专利法第二十四条的规定。

第三十一条 申请人依照专利法第三十条的规定要求外国优先权的，申请人提交的在先申请文件副本应当经原受理机构证明。依照国务院专利行政部门与该受理机构签订的协议，国务院专利行政部门通过电子交换等途径获得在先申请文件副本的，视为申请人提交了经该受理机构证明的在先申请文件副本。要求本国优先权，申请人在请求书中写明在先申请的申请日和申请号的，视为提交了在先申请文件副本。

要求优先权，但请求书中漏写或者错写在先申请的申请日、申请号和原受理机构名称中的一项或者两项内容的，国务院专利行政部门应当通知申请人在指定期限内补正；期满未补正的，视为未要求优先权。

要求优先权的申请人的姓名或者名称与在先申请文件副本中记载的申请人姓名或者名称不一致的，应当提交优先权转让证明材料，未提交该证明材料的，视为未要求优先权。

第三十二条 申请人在一件专利申请中，可以要求一项或者多项优先权；要求多项优先权的，该申请的优先权期限从最早的优先权日起计算。

申请人要求本国优先权，在先申请是发明专利申请的，可以就相同主题提出发明或者实用新型专利申请；在先申请是实用新型专利申请的，可以就相同主题提出实用新型或者发明专利申请。但是，提出后一申请时，在先申请的主题有下列情形之一的，不得作为要求本国优先权的基础：

（一）已经要求外国优先权或者本国优先权的；
（二）已经被授予专利权的；
（三）属于按照规定提出的分案申请的。

申请人要求本国优先权的，其在先申请自后一申请提出之日起即视为撤回。

第三十三条 在中国没有经常居所或者营业所的申请人，申请专利或者要求外国优先权的，国务院专利行政部门认为必要时，可以要求其提供下列文件：

（一）申请人是个人的，其国籍证明；
（二）申请人是企业或者其他组织的，其注册的国家或者地区的证明文件；
（三）申请人的所属国，承认中国单位和个人可以按照该国国民的同等条件，在该国享有专利权、优先权和其他与专利有关的权利的证明文件。

第三十四条 依照专利法第三十一条第一款规定，可以作为一件专利申请提出的属于一个总的发明构思的两项以上的发明或者实用新型，应当在技术上相互关联，包含一个或者多个相同或者相应的特定技术特征，其中特定技术特征是指每一项发明或者实用新型作为整体，对现有技术作出贡献的技术特征。

第三十五条 依照专利法第三十一条第二款规定，将同一产品的多项相似外观设计作为一件申请提出的，对该产品的其他设计应当与简要说明中指定的基本设计相似。一件外观设计专利申请中的相似外观设计不得超过10项。

专利法第三十一条第二款所称同一类别并且成套出售或者使用的产品的两项以上外观设计，是指各产品属于分类表中同一大类，习惯上同时出售或者同时使用，而且各产品的外观设计具有相同的设计构思。

将两项以上外观设计作为一件申请提出的，应当将各项外观设计的顺序编号标注在每件外观设计产品各幅图片或者照片的名称之前。

第三十六条 申请人撤回专利申请的，应当向国务院专利行政部门提出声明，写明发明创造的名称、申请号和申请日。

撤回专利申请的声明在国务院专利行政部门作好公布专利申请文件的印刷准备工作后提出的，申请文件仍予公布；但是，撤回专利申请的声明应当在以后出版的专利公报上予以公告。

第三章　专利申请的审查和批准

第三十七条　在初步审查、实质审查、复审和无效宣告程序中，实施审查和审理的人员有下列情形之一的，应当自行回避，当事人或者其他利害关系人可以要求其回避：

（一）是当事人或者其代理人的近亲属的；

（二）与专利申请或者专利权有利害关系的；

（三）与当事人或者其代理人有其他关系，可能影响公正审查和审理的；

（四）专利复审委员会成员曾参与原申请的审查的。

第三十八条　国务院专利行政部门收到发明或者实用新型专利申请的请求书、说明书（实用新型必须包括附图）和权利要求书，或者外观设计专利申请的请求书、外观设计的图片或者照片和简要说明后，应当明确申请日、给予申请号，并通知申请人。

第三十九条　专利申请文件有下列情形之一的，国务院专利行政部门不予受理，并通知申请人：

（一）发明或者实用新型专利申请缺少请求书、说明书（实用新型无附图）或者权利要求书的，或者外观设计专利申请缺少请求书、图片或者照片、简要说明的；

（二）未使用中文的；

（三）不符合本细则第一百二十一条第一款规定的；

（四）请求书中缺少申请人姓名或者名称，或者缺少地址的；

（五）明显不符合专利法第十八条或者第十九条第一款的规定的；

（六）专利申请类别（发明、实用新型或者外观设计）不明确或者难以确定的。

第四十条　说明书中写有对附图的说明但无附图或者缺少部分附图的，申请人应当在国务院专利行政部门指定的期限内补交附图或者声明取消对附图的说明。申请人补交附图的，以向国务院专利行政部门提交或者邮寄附图之日为申请日；取消对附图的说明的，保留原申请日。

第四十一条　两个以上的申请人同日（指申请日；有优先权的，指优先权日）分别就同样的发明创造申请专利的，应当在收到国务院专利行政部门的通知后自行协商确定申请人。

同一申请人在同日（指申请日）对同样的发明创造既申请实用新型专利又申请发明专利的，应当在申请时分别说明对同样的发明创造已申请了另一专利；未作说明的，依照专利法第九条第一款关于同样的发明创造只能授予一项专利权的规定处理。

国务院专利行政部门公告授予实用新型专利权，应当公告申请人已依照本条第二款的规定同时申请了发明专利的说明。

发明专利申请经审查没有发现驳回理由，国务院专利行政部门应当通知申请人在规定期限内声明放弃实用新型专利权。申请人声明放弃的，国务院专利行政部门应当作出授予发明专利权的决定,并在公告授予发明专利权时一并公告申请人放弃实用新型专利权声明。申请人不同意放弃的,国务院专利行政部门应当驳回该发明专利申请;申请人期满未答复的,视为撤回该发明专利申请。

实用新型专利权自公告授予发明专利权之日起终止。

第四十二条 一件专利申请包括两项以上发明、实用新型或者外观设计的,申请人可以在本细则第五十四条第一款规定的期限届满前,向国务院专利行政部门提出分案申请;但是,专利申请已经被驳回、撤回或者视为撤回的,不能提出分案申请。

国务院专利行政部门认为一件专利申请不符合专利法第三十一条和本细则第三十四条或者第三十五条的规定的,应当通知申请人在指定期限内对其申请进行修改;申请人期满未答复的,该申请视为撤回。

分案的申请不得改变原申请的类别。

第四十三条 依照本细则第四十二条规定提出的分案申请,可以保留原申请日,享有优先权的,可以保留优先权日,但是不得超出原申请记载的范围。

分案申请应当依照专利法及本细则的规定办理有关手续。

分案申请的请求书中应当写明原申请的申请号和申请日。提交分案申请时,申请人应当提交原申请文件副本;原申请享有优先权的,并应当提交原申请的优先权文件副本。

第四十四条 专利法第三十四条和第四十条所称初步审查,是指审查专利申请是否具备专利法第二十六条或者第二十七条规定的文件和其他必要的文件,这些文件是否符合规定的格式,并审查下列各项:

(一)发明专利申请是否明显属于专利法第五条、第二十五条规定的情形,是否不符合专利法第十八条、第十九条第一款、第二十条第一款或者本细则第十六条、第二十六条第二款的规定,是否明显不符合专利法第二条第二款、第二十六条第五款、第三十一条第一款、第三十三条或者本细则第十七条至第二十一条的规定;

(二)实用新型专利申请是否明显属于专利法第五条、第二十五条规定的情形,是否不符合专利法第十八条、第十九条第一款、第二十条第一款或者本细则第十六条至第十九条、第二十一条至第二十三条的规定,是否明显不符合专利法第二条第三款、第二十二条第二款、第四款、第二十六条第三款、第四款、第三十一条第一款、第三十三条或者本细则第二十条、第四十三条第一款的规定,是否依照专利法第九条规定不能取得专利权;

(三)外观设计专利申请是否明显属于专利法第五条、第二十五条第一款第(六)项规定的情形,是否不符合专利法第十八条、第十九条第一款或者本细则第十六条、第二十七条、第二十八条的规定,是否明显不符合专利法第二条第四款、第二十三条第一款、第二十七条第二款、第三十一条第二款、第三十三条或者本细则第四十三条第一款的规定,是否依照专利法第九条规定不能取得专利权;

(四)申请文件是否符合本细则第二条、第三条第一款的规定。

国务院专利行政部门应当将审查意见通知申请人,要求其在指定期限内陈述意见或者补正;申请人期满未答复的,其申请视为撤回。申请人陈述意见或者补正后,国务院专利行政部门仍然认为不符合前款所列各项规定的,应当予以驳回。

第四十五条 除专利申请文件外,申请人向国务院专利行政部门提交的与专利申请有关的其他文件有下列情形之一的，视为未提交：

（一）未使用规定的格式或者填写不符合规定的；

（二）未按照规定提交证明材料的。

国务院专利行政部门应当将视为未提交的审查意见通知申请人。

第四十六条 申请人请求早日公布其发明专利申请的，应当向国务院专利行政部门声明。国务院专利行政部门对该申请进行初步审查后，除予以驳回的外，应当立即将申请予以公布。

第四十七条 申请人写明使用外观设计的产品及其所属类别的，应当使用国务院专利行政部门公布的外观设计产品分类表。未写明使用外观设计的产品所属类别或者所写的类别不确切的，国务院专利行政部门可以予以补充或者修改。

第四十八条 自发明专利申请公布之日起至公告授予专利权之日止，任何人均可以对不符合专利法规定的专利申请向国务院专利行政部门提出意见，并说明理由。

第四十九条 发明专利申请人因有正当理由无法提交专利法第三十六条规定的检索资料或者审查结果资料的，应当向国务院专利行政部门声明，并在得到有关资料后补交。

第五十条 国务院专利行政部门依照专利法第三十五条第二款的规定对专利申请自行进行审查时，应当通知申请人。

第五十一条 发明专利申请人在提出实质审查请求时以及在收到国务院专利行政部门发出的发明专利申请进入实质审查阶段通知书之日起的3个月内，可以对发明专利申请主动提出修改。

实用新型或者外观设计专利申请人自申请日起2个月内，可以对实用新型或者外观设计专利申请主动提出修改。

国务院专利行政部门可以自行修改专利申请文件中文字和符号的明显错误。国务院专利行政部门自行修改的，应当通知申请人。

第五十二条 发明或者实用新型专利申请的说明书或者权利要求书的修改部分，除个别文字修改或者增删外，应当按照规定格式提交替换页。外观设计专利申请的图片或者照片的修改，应当按照规定提交替换页。

第五十三条 依照专利法第三十八条的规定，发明专利申请经实质审查应当予以驳回的情形是指：

（一）申请属于专利法第五条、第二十五条规定的情形，或者依照专利法第九条规定不能取得专利权的；

（二）申请不符合专利法第二条第二款、第二十条第一款、第二十二条、第二十六条第三款、第四款、第五款、第三十一条第一款或者本细则第二十条第二款规定的；

（三）申请的修改不符合专利法第三十三条规定，或者分案的申请不符合本细则第四十三条第一款的规定的。

第五十四条 国务院专利行政部门发出授予专利权的通知后，申请人应当自收到通知之日起2个月内办理登记手续。申请人按期办理登记手续的，国务院专利行政部门应当授予专利权，颁发专利证书，并予以公告。

期满未办理登记手续的，视为放弃取得专利权的权利。

第五十五条 保密专利申请经审查没有发现驳回理由的,国务院专利行政部门应当作出授予保密专利权的决定,颁发保密专利证书,登记保密专利权的有关事项。

第五十六条 授予实用新型或者外观设计专利权的决定公告后,专利法第六十条规定的专利权人或者利害关系人可以请求国务院专利行政部门作出专利权评价报告。

请求作出专利权评价报告的,应当提交专利权评价报告请求书,写明专利号。每项请求专利权评价报告请求书不符合规定的,国务院专利行政部门应当通知请求人在指定期限内补正;请求人期满未补正的,视为未提出请求应当限于一项专利权。

第五十七条 国务院专利行政部门应当自收到专利权评价报告请求书后2个月内作出专利权评价报告。对同一项实用新型或者外观设计专利权,有多个请求人请求作出专利权评价报告的,国务院专利行政部门仅作出一份专利权评价报告。任何单位或者个人可以查阅或者复制该专利权评价报告。

第五十八条 国务院专利行政部门对专利公告、专利单行本中出现的错误,一经发现,应当及时更正,并对所作更正予以公告。

第四章 专利申请的复审与专利权的无效宣告

第五十九条 专利复审委员会由国务院专利行政部门指定的技术专家和法律专家组成,主任委员由国务院专利行政部门负责人兼任。

第六十条 依照专利法第四十一条的规定向专利复审委员会请求复审的,应当提交复审请求书,说明理由,必要时还应当附具有关证据。

复审请求不符合专利法第十九条第一款或者第四十一条第一款规定的,专利复审委员会不予受理,书面通知复审请求人并说明理由。

第六十一条 请求人在提出复审请求或者在对专利复审委员会的复审通知书作出答复时,可以修改专利申请文件;但是,修改应当仅限于消除驳回决定或者复审通知书指出的缺陷。

修改的专利申请文件应当提交一式两份。

第六十二条 专利复审委员会应当将受理的复审请求书转交国务院专利行政部门原审查部门进行审查。原审查部门根据复审请求人的请求,同意撤销原决定的,专利复审委员会应当据此作出复审决定,并通知复审请求人。

第六十三条 专利复审委员会进行复审后,认为复审请求不符合专利法和本细则有关规定的,应当通知复审请求人,要求其在指定期限内陈述意见。期满未答复的,该复审请求视为撤回;经陈述意见或者进行修改后,专利复审委员会认为仍不符合专利法和本细则有关规定的,应当作出维持原驳回决定的复审决定。

专利复审委员会进行复审后,认为原驳回决定不符合专利法和本细则有关规定的,或者认为经过修改的专利申请文件消除了原驳回决定指出的缺陷的,应当撤销原驳回决定,由原审查部门继续进行审查程序。

第六十四条 复审请求人在专利复审委员会作出决定前,可以撤回其复审请求。

复审请求人在专利复审委员会作出决定前撤回其复审请求的,复审程序终止。

第六十五条 依照专利法第四十五条的规定,请求宣告专利权无效或者部分无效的,应当向专利复审委员会提交专利权无效宣告请求书和必要的证据一式两份。无效宣告请求书应当结合提交的所有证据，具体说明无效宣告请求的理由，并指明每项理由所依据的证据。

前款所称无效宣告请求的理由，是指被授予专利的发明创造不符合专利法第二条、第二十条第一款、第二十二条、第二十三条、第二十六条第三款、第四款、第二十七条第二款、第三十三条或者本细则第二十条第二款、第四十三条第一款的规定，或者属于专利法第五条、第二十五条的规定，或者依照专利法第九条规定不能取得专利权。

第六十六条 专利权无效宣告请求不符合专利法第十九条第一款或者本细则第六十五条规定的，专利复审委员会不予受理。

在专利复审委员会就无效宣告请求作出决定之后，又以同样的理由和证据请求无效宣告的，专利复审委员会不予受理。

以不符合专利法第二十三条第三款的规定为理由请求宣告外观设计专利权无效，但是未提交证明权利冲突的证据的，专利复审委员会不予受理。

专利权无效宣告请求书不符合规定格式的，无效宣告请求人应当在专利复审委员会指定的期限内补正；期满未补正的，该无效宣告请求视为未提出。

第六十七条 在专利复审委员会受理无效宣告请求后，请求人可以在提出无效宣告请求之日起1个月内增加理由或者补充证据。逾期增加理由或者补充证据的，专利复审委员会可以不予考虑。

第六十八条 专利复审委员会应当将专利权无效宣告请求书和有关文件的副本送交专利权人，要求其在指定的期限内陈述意见。

专利权人和无效宣告请求人应当在指定期限内答复专利复审委员会发出的转送文件通知书或者无效宣告请求审查通知书；期满未答复的，不影响专利复审委员会审理。

第六十九条 在无效宣告请求的审查过程中，发明或者实用新型专利的专利权人可以修改其权利要求书，但是不得扩大原专利的保护范围。

发明或者实用新型专利的专利权人不得修改专利说明书和附图，外观设计专利的专利权人不得修改图片、照片和简要说明。

第七十条 专利复审委员会根据当事人的请求或者案情需要，可以决定对无效宣告请求进行口头审理。

专利复审委员会决定对无效宣告请求进行口头审理的，应当向当事人发出口头审理通知书，告知举行口头审理的日期和地点。当事人应当在通知书指定的期限内作出答复。

无效宣告请求人对专利复审委员会发出的口头审理通知书在指定的期限内未作答复，并且不参加口头审理的，其无效宣告请求视为撤回；专利权人不参加口头审理的，可以缺席审理。

第七十一条 在无效宣告请求审查程序中，专利复审委员会指定的期限不得延长。

第七十二条 专利复审委员会对无效宣告的请求作出决定前，无效宣告请求人可以撤回其请求。

专利复审委员会作出决定之前，无效宣告请求人撤回其请求或者其无效宣告请求被视为撤回的，无效宣告请求审查程序终止。但是，专利复审委员会认为根据已进行的审查工作能够作出宣告专利权无效或者部分无效的决定的,不终止审查程序。

第五章 专利实施的强制许可

第七十三条 专利法第四十八条第(一)项所称未充分实施其专利,是指专利权人及其被许可人实施其专利的方式或者规模不能满足国内对专利产品或者专利方法的需求。

专利法第五十条所称取得专利权的药品,是指解决公共健康问题所需的医药领域中的任何专利产品或者依照专利方法直接获得的产品,包括取得专利权的制造该产品所需的活性成分以及使用该产品所需的诊断用品。

第七十四条 请求给予强制许可的,应当向国务院专利行政部门提交强制许可请求书,说明理由并附具有关证明文件。

国务院专利行政部门应当将强制许可请求书的副本送交专利权人,专利权人应当在国务院专利行政部门指定的期限内陈述意见;期满未答复的,不影响国务院专利行政部门作出决定。

国务院专利行政部门在作出驳回强制许可请求的决定或者给予强制许可的决定前,应当通知请求人和专利权人拟作出的决定及其理由。

国务院专利行政部门依照专利法第五十条的规定作出给予强制许可的决定,应当同时符合中国缔结或者参加的有关国际条约关于为了解决公共健康问题而给予强制许可的规定,但中国作出保留的除外。

第七十五条 依照专利法第五十七条的规定,请求国务院专利行政部门裁决使用费数额的,当事人应当提出裁决请求书,并附具双方不能达成协议的证明文件。国务院专利行政部门应当自收到请求书之日起3个月内作出裁决,并通知当事人。

第六章 对职务发明创造的发明人或者设计人的奖励和报酬

第七十六条 被授予专利权的单位可以与发明人、设计人约定或者在其依法制定的规章制度中规定专利法第十六条规定的奖励、报酬的方式和数额。

企业、事业单位给予发明人或者设计人的奖励、报酬,按照国家有关财务、会计制度的规定进行处理。

第七十七条 被授予专利权的单位未与发明人、设计人约定也未在其依法制定的规章制度中规定专利法第十六条规定的奖励的方式和数额的,应当自专利权公告之日起3个月内发给发明人或者设计人奖金。一项发明专利的奖金最低不少于3000元;一项实用新型专利或者外观设计专利的奖金最低不少于1000元。

由于发明人或者设计人的建议被其所属单位采纳而完成的发明创造,被授予专利权的单位应当从优发给奖金。

第七十八条 被授予专利权的单位未与发明人、设计人约定也未在其依法制定的规章制度中规定专利法第十六条规定的报酬的方式和数额的,在专利权有效期限内,实施发明创造专利后,每年应当从实施该项发明或者实用新型专利的营业利润中提取不低于2%或者从实施该项外观设计专利的营业利润中提取不低于0.2%,作为报酬给予发明人或者设计人,或者参照上述比例,给予发明人或者设计人一次性报酬;被授予专利权的单位许可其他单位或者个人实施其专利的,应当从收取的使用费中提取不低于10%,作为报酬给予发明人或者设计人。

第七章 专利权的保护

第七十九条 专利法和本细则所称管理专利工作的部门,是指由省、自治区、直辖市人民政府以及专利管理工作量大又有实际处理能力的设区的市人民政府设立的管理专利工作的部门。

第八十条 国务院专利行政部门应当对管理专利工作的部门处理专利侵权纠纷、查处假冒专利行为、调解专利纠纷进行业务指导。

第八十一条 当事人请求处理专利侵权纠纷或者调解专利纠纷的,由被请求人所在地或者侵权行为地的管理专利工作的部门管辖。

两个以上管理专利工作的部门都有管辖权的专利纠纷,当事人可以向其中一个管理专利工作的部门提出请求;当事人向两个以上有管辖权的管理专利工作的部门提出请求的,由最先受理的管理专利工作的部门管辖。

两个以上管理专利工作的部门都有管辖权的专利纠纷,当事人可以向其中一个管理专利工作的部门提出请求;当事人向两个以上有管辖权的管理专利工作的部门提出请求的,由最先受理的管理专利工作的部门管辖。

管理专利工作的部门对管辖权发生争议的,由其共同的上级人民政府管理专利工作的部门指定管辖;无共同上级人民政府管理专利工作的部门的,由国务院专利行政部门指定管辖。

第八十二条 在处理专利侵权纠纷过程中,被请求人提出无效宣告请求并被专利复审委员会受理的,可以请求管理专利工作的部门中止处理。

管理专利工作的部门认为被请求人提出的中止理由明显不能成立的,可以不中止处理。

第八十三条 专利权人依照专利法第十七条的规定,在其专利产品或者该产品的包装上标明专利标识的,应当按照国务院专利行政部门规定的方式予以标明。

专利标识不符合前款规定的,由管理专利工作的部门责令改正。

第八十四条 下列行为属于专利法第六十三条规定的假冒专利的行为:

(一)在未被授予专利权的产品或者其包装上标注专利标识,专利权被宣告无效后或者终止后继续在产品或者其包装上标注专利标识,或者未经许可在产品或者产品包装上标注他人的专利号;

(二)销售第(一)项所述产品;

(三)在产品说明书等材料中将未被授予专利权的技术或者设计称为专利技术或者专利设计,将专利申请称为专利,或者未经许可使用他人的专利号,使公众将所涉及的技术或者设计误认为是专利技术或者专利设计;

(四)伪造或者变造专利证书、专利文件或者专利申请文件;

(五)其他使公众混淆,将未被授予专利权的技术或者设计误认为是专利技术或者专利设计的行为。

专利权终止前依法在专利产品、依照专利方法直接获得的产品或者其包装上标注专利标识，在专利权终止后许诺销售、销售该产品的，不属于假冒专利行为。

销售不知道是假冒专利的产品，并且能够证明该产品合法来源的，由管理专利工作的部门责令停止销售，但免除罚款的处罚。

第八十五条 除专利法第六十条规定的外，管理专利工作的部门应当事人请求，可以对下列专利纠纷进行调解：

（一）专利申请权和专利权归属纠纷；

（二）发明人、设计人资格纠纷；

（三）职务发明创造的发明人、设计人的奖励和报酬纠纷；

（四）在发明专利申请公布后专利权授予前使用发明而未支付适当费用的纠纷；

（五）其他专利纠纷。

对于前款第（四）项所列的纠纷，当事人请求管理专利工作的部门调解的，应当在专利权被授予之后提出。

第八十六条 当事人因专利申请权或者专利权的归属发生纠纷，已请求管理专利工作的部门调解或者向人民法院起诉的，可以请求国务院专利行政部门中止有关程序。

依照前款规定请求中止有关程序的，应当向国务院专利行政部门提交请求书，并附具管理专利工作的部门或者人民法院的写明申请号或者专利号的有关受理文件副本。

管理专利工作的部门作出的调解书或者人民法院作出的判决生效后，当事人应当向国务院专利行政部门办理恢复有关程序的手续。自请求中止之日起1年内，有关专利申请权或者专利权归属的纠纷未能结案，需要继续中止有关程序的，请求人应当在该期限内请求延长中止。期满未请求延长的，国务院专利行政部门自行恢复有关程序。

第八十七条 人民法院在审理民事案件中裁定对专利申请权或者专利权采取保全措施的，国务院专利行政部门应当在收到写明申请号或者专利号的裁定书和协助执行通知书之日中止被保全的专利申请权或者专利权的有关程序。保全期限届满，人民法院没有裁定继续采取保全措施的，国务院专利行政部门自行恢复有关程序。

第八十八条 国务院专利行政部门根据本细则第八十六条和第八十七条规定中止有关程序，是指暂停专利申请的初步审查、实质审查、复审程序，授予专利权程序和专利权无效宣告程序；暂停办理放弃、变更、转移专利权或者专利申请权手续，专利权质押手续以及专利权期限届满前的终止手续等。

第八章 专利登记和专利公报

第八十九条 国务院专利行政部门设置专利登记簿，登记下列与专利申请和专利权有关的事项：

（一）专利权的授予；

（二）专利申请权、专利权的转移；

（三）专利权的质押、保全及其解除；

（四）专利实施许可合同的备案；

（五）专利权的无效宣告；

（六）专利权的终止；

（七）专利权的恢复；

（八）专利实施的强制许可；

（九）专利权人的姓名或者名称、国籍和地址的变更。

第九十条 国务院专利行政部门定期出版专利公报，公布或者公告下列内容：

（一）发明专利申请的著录事项和说明书摘要；

（二）发明专利申请的实质审查请求和国务院专利行政部门对发明专利申请自行进行实质审查的决定；

（三）发明专利申请公布后的驳回、撤回、视为撤回、视为放弃、恢复和转移；

（四）专利权的授予以及专利权的著录事项；

（五）发明或者实用新型专利的说明书摘要，外观设计专利的一幅图片或者照片；

（六）国防专利、保密专利的解密；

（七）专利权的无效宣告；

（八）专利权的终止、恢复；

（九）专利权的转移；

（十）专利实施许可合同的备案；

（十一）专利权的质押、保全及其解除；

（十二）专利实施的强制许可的给予；

（十三）专利权人的姓名或者名称、地址的变更；

（十四）文件的公告送达；

（十五）国务院专利行政部门作出的更正；

（十六）其他有关事项。

第九十一条 国务院专利行政部门应当提供专利公报、发明专利申请单行本以及发明专利、实用新型专利、外观设计专利单行本，供公众免费查阅。

第九十二条 国务院专利行政部门负责按照互惠原则与其他国家、地区的专利机关或者区域性专利组织交换专利文献。

第九章 费 用

第九十三条 向国务院专利行政部门申请专利和办理其他手续时，应当缴纳下列费用：

（一）申请费、申请附加费、公布印刷费、优先权要求费；

（二）发明专利申请实质审查费、复审费；

（三）专利登记费、公告印刷费、年费；

（四）恢复权利请求费、延长期限请求费；

（五）著录事项变更费、专利权评价报告请求费、无效宣告请求费。

第九十四条 专利法和本细则规定的各种费用，可以直接向国务院专利行政部门缴纳，也可以通过邮局或者银行汇付，或者以国务院专利行政部门规定的其他方式缴纳。

通过邮局或者银行汇付的，应当在送交国务院专利行政部门的汇单上写明正确的申请号或者专利号以及缴纳的费用名称。不符合本款规定的，视为未办理缴费手续。

直接向国务院专利行政部门缴纳费用的，以缴纳当日为缴费日；以邮局汇付方式缴纳费用的，以邮局汇出的邮戳日为缴费日；以银行汇付方式缴纳费用的，以银行实际汇出日为缴费日。

多缴、重缴、错缴专利费用的，当事人可以自缴费日起3年内，向国务院专利行政部门提出退款请求，国务院专利行政部门应当予以退还。

第九十五条 申请人应当自申请日起2个月内或者在收到受理通知书之日起15日内缴纳申请费、公布印刷费和必要的申请附加费；期满未缴纳或者未缴足的，其申请视为撤回。

申请人要求优先权的，应当在缴纳申请费的同时缴纳优先权要求费；期满未缴纳或者未缴足的，视为未要求优先权。

第九十六条 当事人请求实质审查或者复审的，应当在专利法及本细则规定的相关期限内缴纳费用；期满未缴纳或者未缴足的，视为未提出请求。

第九十七条 申请人办理登记手续时，应当缴纳专利登记费、公告印刷费和授予专利权当年的年费；期满未缴纳或者未缴足的，视为未办理登记手续。

第九十八条 授予专利权当年以后的年费应当在上一年度期满前缴纳。专利权人未缴纳或者未缴足的，国务院专利行政部门应当通知专利权人自应当缴纳年费期满之日起6个月内补缴，同时缴纳滞纳金；滞纳金的金额按照每超过规定的缴费时间1个月，加收当年全额年费的5%计算；期满未缴纳的，专利权自应当缴纳年费期满之日起终止。

第九十九条 恢复权利请求费应当在本细则规定的相关期限内缴纳；期满未缴纳或者未缴足的，视为未提出请求。

延长期限请求费应当在相应期限届满之日前缴纳；期满未缴纳或者未缴足的，视为未提出请求。

著录事项变更费、专利权评价报告请求费、无效宣告请求费应当自提出请求之日起1个月内缴纳；期满未缴纳或者未缴足的，视为未提出请求。

第一百条 申请人或者专利权人缴纳本细则规定的各种费用有困难的，可以按照规定向国务院专利行政部门提出减缴或者缓缴的请求。减缴或者缓缴的办法由国务院财政部门会同国务院价格管理部门、国务院专利行政部门规定。

第十章 关于国际申请的特别规定

第一百零一条 国务院专利行政部门根据专利法第二十条规定，受理按照专利合作条约提出的专利国际申请。

按照专利合作条约提出并指定中国的专利国际申请（以下简称国际申请）进入国务院专利行政部门处理阶段（以下称进入中国国家阶段）的条件和程序适用本章的规定；本章没有规定的，适用专利法及本细则其他各章的有关规定。

第一百零二条 按照专利合作条约已确定国际申请日并指定中国的国际申请，视为向国务院专利行政部提出的专利申请，该国际申请日视为专利法第二十八条所称的申请日。

按照专利合作条约提出并指定中国的专利国际申请（以下简称国际申请）进入国务

院专利行政部门处理阶段（以下称进入中国国家阶段）的条件和程序适用本章的规定；本章没有规定的，适用专利法及本细则其他各章的有关规定。

第一百零三条 国际申请的申请人应当在专利合作条约第二条所称的优先权日（本章简称优先权日）起30个月内，向国务院专利行政部门办理进入中国国家阶段的手续；申请人未在该期限内办理该手续的，在缴纳宽限费后，可以在自优先权日起32个月内办理进入中国国家阶段的手续。

第一百零四条 申请人依照本细则第一百零三条的规定办理进入中国国家阶段的手续的，应当符合下列要求：

（一）以中文提交进入中国国家阶段的书面声明，写明国际申请号和要求获得的专利权类型；

（二）缴纳本细则第九十三条第一款规定的申请费、公布印刷费，必要时缴纳本细则第一百零三条规定的宽限费；

（三）国际申请以外文提出的，提交原始国际申请的说明书和权利要求书的中文译文；

（四）在进入中国国家阶段的书面声明中写明发明创造的名称，申请人姓名或者名称、地址和发明人的姓名，上述内容应当与世界知识产权组织国际局（以下简称国际局）的记录一致；国际申请中未写明发明人的，在上述声明中写明发明人的姓名；

（五）国际申请以外文提出的，提交摘要的中文译文，有附图和摘要附图的，提交附图副本和摘要附图副本，附图中有文字的，将其替换为对应的中文文字；国际申请以中文提出的，提交国际公布文件中的摘要和摘要附图副本；

（六）在国际阶段向国际局已办理申请人变更手续的，提供变更后的申请人享有申请权的证明材料；

（七）必要时缴纳本细则第九十三条第一款规定的申请附加费。

符合本条第一款第（一）项至第（三）项要求的，国务院专利行政部门应当给予申请号，明确国际申请进入中国国家阶段的日期（以下简称进入日），并通知申请人其国际申请已进入中国国家阶段。

国际申请已进入中国国家阶段，但不符合本条第一款第（四）项至第（七）项要求的，国务院专利行政部门应当通知申请人在指定期限内补正；期满未补正的，其申请视为撤回。

第一百零五条 国际申请有下列情形之一的，其在中国的效力终止：

（一）在国际阶段，国际申请被撤回或者被视为撤回，或者国际申请对中国的指定被撤回的；

（二）申请人未在优先权日起32个月内按照本细则第一百零三条规定办理进入中国国家阶段手续的；

（三）申请人办理进入中国国家阶段的手续，但自优先权日起32个月期限届满仍不符合本细则第一百零四条第（一）项至第（三）项要求的；

依照前款第（一）项的规定，国际申请在中国的效力终止的，不适用本细则第六条的规定；依照前款第（二）项、第（三）项的规定，国际申请在中国的效力终止的，不适用本细则第六条第二款的规定。

第一百零六条 国际申请在国际阶段作过修改，申请人要求以经修改的申请文件为基础进行审查的，应当自进入日起2个月内提交修改部分的中文译文。在该期间内未提交中文译文的，对申请人在国际阶段提出的修改，国务院专利行政部门不予考虑。

第一百零七条 国际申请涉及的发明创造有专利法第二十四条第（一）项或者第（二）项所列情形之一，在提出国际申请时作过声明的，申请人应当在进入中国国家阶段的书面声明中予以说明，并自进入日起2个月内提交本细则第三十条第三款规定的有关证明文件；未予说明或者期满未提交证明文件的，其申请不适用专利法第二十四条的规定。

第一百零八条 申请人按照专利合作条约的规定，对生物材料样品的保藏已作出说明的，视为已经满足了本细则第二十四条第（三）项的要求。申请人应当在进入中国国家阶段声明中指明记载生物材料样品保藏事项的文件以及在该文件中的具体记载位置。

申请人在原始提交的国际申请的说明书中已记载生物材料样品保藏事项，但是没有在进入中国国家阶段声明中指明的，应当自进入日起4个月内补正。期满未补正的，该生物材料视为未提交保藏。

申请人自进入日起4个月内向国务院专利行政部门提交生物材料样品保藏证明和存活证明的，视为在本细则第二十四条第（一）项规定的期限内提交。

第一百零九条 国际申请涉及的发明创造依赖遗传资源完成的，申请人应当在国际申请进入中国国家阶段的书面声明中予以说明，并填写国务院专利行政部门制定的表格。

第一百一十条 申请人在国际阶段已要求一项或者多项优先权，在进入中国国家阶段时该优先权要求继续有效的，视为已经依照专利法第三十条的规定提出了书面声明。

申请人应当自进入日起2个月内缴纳优先权要求费；期满未缴纳或者未缴足的，视为未要求该优先权。

申请人在国际阶段已依照专利合作条约的规定，提交过在先申请文件副本的，办理进入中国国家阶段手续时不需要向国务院专利行政部门提交在先申请文件副本。申请人在国际阶段未提交在先申请文件副本的，国务院专利行政部门认为必要时，可以通知申请人在指定期限内补交；申请人期满未补交的，其优先权要求视为未提出。

第一百一十一条 在优先权日起30个月期满前要求国务院专利行政部门提前处理和审查国际申请的，申请人除应当办理进入中国国家阶段手续外，还应当依照专利合作条约第二十三条第二款规定提出请求。国际局尚未向国务院专利行政部门传送国际申请的，申请人应当提交经确认的国际申请副本。

第一百一十二条 要求获得实用新型专利权的国际申请，申请人可以自进入日起2个月内对专利申请文件主动提出修改。

要求获得发明专利权的国际申请，适用本细则第五十一条第一款的规定。

第一百一十三条 申请人发现提交的说明书、权利要求书或者附图中的文字的中文译文存在错误的，可以在下列规定期限内依照原始国际申请文本提出改正：

（一）在国务院专利行政部门作好公布发明专利申请或者公告实用新型专利权的准备工作之前；

（二）在收到国务院专利行政部门发出的发明专利申请进入实质审查阶段通知书之日

起 3 个月内。申请人改正译文错误的,应当提出书面请求并缴纳规定的译文改正费。

申请人按照国务院专利行政部门的通知书的要求改正译文的,应当在指定期限内办理本条第二款规定的手续;期满未办理规定手续的,该申请视为撤回。

第一百一十四条 对要求获得发明专利权的国际申请,国务院专利行政部门经初步审查认为符合专利法和本细则有关规定的,应当在专利公报上予以公布;国际申请以中文以外的文字提出的,应当公布申请文件的中文译文。

要求获得发明专利权的国际申请,由国际局以中文进行国际公布的,自国际公布日起适用专利第十三条的规定;由国际局以中文以外的文字进行国际公布的,自国务院专利行政部门公布之日起适用专利法第十三条的规定。

对国际申请,专利法第二十一条和第二十二条中所称的公布是指本条第一款所规定的公布。

第一百一十五条 国际申请包含两项以上发明或者实用新型的,申请人可以自进入日起,依照本细则第四十二条第一款的规定提出分案申请。

在国际阶段,国际检索单位或者国际初步审查单位认为国际申请不符合专利合作条约规定的单一性要求时,申请人未按照规定缴纳附加费,导致国际申请某些部分未经国际检索或者未经国际初步审查,在进入中国国家阶段时,申请人要求将所述部分作为审查基础,国务院专利行政部门认为国际检索单位或者国际初步审查单位对发明单一性的判断正确的,应当通知申请人在指定期限内缴纳单一性恢复费。期满未缴纳或者未足额缴纳的,国际申请中未经检索或者未经国际初步审查的部分视为撤回。

第一百一十六条 国际申请在国际阶段被有关国际单位拒绝给予国际申请日或者宣布视为撤回的,申请人在收到通知之日起 2 个月内,可以请求国际局将国际申请档案中任何文件的副本转交国务院专利行政部门,并在该期限内向国务院专利行政部门办理本细则第一百零三条规定的手续,国务院专利行政部门应当在接到国际局传送的文件后,对国际单位作出的决定是否正确进行复查。

第一百一十七条 基于国际申请授予的专利权,由于译文错误,致使依照专利法第五十九条规定确定的保护范围超出国际申请的原文所表达的范围的,以依据原文限制后的保护范围为准;致使保护范围小于国际申请的原文所表达的范围的,以授权时的保护范围为准。

第十一章 附 则

第一百一十八条 经国务院专利行政部门同意,任何人均可以查阅或者复制已经公布或者公告的专利申请的案卷和专利登记簿,并可以请求国务院专利行政部门出具专利登记簿副本。

已视为撤回、驳回和主动撤回的专利申请的案卷,自该专利申请失效之日起满 2 年后不予保存。

已放弃、宣告全部无效和终止的专利权的案卷,自该专利权失效之日起满 3 年后不予保存。

第一百一十九条 向国务院专利行政部门提交申请文件或者办理各种手续,应当由申请人、专利权人、其他利害关系人或者其代表人签字或者盖章；委托专利代理机构的，由专利代理机构盖章。

请求变更发明人姓名、专利申请人和专利权人的姓名或者名称、国籍和地址、专利代理机构的名称、地址和代理人姓名的，应当向国务院专利行政部门办理著录事项变更手续，并附具变更理由的证明材料。

第一百二十条 向国务院专利行政部门邮寄有关申请或者专利权的文件，应当使用挂号信函，不得使用包裹。

除首次提交专利申请文件外，向国务院专利行政部门提交各种文件、办理各种手续的，应当标明申请号或者专利号、发明创造名称和申请人或者专利权人姓名或者名称。

一件信函中应当只包含同一申请的文件。

第一百二十一条 各类申请文件应当打字或者印刷，字迹呈黑色，整齐清晰，并不得涂改。附图应当用制图工具和黑色墨水绘制，线条应当均匀清晰，并不得涂改。

请求书、说明书、权利要求书、附图和摘要应当分别用阿拉伯数字顺序编号。

申请文件的文字部分应当横向书写。纸张限于单面使用。

第一百二十二条 国务院专利行政部门根据专利法和本细则制定专利审查指南。

第一百二十三条 本细则自 2001 年 7 月 1 日起施行。1992 年 12 月 12 日国务院批准修订、1992 年 12 月 21 日中国专利局发布的《中华人民共和国专利法实施细则》同时废止。

附录 Ⅱ

《湖北省武汉市科学技术奖励办法》

（2002年4月15日市人民政府常务会议通过 2002年6月27日公布 自2002年8月1日起施行）

第一条 为奖励在科学技术进步活动中做出突出贡献的公民和组织，调动科学技术工作者的积极性和创造性，加快科学技术事业的发展，促进经济建设和社会进步，根据《国家科学技术奖励条例》和《湖北省科学技术奖励办法》等规定，结合武汉市实际，制定本办法。

第二条 市人民政府设立的武汉市科学技术奖（以下简称市科技奖）分为下列三类：

（一）科技重大贡献奖；

（二）科技进步奖；

（三）国际科技合作奖。

第三条 市科技奖的评审、授予，坚持尊重知识、尊重人才的方针。

第四条 市科技奖的评审、授予，坚持公开、公平、公正的原则，任何组织或个人不得非法干涉。

第五条 市科技行政部门负责市科技奖评审的组织及全市科技奖的管理，日常工作由其设立的市科技奖励工作机构承担。

市人民政府设立的市科技奖励委员会负责对市科技奖的评审活动、评审结果等进行协调和作出决议。市科技奖励委员会由有关方面的专家、学者组成，具体人选由市科技行政部门提出，报市人民政府批准。

第六条 科技重大贡献奖是最高的市科技奖，授予下列科技工作者：

（一）在当代科技前沿取得重大突破，或在科技发展中有卓越贡献的；

（二）在科技创新、科技成果转化和高新技术产业化中创造巨大经济效益或社会效益的。每次授予科技重大贡献奖的人数不超过2名。

第七条 科技进步奖授予下列公民或组织：

（一）在技术发明项目中，运用科技知识在工艺、材料、产品及其系统等方面作出重大技术发明的；

（二）在实施技术开发项目中完成重大科技创新、取得重大实用价值的科技成果，或在科技成果转化和高新技术产业化以及高新技术改造传统产业中创造显著经济效益的；

（三）在实施社会公益性项目中长期从事应用研究和技术开发，并经过实践检验和应用推广，创造显著社会效益的；

（四）在实施科技基础性工作项目中长期从事应用研究和技术开发，并经过实践检验和应用推广，创造显著社会效益的；

（五）在实施重大工程项目中，完成重大技术创新，保障工程达到国内领先水平，并取得重大经济效益和社会效益的。

第八条 国际科技合作奖授予对本市科技事业做出重要贡献的下列外国人或外国组织：

（一）与在本市的中国公民或组织进行合作研究、开发，取得重大科技成果的；

（二）向在本市的中国公民或组织传授先进科技、培养人才，成效特别显著的；

（三）为促进本市与外国的科技交流与合作，做出重要贡献的。

第九条 科技重大贡献奖和国际科技合作奖不分等级；科技进步奖分为一等奖、二等奖、三等奖3个等级。

第十条 市科技奖候选人或候选项目由下列单位或个人推荐：

（一）区科技行政部门；

（二）市人民政府有关部门；

（三）在本市工作的3位以上具有相同或相近专业教授级职称的科技专家联名；

（四）市科技行政部门授予推荐权的其他单位。

第十一条 推荐单位或个人应按市科技行政部门的规定推荐市科技奖候选人或候选项目；推荐时，应填写统一格式的推荐书，提供完整、真实、可靠的评价材料。同一科技成果只能推荐参加一种类别的市科技奖的评审。

第十二条 参与推荐及评审的单位和个人，应对涉及的技术内容及评审情况严格保守秘密，不得以任何方式泄露技术秘密，剽窃技术成果。

第十三条 市科技奖励委员会依照市科技行政部门会同其他有关部门制定的评审规则，对推荐的候选人或项目进行评审，并对获奖人选或项目以及奖励类别、奖励等级作出决议。评审结果应向社会公告，并在规定的期限内无人提出异议后，报市人民政府批准。

第十四条 科技重大贡献奖由市人民政府市长签署并颁发证书和奖金。科技进步奖由市人民政府颁发证书和奖金。国际科技合作奖由市人民政府颁发证书。

第十五条 市科技奖的奖金数额由市人民政府规定，奖励经费由市财政列支。

第十六条 以剽窃、侵夺他人的发明或科技成果等不正当手段骗取市科技奖的，由市科技行政部门报市人民政府批准后撤销奖励，追回证书和奖金。

第十七条 推荐单位或个人提供虚假数据、材料，协助他人骗取市科技奖的，由市科技行政部门通报批评；情节严重的，暂停或取消其推荐资格，并对负有直接责任的主管人员或其他直接责任人员，依法给予行政处分。

第十八条 参与市科技奖评审活动和有关工作的人员在评审活动中弄虚作假、徇私舞弊的，依法给予行政处分。

第十九条 本办法自2002年8月1日起施行。1985年6月22日市人民政府发布的《武汉市科学技术进步奖励实施办法》同时废止。

附录 Ⅲ

创新标兵创新项目名称一览

1. 韦凯腾发明成果
（1）一种可以回收能源的减震器；
（2）一种个人临时卫生间；
（3）一种保温床垫；
（4）一种减压水管；
（5）一种利用温水循环的保温换热器；
（6）一种可以变换三个镜的镜头；
（7）一种折叠帐篷；
（8）一种折叠眼镜；
（9）一种电热被；
（10）一种电热毯；
（11）一种电梯坠落拦截装置；
（12）一种防盗安全刀具；
（13）一种重力发电系统；
（14）一种重力发电的鞋垫；
（15）一种过滤水塞；
（16）一种蹲桶盖按钮式防水塞；
（17）一种旋转式防水塞蹲桶盖；
（18）一种海上探测器；
（19）一种穿甲弹；
（20）一种利用船锚遏制海盗活动的装置；
（21）一种使用降落伞遏制海盗活动的装置；
（22）一种安全插座；
（23）一种插座套；
（24）一种显微镜；
（25）一种具有目镜和物镜转换器的显微镜；
（26）一种可以更换目镜的显微镜；
（27）一种潜水艇第三只眼；
（28）一种电击枪；

(29) 一种手动式爆水炸弹；
(30) 一种多功能旋转电动机；
(31) 一种水爆电击装置；
(32) 一种破冰斧；
(33) 一种手提式多功能旋转电动机；
(34) 一种电击装置；
(35) 一种环形电击装置；
(36) 一种智慧手榴弹；
(37) 一种陀螺仪探测球；
(38) 一种陀螺仪；
(39) 一种利用液体推动的内燃机装置；
(40) 一种 ATM 机和银行柜台使用的"一米线"控制装置；
(41) 一种拦截电梯坠落装置；
(42) 一种公交车上的通风装置；
(43) 一种不用沾油漆的粉刷装置；
(44) 一种电热器（团队）；
(45) 一种多功能防抢匪器（团队）；
(46) 一种防抢匪器（团队）；
(47) 一种救生衣（团队）；
(48) 一种毛巾（团队）；
(49) 一种智能救生衣（团队）；
(50) 一种保护坠崖车装置（团队）；
(51) 一种可以勾住重型货车防止逃离的装置（团队）；
(52) 一种可以拦截重型货车的装置（团队）；
(53) 一种报警书签（团队）；
(54) 一种智能救生装置（团队）；
(55) 一种火车站轨道使用的"一米线"控制装置（团队）；
(56) 一种电热衣服（团队）；
(57) 一种电热衣架（团队）；
(58) 一种防止物品丢失装置（团队）；
(59) 一种防翻覆运货车装置（团队）；
(60) 一种电热地板；
(61) 一种可以收藏物品的椅子；
(62) 一种具有雨衣套的雨衣；
(63) 一种汽车落水易开门逃生装置；
(64) 一种汽车伪装防真人防盗装置；
(65) 一种可卷爆破门装置；
(66) 一种快速修补破裂消防灭火水管；

(67）一种可以防电梯快速坠落的电梯；
(68）一种可以控制声音方向的音响；
(69）一种可以整齐修剪的修叶机；
(70）一种可卷电热炉；
(71）一种浮体装置；
(72）一种可以起火的手电筒；
(73）一种山洞高度测量工具；
(74）一种减排甲烷的牧场；
(75）一种减排甲烷的稻田；
(76）一种专灭森林大火的灭火飞弹；
(77）一种房子减震装置；
(78）一种房子减震滑行装置；
(79）一种螺丝刀；
(80）一种可以刺破皮层的工具；
(81）一种小型缝纫机；
(82）一种液压千斤顶；
(83）一种水花把；
(84）一种小型包包子机；
(85）一种会报警的自行车锁；
(86）一种会报警的锁；
(87）一种耐撞车骨架的结构；
(88）一种游乐场旋转飞椅；
(89）一种造海浪装置；
(90）一种切碎纸装置；
(91）一种电火花线切割加工机床；
(92）一种包红包机；
(93）一种公交车站纸币换硬币机；
(94）一种公交车逃生窗口；
(95）一种可以同时加工数个工件的卧式车床；
(96）一种可以复制工件的卧式车床；
(97）一种可以带动车刀作垂直向上移动的卧式车床溜板箱；
(98）一种高楼逃生椅；
(99）一种高楼逃生电梯；
(100）一种防水江堤；
(101）一种可以防御江水入侵的江堤；
(102）一种滑板；
(103）一种火车安全气囊；
(104）一种感应阻碍物自动启动安全气囊的火车安全气囊；

（105）一种火车紧急刹车辅助装置；
（106）一种可以伸缩的水瓶；
（107）一种香烟过滤管；
（108）一种火车能源回收装置（合作）；
（109）一种轮轴能源回收装置（合作）；
（110）一种含报警系统和旋转式键盘的ATM机（团队）；
（111）一种ATM机旋转式键盘（团队）；
（112）一种ATM机"一米线"报警装置（团队）；
（113）一种具有旋转式键盘和感应器报警装置的ATM机（团队）；
（114）一种可以能源回收的轮轴装置（合作）；
（115）一种小型手搅发电机（团队）；
（116）一种交通工具轮轴发电装置（合作）；
（117）一种可以能源回收的内燃机（团队）；
（118）一种具有能源回收功能的快艇引擎；
（119）一种船的能源回收装置；
（120）一种具有导电线围绕着玻璃片的防盗窗；
（121）一种遇强制撬开时可以自锁的窗口；
（122）一种可以自锁的窗口；
（123）一种全方位自锁的窗口；
（124）一种全方位自锁的门；
（125）一种具有吸汗功能的运动双肩背包；
（126）一种具有吻合脊椎形状背垫的双肩包；
（127）一种汽车伪装防真人可以变成大型方形物体来堵塞入口的装置；
（128）一种脸部可以变形的汽车伪装防真人装置；
（129）一种利用飞机拦截人造卫星的装置；
（130）一种圆形发电机；
（131）一种球体发电机；
（132）一种利用列车带动发电机转动进行发电的发电厂；
（133）一种汽车伪装防真人遇到撬门时会自动报警的装置；
（134）一种遇到撬门时会喷出安全气囊的装置；
（135）一种遇到撬门时会喷出鬼脸气囊的装置；
（136）一种遇到撬门时会喷出粉末的装置；
（137）一种遇到撬门时会喷出烟雾的汽车椅座颈垫；
（138）一种遇到撬门时会喷出催泪喷射剂的汽车椅座颈垫；
（139）一种遇到盗车时会破坏轮胎的装置；
（140）一种卷床沙发；
（141）一种两用沙发；
（142）一种饮水机；

（143）一种可以组合的碗；
（144）一种拼图水瓶；
（145）一种可以手动旋转烤串的烤炉；
（146）一种可以旋转烤串的烤炉；
（147）一种电动旋转烤串的烤炉；
（148）一种电动烤炉；
（149）一种电动烧烤炉。

2. 祝浩发明成果
（1）一种防尘防雨的多功能全闭合式座椅；
（2）一种压敏式传感可折叠键盘；
（3）一种可通讯的实时密码和身份识别的防盗装置；
（4）一种双层可分离地漏；
（5）一种头部可以升降的路灯；
（6）一种可模仿破碎声的摔不碎的发泄用盘子；
（7）一种自带牙膏的牙刷；
（8）一种防爆轮胎；
（9）一种多用途纸钱包；
（10）一种立体风风扇；
（11）一种冷热两用水杯；
（12）一种可自动闭合的口袋；
（13）一种懒人床；
（14）一种封闭式逃生筏；
（15）一种双向遮光窗帘；
（16）一种防盗、自带储物盒的汽车座椅；
（17）一种可防止鞋带松开的鞋带盒；
（18）一种防风衣架；
（19）一种晒裤架；
（20）一种晒鞋架；
（21）一种拼装凳；
（22）一种立体衣架；
（23）一种悬吊式挂衣杆；
（24）一种气球灯；
（25）一种自带隐藏式插座的桌子；
（26）一种飞机逃生装置；
（27）一种水平盘；
（28）一种速冷冰激凌；
（29）一种防近视架；
（30）一种防漏水杯；

(31) 一种自控速电风扇；
(32) 一种地铁式电力驱动交通系统；
(33) 一种防近视眼镜；
(34) 一种多功能座椅；
(35) 一种脉搏监控警报手表；
(36) 一种杂草隔膜；
(37) 一种水凳；
(38) 一种花盆灯；
(39) 一种带电视的枕头；
(40) 一种节水马桶；
(41) 一种露天餐桌；
(42) 一种可更换鞋面的鞋子；
(43) 一种可根据声音频率而变化颜色的音阶电路；
(44) 一种可拼接的纸；
(45) 一种旋转窗户；
(46) 一种可自固定的折叠梯；
(47) 一种热感应封闭式烟灰缸；
(48) 一种封闭式旋转毛巾架；
(49) 一种贴对联装置；
(50) 一种延长插头套；
(51) 一种干湿两面玻璃擦；
(52) 一种火柴打火机；
(53) 一种衣柜熏香器；
(54) 一种可变线长的插板；
(55) 一种自行车车载多媒体装置；
(56) 一种忘关门报警器；
(57) 一种无线电防盗门；
(58) 一种捏脸娃娃液体按压器；
(59) 一种夜间感应照明鞋；
(60) 一种蛋形安眠床；
(61) 一种光锁防盗门；
(62) 一种网状救生绳；
(63) 一种壁橱式隐形书架；
(64) 一种重力发光棋盘；
(65) 一种可当电脑桌的电脑包；
(66) 一种便携式文具套装；
(67) 一种伞灯；
(68) 一种海景旋梯景观台；

（69）一种爪子杯套；
（70）一种水中荷花灯；
（71）一种闹钟台灯；
（72）一种三用台灯；
（73）一种吸收式对比识别防盗锁具；
（74）一种双层座椅；
（75）一种水上充气帐篷；
（76）一种自带隐藏式散热器的桌子；
（77）一种悬挂式餐具；
（78）一种粗细双笔头钢笔；
（79）一种钉钉子辅助器；
（80）一种花盆衣架；
（81）一种活动插板；
（82）一种水上翘翘板；
（83）一种水上移动桌；
（84）一种喷泉餐座；
（85）一种浴室防水储物球；
（86）一种带隐藏式书架的书桌；
（87）一种自行车割草机；
（88）一种电视用无线耳机；
（89）一种全封闭茶杯隔网；
（90）一种电脑用蓝牙耳机；
（91）一种可改变线长的耳机；
（92）一种带隐藏式台灯的书桌；
（93）一种防沾墨画图工具；
（94）一种可转动的方向机；
（95）一种可转动的可当桌子使用的方向机；
（96）一种汽车擦窗器；
（97）一种履带自行车；
（98）一种喷写两用墙面涂鸦笔；
（99）一种象形衣柜；
（100）一种笔记本电脑键盘防尘装置；
（101）一种可以摊开的册页笔记本；
（102）一种磁性配对筷；
（103）一种带隐藏式桌椅的床；
（104）一种带可监控的电动垃圾桶；
（105）一种双层可升降转盘桌面；
（106）一种双刻度折叠尺；

（107）一种水上骑行推进游泳圈；
（108）一种手动螺旋桨推进游泳圈；
（109）一种引信延长纸；
（110）一种充电式橡皮球灯；
（111）一种可以变成柜子的抽屉；
（112）一种发光气枕；
（113）一种可自由翻面的封闭式油炸勺；
（114）一种临时大客流硬座火车车厢；
（115）一种可增大的伞；
（116）一种可以从中间打开的瓶子；
（117）一种子母伞；
（118）一种双层休闲沙发；
（119）一种可调气垫桥；
（120）一种隐蔽沙发床；
（121）一种倾斜式球类运动训练场；
（122）一种可食用淀粉筷；
（123）一种一体双面可恢复公共座椅；
（124）一种墙体可恢复座椅；
（125）一种奖励式音乐存钱罐；
（126）一种可发光的荧光沙沙漏；
（127）一种可旋转多宝石戒指；
（128）一种光、重力双感应走道灯；
（129）一种燃气防泄漏装置；
（130）一种快速冷却盆；
（131）一种内置钥匙孔的密码防盗门；
（132）一种可调整切片大小的切片器；
（133）一种自带插板的电器；
（134）一种便携式可折叠浴盆；
（135）一种按压式牙膏；
（136）一种可开合的贝壳椅；
（137）一种充气式防水家具罩；
（138）一种可作为台灯使用的水杯；
（139）一种可溶搅拌糖棒；
（140）一种拉链门帘；
（141）一种可升降茶几；
（142）一种带茶杯的情侣水杯；
（143）一种墙面隐形床；
（144）一种皮带头钥匙盒；

（145）一种立体式喷水盥洗盆；
（146）一种包类刷卡防盗装置；
（147）一种防雨布质窗帘窗户；
（148）一种隐藏茶叶漏茶杯；
（149）一种纸质中国茶杯；
（150）一种掷地有声钥匙盒；
（151）一种键盘音乐水杯；
（152）一种乐器音乐笔盒；
（153）一种藏在柜子里的床；
（154）一种手持型熨书机；
（155）一种摇摇床；
（156）一种暗藏保险柜的衣橱；
（157）一种带折叠伞具的婴儿车；
（158）一种鱼刺、温度检测碗；
（159）一种保温盘；
（160）一种带电子称的量杯；
（161）一种定时煤气灶；
（162）一种多路分电流超薄传输线；
（163）一种可以调整大小的戒指；
（164）一种可以根据身高自动调整高度的椅；
（165）一种可以存放卡片的皮带头；
（166）一种多功能碗柜；
（167）一种吸尘器沙发；
（168）一种睡袋躺椅床；
（169）一种防盗口袋；
（170）一种飞舞的萤火虫灯；
（171）一种12色挂钟；
（172）一种自带磨刀功能的砧板；
（173）一种可以自动翻转的墙体书架；
（174）一种旋转风车吊灯；
（175）一种干燥机；
（176）一种出门自动开启门；
（177）一种双刃双套刀具；
（178）一种双头垃圾桶；
（179）一种多功能梯门；
（180）一种带吸尘器的垃圾铲；
（181）一种旋转花盆架；
（182）一种悬吊式分类书架；

(183) 一种防烫蒸菜碗；
(184) 一种带电子称的钢笔；
(185) 一种简易对联贴；
(186) 一种自燃蜡烛；
(187) 一种心形烛台；
(188) 一种衣物熏香盒；
(189) 一种简易手动起重器；
(190) 一种抽屉式书柜床；
(191) 一种折叠布垫包；
(192) 一种互用桌椅；
(193) 一种可双拼加长桌；
(194) 一种套在头上的眼镜；
(195) 一种物品保护盒；
(196) 一种空调节能床；
(197) 一种可伸缩套筒的登山鞋；
(198) 一种钥匙盒挂饰；
(199) 一种保鲜盒背包；
(200) 一种双层转盘；
(201) 一种多模式 3D 电子遗像；
(202) 一种方便拿取的肥皂；
(203) 一种磁性吸附插头、插座；
(204) 一种可以从瓶底取饮的瓶子；
(205) 一种可调光向灯；
(206) 一种多媒体农具；
(207) 一种公平壶；
(208) 一种空心浇筑砖；
(209) 一种简易饺皮器；
(210) 一种背带行李箱；
(211) 一种可放刀具的砧板；
(212) 一种伸缩垃圾铲；
(213) 一种防露脚被子；
(214) 一种冷热水配比饮水机；
(215) 一种软铅笔；
(216) 一种可升降床；
(217) 一种双头伸缩衣插；
(218) 一种可隐藏的母婴床；
(219) 一种水上游轮回转寿司机；
(220) 一种投影时钟；

（221）一种防雨照相机壳；
（222）一种电热空气被；
（223）一种防脱拉链鞋；
（224）一种抽屉楼梯；
（225）一种粘贴式地毯；
（226）一种具有后视功能的多媒体设备；
（227）一种灯泡状悬吊容器；
（228）一种可扩容背包；
（229）一种电子名片卡机；
（230）一种带遮阳板的婴儿背篓；
（231）一种蜘蛛网式晾晒装置；
（232）一种花藤吊灯；
（233）一种烘干衣架；
（234）一种腰间水壶皮带；
（235）一种双层酒杯；
（236）一种后视镜取证仪；
（237）一种带盖子的汤匙；
（238）一种自带熨烫板的熨斗；
（239）一种自编织拖鞋；
（240）一种简易野外帐篷；
（241）一种桌面可翻转的桌子；
（242）一种时钟喷泉；
（243）一种伞包；
（244）一种双头双盆洗手盆；
（245）一种水果清洗机；
（246）一种小鸟啄食储钱罐；
（247）一种容易剥离的制冰盒；
（248）一种充气靠垫沙发；
（249）一种可加高的行李箱；
（250）一种快速冷却杯；
（251）一种扇扇子机；
（252）一种带烧烤功能的取暖器；
（253）一种红外喷泉洗手盆；
（254）一种简易拼装吊架；
（255）一种光控地板灯；
（256）一种手枪式清洁剂喷射器；
（257）一种无需混凝土的砖；
（258）一种把手可充当吸管的杯子；

（259）一种节约型火柴；
（260）一种双拼床；
（261）一种可拆分的行李箱；
（262）一种充气式定型衣架；
（263）一种行李箱式便携帐篷；
（264）一种一线多板插座；
（265）一种简易薄膜托盘；
（266）一种石器刀具；
（267）一种便携式折叠筷；
（268）一种双头电扇；
（269）一种伞背包；
（270）一种带消毒功能的硅胶口罩；
（271）一种可粘贴太阳能夜光树叶灯；
（272）一种自固定的火锅；
（273）一种带杯套的一次性茶杯；
（274）一种席被；
（275）一种带镜子的相框；
（276）一种唱片式的存储卡；
（277）一种可以拼接加高的凳子；
（278）一种跑车拖鞋；
（279）一种跑车行李箱；
（280）一种水位报警茶杯；
（281）一种滴水花盆；
（282）一种发光笔；
（283）一种仆人献茶杯垫；
（284）一种可折叠的后视反射镜；
（285）一种带隐藏脚垫的沙发；
（286）一种荧光纸筒；
（287）一种多孔端茶盘；
（288）一种带底盖的锅；
（289）一种双嘴壶；
（290）一种蜡烛香；
（291）一种杯盖带饮水口的杯子；
（292）一种可以粘贴的毛巾；
（293）一种取暖球；
（294）一种暖气盆；
（295）一种带蓄电池可充电的背包；
（296）一种戴在手上的喷水装置；

（297）一种带鼓气机的充气式床垫；
（298）一种空中浴盆节水马桶；
（299）一种可以穿在身上的龟壳被；
（300）一种多面可折叠电视；
（301）一种卷筒式草稿纸；
（302）一种书本式厕纸；
（303）一种桌上保龄球；
（304）一种可以移动的墙板；
（305）一种荧光字对联；
（306）一种豪华影院大巴；
（307）一种钓鱼竿式伸缩吊灯；
（308）一种儿童娱乐组合柜；
（309）一种粘带式漂浮圈；
（310）一种粘胶式对联；
（311）一种带尺子功能的粘胶；
（312）一种折叠行李箱；
（313）一种翻面后带枕头的桌子；
（314）一种纸板粘胶对联；
（315）一种爪式粉笔套；
（316）一种笼式晾袜器；
（317）一种桌面弹珠游戏；
（318）一种花盆自动滴水的装置；
（319）一种适合手机自拍的镜子；
（320）一种自行车拖斗；
（321）一种可收起的帐篷床。

参考文献

[1]《北京农民发明家造"赵氏塔基"解决80多年技术难题》资料来源：人民日报．中国混凝土与水泥制品网．2012年2月16日．

[2]《伊朗工程师披露俘获美国无人机细节》2011年12月17日 00：48：15．资料来源：环球时报-环球网（北京）．

[3]《日本竟称没有日本的机床中国的坦克大炮寸步难行》2011年12月08日 16：58：03 作者：网友．资料来源：互联网．

[4]《"艇哥"陶相礼》日期：2009年9月29日．资料来源：南方都市报．

[5]《郧西造飞机农民又造"牛郎织女机器人"献礼七夕》发布时间：2010年08月10日 10：13．资料来源：秦楚网．

[6]《很好很强大 中国山寨手机热销索马里》发布时间：2009年01月19日 10：04．资料来源：新闻晨报．

[7]《俄称中国仿制武器速度惊人 先进导弹仅用五年》发表时间：2009年08月31日．资料来源：中青在线．

[8]《F-35涨价一架加价一亿 日防卫相：希望美方维持原价》2012年05月11日 09：01：31．资料来源：新华网．

[9]《调侃"中国造"这是对中国汽车业极大侮辱？》2012年02月17日 08：27．资料来源：南方日报．

[10]《俄称中方再购140台AL31F发动机价值7亿美元》2012年06月04日 09：35．资料来源：环球网．

[11]《俄称中国研出WS15发动机消除与美俄差距》http：//www.chinareviewnews.com 20110601．

[12]《山东金洲矿业集团员工科技创新受嘉奖》http：//www.workercn.cn 2010/2/9 10：37．资料来源：山东工人报．

[13]《惠丰公司14项技术创新成果获奖》发布时间：2010年09月13日．资料来源：www.norincogroup.com.cn．

[14]《美刊评出2009年度十大发明：摩天大楼逃生轮》http：//tech.QQ.com 2009年06月16日 07：07．资料来源：科学网．

[15]《老人为骨折妻子发明能爬楼梯轮椅》http：//www.sina.com.cn 2009年02月21日 01：19．资料来源：京华时报．

[16]《一美国公司耗资几千万发明免充气蜂巢轮胎》时间：2008年08月21日 11：22．资料来源：化工易贸网．

[17]《农民发明自行车耕地机》http：//cn.newmaker.com 2007年6月6日．资料来源：

佳工机电网.

[18]《韩研发机器人教英语入选时代周刊50大发明》2010年12月28日 10：36. 资料来源：中国新闻网.

[19]《以色列发明新装置从空气中获取淡水》2007年06月08日 14：14：54. 资料来源：新华每日电讯7版.

[20]《河北南和退伍老兵手工造出水陆两栖车自称"悍舰"》2010年10月10日 21：25：26. 资料来源：燕赵都市网.

[21]《一个农民的惊人之作，足以令中国的汽车制造业汗颜》2006年5月26日 08：34：00. 资料来源：汽车之家论坛.

[22]《新疆将用石头造纸 1吨纸可以挽救23棵大树》2008年09月02日 02：01：58. 资料来源：亚心网.

[23]《辽宁推出无污染"石头造纸"新技术》2010年01月30日11：34. 资料来源：人民网.

[24]《王选的汉字激光排版印刷是汉字印刷史上的重大突破》2009年12月15日 09：39：53. 资料来源：电脑知识.

[25]《［原创］雷庭弹射：助中国重航母舰载机起飞［图］（1）》2005年05月08日 10：31：02. 资料来源：military. china. com.

[26]《中国制WS-1型多管火箭炮》jczs. sina. com. cn 2006年11月16日 09：18. 资料来源：人民网.

[27]《武汉一酒店鼓励食客节俭 吃完饭打包给奖金》http：//news.163.com 2005年08月12日 15：46：41. 资料来源：新华网.

[28]《牛啊，史上最牛的汽车创意广告！》发表于 2008年12月13日 16：34. 资料来源：精品贴图.

[29]《专利知识百问_百度百科》. 资料来源：互联网.

[30]《2008十大珞珈风云学子之麦晓明》http：//www. sina. com. cn 2009年04月26日 21：48. 资料来源：荆楚网.

[31]《武汉大学"发明大王"麦晓明设计防滴伞》www. jyb. cn 2009年03月11日. 资料来源：楚天都市报.

[32]《武大"海尔兄弟"一年25项发明 2项获国家专利》2010年05月12日 11：03. 资料来源：荆楚网 作者：赵飞.

[33]《留学生韦凯腾：发明之路越走越high》发布时间：2011年05月27日 15：44：08. 资料来源：武汉大学学报 作者：本报记者 牧笛.

[34]《武汉大学留学生"发明狂人"半年设计123发明》2010年11月09日08：56. 资料来源：汉网 武汉晨报 崔梦欣.

[35]《创新为理想插上翅膀》发布时间：2011年09月27日 06：55. 资料来源：进入电子报.

[36]《3个月完成310项发明 东湖学院有名学生"发明狂人"》汉网 www. cnhan. com 2011年09月27日. 资料来源：武汉晨报.

[37]《从歼-5到歼-20：中国国产歼击机发展之路》2012年07月14日09：56. 资料来源：新华网.